UCP 600과 eUCP Version 1.1의 조문별 해설

이제현 지음

敎友社

머리말..

인간은 국가 간 상거래를 통해서 번영해 왔다. 상거래는 상품을 매매하는 것으로 반드시 지불방법이 뒷받침되어야 한다. 대금지불은 국가마다 각기 다른 법과 관습에 따라 다르게 사용되었고 이것은 국제무역을 저해하는 원인이 되었다. 국제무역에서 대금지불에 따른 용어들을 해석함으로써 야기되는 오해와 분쟁, 그리고 이들에 의한 법정 소송 때문에 많은 시간과 금전의 낭비가 빈번하게 발생하여, 무역 분쟁을 예방하고 대금지불에 따른 용어를 서로 다르게 해석하는 불확실성을 제거하여 무역을 확대시켜 나아가야 할 필요성이 세계무역거래의 당사자들 사이에서 제기되었다.

국제상업회의소가 이와 같은 문제점을 해결하려고 발 벗고 나섰으며 ICC의 은행기술 실무위원회(International Chamber of Commerce Commission on Banking Technique & Practice)가 고생한 끝에 제정초안을 만들었고 이것이 일부 개정되어 1933년 Wien에서 개최된 제 7차 ICC 본 회의에서 통과되어 I.C.C. Brochure No 82가 탄생되었다. 이것은 현재 사용하고 있는 신용장통일규칙(Uniform Customs and Practice for Documentary Credits)의 모태가 되었다. UCP는 국제무역환경의 변화에 맞추어 여섯 차례(1951년, 1962년, 1974년, 1983년, 1993년, 2007년) 개정되었다.

약 14년 동안 UCP 500을 적용하는 동안 국제무역환경이 급격히 변화하였고 이러한 환경변화를 UCP가 수용하지 못함으로써 신용장거래에 따른 분쟁이 끊임없이 발생하여 대금결제 수단으로서 신용장의 역할에 대해서 의심을 품게 되었고 이러한 의심을 잠재우기 위해서 개정의 필요성이 2002년 10월 로마에서 개최된 ICC Bnaking Commission에서 제기되었다.

ICC Bnaking Commission에 참여한 위원들은 ISBP98, URR525, eUCP의 규정과의 일치성과 분쟁이 많은 UCP 500의 일반적인 정리의 필요성을 느끼게 되어서 Drafting Group과 Consulting Group으로 나누어 UCP 개정 작업반을 구성하고 작업반에 참여한 위원들의 노력으로 UCP 600이 빛을 보게 되었다.

UCP 600은 많은 부분에서 UCP 500과 다르고 추가 내용이 포함되어 있어 신용장을 취급하는 당사자는 UCP 600에 대해서 많은 관심을 가져야 한다. 본 저서가 UCP 600을 이해하는데 귀중한 지침서가 되길 기대하며 항상 아들을 위해서 기도하고 계신 두 어머님, 묵묵히 내조해준 아내에게도 감사를 드리며, 아빠를 이해해준 수형이와 다영이에게도 고마움을 전하고 싶다.

끝으로 이 저서를 출판해 주신 교우사 오판근 사장님과 까다로운 편집을 맡아주신 편집부 직원분께 감사를 드린다.

2007년 8월

오정골에서 저자씀

차례

UCP 600과 eUCP Version 1.1의 조문별 해설

UCP 600과 eUCP Version 1.1의

조문별 해설

I

UCP 600의 조문별 해설

UCP 600

Article 1

Application of UCP

The Uniform Customs and Practice for Documentary Credits, 2007 Revision, ICC Publication NO. 600 ("UCP") are rules that apply to any documentary credit ("credit") (including, to the extent to which they may be applicable, any standby letter of credit) when the text of the credit expressly indicates that it is subject to these rules. They are binding on all parties thereto unless expressly modified or excluded by the credit.

[제 1 조 신용장통일규칙의 적용]

화환신용장 통일규칙 2007년 개정판 국제상업회의소 간행물 600은, 신용장은 본 규칙에 따른다고 신용장에 명백히 구현되어 있으면 모든 화환신용장("신용장")(적용 가능한 범위 내에서 모든 보증 신용장을 포함하여)에 적용되는 규칙이다.

신용장에 통일규칙의 수정과 배제가 정확히 명시된 경우를 제외하고 본 규칙은 신용장 거래의 모든 당사자를 기속한다.

해설

본 조항은 신용장 통일규칙의 적용범위 및 통일규칙 채택방법과 신용장 거래 당사자의 구속력 명기방법에 대해서 규정하고 있다.

1. 신용장 통일규칙의 적용범위

신용장은 사용하는 목적에 따라 화환신용장(documentary credit), 무화환신용장(clean credit), 보증신용장(stand by L/C) 등으로 나누어 볼 수 있는데 **화환신용장**은 수출상이 개설은행이나 제3의 은행을 지급인으로 발행한 환어음과 선적서류, 상업송장 등을 요구하는 신용장을 의미하고, 무화환신용장은 환어음만 요구하는 신용장을 말하며, 보증신용장은 금융이나 보증을 위해 은행을 수익자로 발행된 신용장으로 무화환신용장이다. 신용장통일규칙이 모든 상업신용장이나 보증신용장에 다 적용되지 않기 때문에 신용장통일규칙의 적용범위에 대해 논란이 많았다.

무화환신용장은 원칙적으로 신용장통일규칙이 적용되지 않으나 신용장에 신용장통일규칙 적용 문구가 기재되어 있는 경우에는 신용장통일규칙이 적용되는 것으로 보고 있고, 계약이행을 보증하는 보증신용장은 수익자가 발행한 채무자 **계약불이행선언서(statement of default)**의 제시를 대금지급요건으로 하고 있으면 화환신용장에 속하고 그러한 문구가 없으면 무화환신용장에 속하여 신용장통일규칙이 적용되지 않는 것으로 보았다. 보증신용장에 대한 신용장통일규칙 적용방법에 대해서 명확한 기준이 없기 때문에 혼동이 발생하였으며 이러한 혼동을 방지하기 위해서 5차 개정에서는 "where they are incorporated"라는 단서를 붙여 적용 가능한 범위에서 이 규정이 보증신용장에도 적용할 수 있도록 하였다. 그러나 UCP 600에서는 "when the text of the credit expressly indicates that it is subject to these rules"로 표기하여 신용장통일규칙이 적용된다고 신용장에 기재된 경우에 한해서 UCP가 적용된다고 명시하여 적용범위를 명확히 하였다. 보증에는 입찰보증서(tender bond 또는 Bid bond), 계약이행보증서(performance bond, performance guarantee), 선수금환급보증서(advance payment bond), 하자보증서(retention bond) 등의 여러 종류가 있다. UCP 600은 any standby letter of credit라고 규정하여 신용장통일규칙이 적용된다고 명시되어 있으면 모든 보증신용장에 적용된다.

2. 신용장 통일규칙의 채택과 신용장거래 당사자의 구속력 명기방법

국제상업회의소가 제정한 신용장통일규칙은 법령과 같은 강제성이 없지만 현재 전 세계 국가의 은행들이 국제상업회의소 간행물 제 600호 신용장통일규칙(ICC Publication No. 600, "Uniform Customs and Practice for Documentary Credits, 2007 Revision")을 대부분 준거규칙으로 채택하고 있으며 우리나라는 전체 은행이 집단으로 이 규칙을 채택하는 단체채택(colletive adherence)방법을 취하고 있다.

수출입매매계약서에서 수출상과 수입상이 수출입대금 결제조건으로 신용장 결제방식을 이용하기로 합의하여 신용장거래 당사자들이 신용장통일규칙을 따르도록 결정한 경우 다음과 같은 내용이 "This advice is subject to Uniform Customs and Practice for Documentary credits (2007 Revision) International Chamber of Commerce, publication No. 600." 신용장에 명시되어야 만이 신용장거래 당사자 전원을 기속하게 된다. 상기와 같은 문언을 신용장에 포함시킴으로써 신용장거래 당사자들은 신용장거래에서 발생되는 모든 사항은 신용장 통일규칙에 따라 처리될 것임을 사전에 알게 된다. UCP 500 "unless otherwise expressly stipulated in the credit"의 문구는 신용장 통일규칙을 수정하거나 제외하고 또는 동 규칙 이외의 규정을 포함할 수 있는 것으로 해석할 수 있는 여지가 있기 때문에 UCP 600에서는 "unless expressly modified or excluded by the credit"로 표기하여 신용장거래 당사자들이 신용장통일규칙의 특정조항을 수정하거나 제외시키고자 할 경우를 말한다고 명확히 하였다. 신용장통일규칙을 수정하거나 제외할 경우 "Except so far as other wise expressly stated, this documentary letter of credit is subject to the Uniform Customs and Practice for Documentary Credits (2007 Revision)" 또는 "Unless other wise expressly stated herein, this credit is subject to the Uniform Customs and Practice for Documentary Credits (2007 Revision)"와 같은 문언은 신용장통일규칙의 수정과 제외만을 의미하고 이러한 내용은 신용장거래 당사자 간의 특약으로 인정되어 신용장통일규칙의 일반규정보다 우선하여 적용된다.

Article 2

Definitions

For the purpose of these rules :

Advising bank means *the bank that advises the credit at the request of the issuing bank.*

Applicant *means the party on whose request the credit is issued.*

Banking day *means a day on which a bank is regularly open at the place at which an act subject to these rules is to be performed.*

Beneficiary *means the party in whose favour a credit is issued.*

Complying presentation *means a presentation that is in accordance with the terms and conditions of the credit, the applicable provisions of these rules and international standard banking practice.*

Confirmation *means a definite undertaking of the confirming bank, in addition to that of the issuing bank, to honour or negotiate a complying presentation.*

Confirming bank *means the bank that adds its confirmation to a credit upon the issuing bank's authorization or request.*

Credit *means any arrangement, however named or described, that is irrevocable and thereby constitutes a definite undertaking of the issuing bank to honour a complying presentation.*

Honour *means :*

- *a. to pay at sight if the credit is available by sight payment.*
- *b. to incur a deferred payment undertaking and pay at maturity if the credit is available by deferred payment.*
- *c. to accept a bill of exchange("draft") drawn by the beneficiary and pay at maturity if the credit is available by acceptance.*

***Issuing bank** means the bank that issues a credit at the request of an applicant or on its own behalf.*

***Negotiation** means the purchase by the nominated bank of drafts (drawn on a bank other than the nominated bank) and/or documents under a complying presentation, by either advancing or agreeing to advance funds to the beneficiary.*

***Nominated bank** means the bank authorized in the credit to honour or negotiate or, in the case of a freely available credit, any bank.*

***Presentation** means either the act of delivering documents under a credit to the issuing bank or nominated bank or the documents so delivered.*

***Presenter** means a beneficiary, bank or other party that makes a presentation.*

[제 2 조 정의]

통지은행이라 함은 개설은행의 요청에 따라 신용장을 통지하는 은행을 의미한다.

개설의뢰인이라 함은 그의 요청에 따라 신용장이 발행되는 당사자를 의미한다.

은행영업일이라 함은 본 규칙에 따라 업무가 이행되는 장소에서 은행이 정상적으로 영업을 하는 일자를 의미한다.

수익자라 함은 신용장이 발행되어 수혜를 받는 당사자를 의미한다.

신용장의 제 조건과 일치된 선적서류라 함은 신용장의 조건, 적용 가능한 본 규칙의 조항과 국제표준은행관행에 따른 선적서류제시를 의미한다.

확인이라 함은 개설은행의 책임과 별도로 신용장에 동일한 선적서류를 결제하고, 매입하겠다는 확인은행의 명확한 확약을 의미한다.

확인은행이라 함은 개설은행의 수권과 요청에 따라 신용장에 확인을 추가한 은행을 의미한다.

신용장이라 함은 명칭과 표현에 관계없이 취소불능의 모든 약정을 의미하며 따라서 신용장의 제 조건과 일치된 선적서류를 인수하고 대금지급을 하겠다는 개설은행은 절대적인 책임을 져야 한다.

인수와 지급이라 함은 신용장이 일람지급을 약정하고 있을 경우 일람지급하며, 신용장이 연지급을 약정하고 있을 경우 만기에 지급하며, 신용장이 인수를 약정하고 있을 경우 수익자가 발행한 환어음을 인수하고 만기 일자에 지급하는 것을 의미한다.

개설은행이라 함은 개설의뢰인의 요청과 그 자신을 위하여 신용장을 개설하는 은행을 의미한다.

매입이라 함은 지정은행이 수익자에게 선금을 지급하거나 지급하기로 약정함으로써 어음(지정은행 이외의 은행 앞으로 발행된) 및 또는 신용장의 제조건과 동일한 선적서류를 매입함을 의미한다.

지정은행이라 함은 신용장에서 인수와 지급 또 매입이 수권된 은행 또는 자유 신용장의 경우 모든 은행을 의미한다.

제시라 함은 신용장 거래에서 개설은행 또는 지정은행에게 선적서류를 인도하거나 인도된 선적서류를 인도하는 행위를 의미한다.

제시자라 함은 제시를 하는 수익자, 개설은행, 기타 당사자를 의미한다.

해 설

제시된 선적서류가 은행에 의해서 수리거절 되는 비율이 70%에 도달했기 때문에 UCP 600은 UCP 500의 여러 조항에 있는 용어와 새로운 용어의 정의를 명확히 하고, 은행이 선적서류를 심사할 때 동일하게 적용하게 하여 은행의 선적서류거절 비율을 낮추고 신용장의 사용을 활성화시키고자 하였다.

신용장은 개설은행이 지정한 **통지은행**(advising bank)을 통하여 수익자에게 통지된다. 통상적인 신용장거래에서 신용장은 수출지역에 있는 개설은행의 해외지점 또는 환거래취결은행을 통하여 수익자에게 전달되지만 개설은행이 직접 수익자에게 전달하는 경우도 있다. 수출지역에 있는 은행이 개설은행이 되고 동시에 통지은행 및 매입은행의 역할도 하는 신용장 거래도 있다.

개설의뢰인(applicant)은 개설은행에게 신용장의 개설을 요청하는 당사자이며, 수출입매매계약에서 수출상으로부터 상품을 수입하는 수입상을 의미한다. 수출입매매계약의 당사자가 신용장의 개설을 수입상이 아닌 수입상의 대리인이 개설하기로 합의한 경우에는 개설의뢰인은 수입상의 대리인이 될 수 있다.

은행영업일(banking day)과 영업시간은 국가마다 다르기 때문에 은행영업일과 영업시간에 대한 분쟁이 끊임없이 발생하여 UCP 600에서는 은행영업일은 본 규칙에 따라 은행업무가 이행되는 장소에서 은행이 정규적으로 은행영업을 하는 날을 의미한다고 명시하였다. 우리나라의 은행은 오전 9시 30분에 업무를 시작하여 오후 4시 30분에 마감한다. 선적서류 제시는 은행의 영업시간에 이루어져야 하고, 이 시간 이후에 제시된 선적서류는 은행영업일 이내에 제시가 이루어지지 않았기 때문에 은행은 선적서류의 수리를 거절한다.

신용장은 선적서류상의 거래이다. 은행은 제시된 선적서류를 심사하여 수리여부를 결정하여야 한다. **일치된 선적서류의 제시**(complying presentation)는 신용장의 조건과 적용 가능한 신용장통일규칙, 국제표준은행관행을 충족시키는 것을 의미하기 때문에 은행은 제시된 선적서류가 UCP 600에서 제시한 기준을 충족시키는지를 심사하여 수리여부를 결정하여야 한다.

신용장은 수입상이 수출대금의 지급을 보증하는 것이 아니라 개설은행이 보증하는 것이다. 개설은행의 지급보증 능력이 떨어지는 경우에 수익자는 제3의 은행의 지급보증을 요구할 수 있다. **확인(confirmation)**은 개설은행의 지급보증에 추가하여 확인은행이 지급보증을 선 것을 의미하고, **확인은행(confirming bank)**은 개설은행의 수권과 요청에 따라 신용장을 확인하는 은행을 말한다. 개설은행과 확인은행이 수출대금을 지급하겠다고 수익자에게 약정을 하기 때문에 수익자는 수출대금을 확실하게 지급받을 수 있다. 지급보증의 전제조건은 제시된 선적서류가 UCP 600의 기준을 충족시켜야 되며, 충족시키지 못하면 선적서류제시자는 지급보증을 개설은행과 확인은행으로부터 받을 수 없다.

신용장(credit)은 사용하는 은행에 따라 다양하게 표기되고 있기 때문에 UCP 600에서도 신용장의 명칭을 통일시키지 못했다. 신용장은 제시된 선적서류가 신용장의 제 조건과 적용 가능한 신용장통일규칙, 국제표준은행관행을 충족시키면 인수 및 지급을 하겠다는 개설은행의 절대적인 약정을 의미한다고 명시하여 개설은행의 책임을 강조하였다. 따라서 개설은행은 취소불능신용장을 개설할 책임을 져야 한다.

UCP 500에서 매입은 은행이 제시된 선적서류를 단순히 검사하는 것이 아니라 환어음 또는 선적서류와 상환으로 수출대금을 수익자에게 지급하지 않고 단지 수익자가 제시한 선적서류를 심사하는 것은 매입을 의미하지 않는다고 규정하였다. UCP 500의 규정은 신용장이 지급신용장, 연지급신용장, 기한부매입신용장으로 발행되었을 경우 매입은행은 제시된 선적서류를 심사하고 우편일수 또는 외상기간이 만료되기 전에 수출대금을 수익자에게 지급하여야 되는지 아니면 만기에 지급하여야 되는지 명확하지 않아서 분쟁이 많이 발생하였다. UCP 600에서는 수출대금의 지급시기에 따라 인수와 지급을 매입과 분리하여 새로운 규정을 신설하였다. **인수와 지급(honour)**은 일람출급신용장과 연지급신용장, 인수신용장에 적용된다. **일람출급신용장**은 수출상이 환어음과 선적서류 또는 선적서류만 지정은행에 제시하고 선적서류에 하자가 없으면 곧 바로 수출대금을 수출상에게 지급하는 신용장으로 일람출급매입신용장과 일람출급지급신용장이 있다.

연지급신용장은 기한부환어음 없이 선적서류가 지정은행에 제시되어 일정기간이 도래하면 수출대금이 지급되는 외상신용장을 의미한다. UCP 600에서 연지급은 연지급은행이 연지급 책임을 부담하고 외상기간이 도래하면 수출대금을 지급하는 것을 의미한다고 명시하였다. 인수신용장은 기한부환어음과 선적서류를 인수하고 만기일에 수출대금이 지급되는 외상신용장을 말한다.

개설의뢰인의 지시와 요청에 따라 개설은행이 신용장을 개설하며, 개설은행도 자신의 이익을 위하여 신용장을 개설할 수 있다고 규정하였다. 상품의 거래에서는 개설은행이 자신의 이익을 위하여 신용장을 개실할 아무런 이유가 없지만 보증신용장의 경우 개설은행이 자신의 이익을 위하여 지급을 약정할 가능성이 있기 때문에 직접 개설할 수 있도록 하였다.

매입(negotiation)은 지정은행에 제시된 선적서류와 환어음 또는 선적서류가 신용장의 제 조건과 적용 가능한 신용장통일규칙, 국제표준은행관행을 충족시키면 지정은행이 수출대금을 개설은행으로부터 수출대금을 받기 전에 수익자에게 지급하거나 지급하기로 약정한 것을 **매입(purchase)**이라고 보았다. 지정은행은 제시된 선적서류가 UCP 600의 요건을 충족시키면 수출대금을 사전에 수출상에게 지급하여야 한다.

지정은행(nominated bank)이 인수와 지급 및 매입을 하는 것은 개설은행이 지정은행에게 지급약정을 했기 때문이다. 개설은행의 지급약정에 따라 지정은행은 수익자가 제시한 선적서류를 심사하고 수리여부를 결정할 수 있는 권한을 행사한다.

신용장에 명시된 선적서류는 지정은행 또는 개설은행에 **제시(presentation)**되어야 하고, 지정은행에 제시된 경우, 지정은행은 인수한 선적서류를 개설은행에게 제시하여야 한다. 선적서류를 제시하는 당사자(presenter)는 수익자, 은행이 되며 양도가능신용장의 경우에는 제2의 수익자가 된다.

Article 3

Interpretations

For the purpose of these rules :

Where applicable, words in the singular include the plural and in the plural include the singular.

A credit is irrevocable even if there is no indication to that effect.

A document may be signed by handwriting, facsimile signature, perforated signature, stamp, symbol or any other mechanical or electronic method of authentication.

A requirement for a document to be legalized, visaed or certified will be satisfied by any signature, mark, stamp or label on the document which appears to satisfy that requirement.

Branches of a bank in different countries are considered to be another bank.

Terms such as "first class", "well known", "qualified", "independent", "official", "competent" or "local" used to describe the issuer of a document allow any issuer except the beneficiary to issue that document.

Unless required to be used in a document, words such as "prompt", "immediately" or "as soon as possible" will be disregarded.

The expression "on or about" or similar will be interpreted as a stipulation that an event is to occur during a period five calendar days before until five calendar days after the specified date, both start and end dates included.

The words "to", "until", "till", "from" and "between" when used to determine a period of shipment include the date or dates mentioned, and the words "before" and "after" exclude the date mentioned.

The words "from" and "after" when used to determine a maturity date exclude the date mentioned.

The terms "first half" and "second half" of a month shall be construed respectively as the 1st to the 15th, and the 16th to the last day of the month, all dates inclusive.

The terms "beginning", "middle" and "end" of a month shall be construed respectively as the 1st to the 10th, the 11th to the 20th and the 21st to the last day of the month, all dates inclusive.

[제 3 조 해석기준]

적용 가능한 경우 단수의 용어는 복수를 포함하고 복수의 용어는 단수를 포함한다.

신용장은 비록 취소불능이라는 표시가 없다 하더라도 취소불능이다.

선적서류는 수기, 팩시밀리서명, 천공서명, 스탬프, 상징 또는 그 밖의 기계적 또는 전자적 인증방법에 의하여 서명될 수 있다.

선적서류가 공인, 사증 또는 증명될 것을 요구하는 조건은 선적서류에 이와 같은 요구조건을 충족시키는 것으로 보이는 서명, 표식, 스탬프, 또는 라벨에 의해서 충족된다.

다른 국가에 있는 은행의 지점은 독립된 은행으로 간주한다.

선적서류의 발행자를 기술하기 위하여 사용되는 "일류의", "저명한", "자격 있는", "독자적인", "공인된", "유능한", "현지의" 와 같은 용어는 수익자를 제외하고 선적서류를 발행하는 모든 발행인에게 허용된다.

선적서류사용을 요구한 경우를 제외하고 "신속하게", "즉시", "가능한 한 빨리"와 같은 용어는 무시한다.

"~에 또는 경에" 또는 이와 유사한 표현은 사건이 지정일 이전 역일 5일부터 지정일 이후 역일 5일까지 기간 동안 발생되는 것으로 해석하며, 전후 양 말일이 포함되는 것으로 한다.

선적기간을 결정하기 위하여 사용된 "to", "until", "till", "from", "between"이라는 문언은 당해일자를 포함하며, "before와 after"라는 문언은 당해일자를 제외한다.
어음만기 일자를 결정하기 위하여 사용된 "from", "after"라는 문언은 당해일자를 제외한다.
어느 달의 전반, 후반이라는 용어는 각각 그 양쪽일을 포함하여 해당 월의 1일부터 15일까지, 그리고 16일부터 말일까지로 해석한다.
어느 달의 초순, 중순, 또는 하순이란 용어는 각각 그 양쪽일을 포함하여 해당 월의 1일부터 10일까지, 11일부터 20일까지, 그리고 21일부터 말일까지로 해석된다.

해 설

이 조항은 UCP 500 제 2조 I, 제 6조 c항, 제 20조 a항, b항, d항, 제 46조 b항, c항, 제 47조에 있는 내용을 제 3조로 통합하여 하나의 조항으로 만들었다.

단수와 복수의 해석기준을 새롭게 도입하였다. 단수는 복수로, 복수는 단수로 해석한다는 기준은 은행이 선적서류를 포괄적으로 해석하여 선적서류의 수리거절을 줄이려고 한 듯하다. 그러나 본 내용은 선적서류를 심사하는 은행에게 큰 짐이 될 수 있다. 지정은행은 단수로 해석하여 선적서류를 수리하였지만 개설은행은 복수로 해석하여 선적서류 인수를 거부하면 누가 바르게 해석했는지를 판단할 기준이 없고 개설의뢰인의 요청에 따라 개설의뢰인에게 유리하게 해석하여 개설은행이 선적서류인수를 거부하면 신용장 거래를 크게 위축시킬 수 있고 동일한 용어를 단수와 복수로 서로 다르게 해석함으로써 분쟁이 발생할 가능성이 매우 크며 분쟁이 발생하면 어떻게 해석할 것인지 매우 궁금하다.

UCP 600은 신용장은 취소불능신용장이고 취소불능의 표시가 없다 하더라도 취소불능으로 간주한다고 명시하였다. 신용장은 취소불능(irrevocable)을 명확히 기재해야 하며 취소불능이 표기되지 않은 신용장은 취소불능신용장으로 간주한다. 신용장은 수출입매매계약의 당사자인 수출상과 수입상이 합의하여 취소가능 또는 취소불능으로 개설할 수 있으며 취소가능 신용장은 개설은행이 수익자의 동의를 받지 않고 신용장을 취소하거나 조건변경이 가능하기 때문에 신용장으로써의 기능이 제한되어 있는 반면에 취소불능신용장은 신용장 거래의 당사자들이 전원 합의하지 않으면 일방적으로 취소 또는 조건변경이 불가능하다.

따라서 발행된 신용장은 반드시 취소불능을 표기해야 하며 이러한 표기가 없는 신용장은 취소불능신용장으로 간주한다. 취소불능이란 의미는 취소 그 자체가 불가능하다는 것보다 취소불능이라는 사실이 개설은행을 구속하고 있어 유효기간 내에 개설은행이 계속해서 지급, 연지급, 인수 또는 매입의 이행을 확약하고 있다는 것을 말한다. UCP 600에서는 신용장은 취소불능신용장을 의미한다고 명시하였지만 취소가능신용장의 개설을 금지한다고 명시하지 않아서 취소가능신용장이 사용될 수 있는 여지를 남겨 놓았다. 따라서 수출상은 수출입매매계약에서 수입상은 취소불능신용장을 개설하여야 된다는 내용을 반드시 기재하고 취소불능신용장이 개설되었는지 확인하여야 한다.

UCP 600에서는 서명을 자필서명이나 서명에 갈음하는 천공, 스탬프, 팩시밀리, 상징, 또는 기계식이나 전자식으로 할 수 있다고 규정하였다. 서명방법은 수기, 팩시밀리 서명, 천공서명, 스탬프, 기호 또는 기계식이나 전자식이다. 여기서 팩시밀리 서명은 레이저프린터, 인쇄기에 의해 서명이 인쇄된 것을 의미하고 팩스기계에 의해서 전송된 서명은 팩시밀리 서명에 포함되지 않는다. 카본서명은 한통을 자필로 서명하고 뒷장은 베껴져 나오는 것을 서명으로 인정되지 않는다. 선적서류에 공인, 사증 또는 증명을 요구하는 경우에 이러한 요구는 서명, 표식, 스탬프 또는 라벨로 할 수 있다고 포괄적으로 규정하여 공인, 사증, 증명의 표기로 인하여 발생할 수 있는 분쟁을 방지하려고 하였다.

은행의 지점이 다른 나라에 있는 경우에는 독립된 다른 은행으로 간주한다는 내용은 UCP 500과 동일하다. 은행은 해외에 지점을 설치하여 은행업무를 수행하고 있다. 본점과 해외에 있는 지점은 한 식구로 볼 수 있지만 서로 다른 법률이 적용되기 때문에 비록 본점과 해외지점이 동일한 법인으로 되어있다 하더라도 본점과 해외지점은 서로 독립된 법인체로 보아 본점과 해외지점에서 발생되는 신용장거래는 서로 독립적으로 처리하고 그 결과는 본점과 해외지점 간에 하등의 관계가 없다는 점이다.

신용장에서 요구한 선적서류를 발행하는 기관을 표시할 때 “일류의”, “저명한”, “자격 있는”, “독자적인”, “공인된”, “유능한”, “현지의” 또는 이와 같은 추상적인 용어를 사용하면 개설의뢰인은 큰 낭패를 볼 수 있다. UCP 500에서는 이러한 용어를 사용하지 못하도록 규정하였으나 UCP 600에서는 수익자 이외의 선적서류발행자는 이러한 용어를 사용하여 선적서류를 발행할 수 있다고 규정하여 개설의뢰인은 신용장을 개설할 때 각별히 주의하여야 한다.

신용장에서 요구한 선적서류를 발행하는 기관은 개설의뢰인이 결정하게 된다. 개설의뢰인은 신용장개설신청서에 신용장에서 요구한 선적서류와 발행기관을 기재하여 개설은행에게 신용장의 개설을 요청하게 된다. 개설의뢰인은 선적서류의 발행기관을 명시할 때 이와 같은 추상적인 용어를 사용하지 말아야 하고 이와 같은 추상적인 용어를 사용함으로써 발생되는 모든 위험은 개설의뢰인이 져야 한다. 일류의 검사기관이 발행한 검사증명서를 요구한 경우 검사시설도 없는 엉터리 검사기관이 일류의 검사기관이라고 인쇄하여 검사증명서를 발행하면 은행은 검사증명서를 수리하여 수출대금을 지급하기 때문에 이러한 피해는 애매모호한 지시를 한 개설의뢰인이 입게 된다.

저녁때라고 하면 언제를 의미하는지 애매모호하다. 해가 넘어가는 시간을 의미하는지 저녁을 먹은 시간을 의미하는지 명확하지 않다. 신용장거래에서는 정확한 날짜를 의미하는 용어를 사용하고 정확한 날짜를 의미하지 않는 "신속하게", "즉시", "가능한 한 빨리"와 같은 불명확한 용어를 사용하지 않는 것이 제일 좋다. UCP 500에서는 선적에 관련하여 이러한 용어를 사용하지 말도록 규정하였으나 UCP 600에서는 모든 선적서류에 사용하지 말도록 규정하였다. 그럼에도 불구하고 이러한 용어가 사용되면 은행은 이를 무시해 버린다. 그러나 선적서류에 이러한 용어를 사용하도록 신용장에 명시된 경우에는 사용할 수 있도록 하였다. 따라서 개설의뢰인은 신용장에 정확한 용어를 사용해야 하고 정확한 용어를 사용하지 못한 경우에도 은행은 이러한 용어가 기재된 선적서류를 수리하며 그에 대한 모든 결과는 개설의뢰인이 책임지도록 하였다.

정확한 날짜를 알 수 없는 경우에 "on or about"를 사용하고 있는데 이러한 문구는 명시일자를 포함하여 전 후 5일 내에 선적일을 포함하여 모든 일이 이루어지는 것으로 해석하고 전 후 양단일이 포함되는 것으로 본다. 선저선적서류가 6월 13일까지 제시하도록 된 경우에 6월 13일까지 인지 아니면 6월 12일 자정까지 인지 정확하지 않을 때가 있다. 또한 6일에서 10일이면 6일과 10일을 포함하여 6일에서 10일까지로 해석하여야 하는지 또는 6일과 10일을 제외한 7일에서 9일까지 해석하여야 되는지 정확하지 않을 때가 있기 때문에 이러한 해석상의 애매함을 피하기 위하여 신용장에 “to”, “until”, “till”, “from”, “between”으로 선적일자를 기재하면 당해일자를 포함하는 것으로 해석하고 “before와 after”로 기재하면 당해일자를 제외하는 것으로 해석하도록 하였고, “first half”와 “second half”는 해당 월의 1일에서 15일까지, 16일에서 말일까지로 해석하며 양쪽일자가 포함되며, “beginning”, “middle”, “end”는 해당 월의 1일에서 10일까지, 11일에서 20일까지, 20일에서 말일까지 해석하고 양쪽일자가 포함된 것으로 해석한다.

Article 4

Credits v. Contracts

a. *A credit by its nature is a separate transaction from the sale or other contract on which it may be based. Banks are in no way concerned with or bound by such contract, even if any reference whatsoever to it is included in the credit.*

Consequently, the undertaking of a bank to honour, to negotiate or to fulfil any other obligation under the credit is not subject to claims or defences by the applicant resulting from its relationships with the issuing bank or the beneficiary.

A beneficiary can in no case avail itself of the contractual relationships existing between banks or between the applicant and the issuing bank.

b. *An issuing bank should discourage any attempt by the applicant to include, as an integral part of the credit, copies of the underlying contract, proforma invoice and the like.*

[제 4 조 신용장과 계약]

a. 신용장은 그 성질상 매매계약 또는 다른 계약에 근거를 두고 있다고 할지라도 이와는 별개의 거래이며, 은행은 신용장 계약에 대한 참조 조항이 포함되어 있다고 하더라도 그러한 계약과 하등의 관계가 없으며 또한 기속당하지도 않는다.

따라서 신용장하에서 은행이 인수와 지급 및 매입 또는 다른 모든 의무를 수행해야만 하는 약정은 개설은행 또는 수익자와의 관계에서 초래되는 개설의뢰인에 의한 클레임이나 항변의 대상이 되지 않는다.

수익자는 어떠한 경우에도 신용장 그 자체를 은행 상호 간 또는 개설의뢰인과 개설은행 간에 존재하는 계약관계를 원용할 수 없다.

b. 개설은행은 개설의뢰인이 계약내용과 견적송장 및 이와 유사한 내용을 신용장에 삽입시키려는 모든 시도를 저지시켜야 한다.

해 설

a. 신용장의 독립성

신용장은 수출입매매계약의 당사자인 수출상과 수입상이 합의하여 만들어지기 때문에 수출입매매계약과 밀접한 관계를 가지고 있지만 일단 신용장이 개설되면 수출입매매계약의 당사자와 신용장거래의 당사자는 서로 독립적으로 존재하게 된다. 즉 신용장거래의 계약은 그 자체로서 독립적으로 유효한 것이며 어떤 매매계약에 영향을 받아 신용장 내용을 수정하거나 변경할 수 없다.

b. 신용장 개설에 대한 개설은행의 의무

신용장 개설의뢰인은 자기의 이익을 보호하기 위해 신용장에 여러 가지 유리한 내용들을 기재하려 하고 있으며 실무에서 실제로 그렇게 하고 있는데 이러한 과도한 명세를 은행은 기재하지 못하도록 해야 한다고 UCP 500에서는 명시하였다. 그러나 현실적으로 개설은행이 개설의뢰인이 요청한 내용을 일일이 확인하여 이것은 과도한 명세서로 삭제하여야 한다고 주장하기가 어렵다. 신용장의 기재내용은 수익자와 개설의뢰인이 합의하여 결정한 것이기 때문에 그 결정내용을 개설은행이 수정하기란 어렵고 그들의 결정내용으로 발생하는 결과는 그들이 부담하여야 된다. 따라서 UCP 600에서는 개설은행의 의무를 최소화시켰다. 개설은행은 신용장의 독립성이란 측면에서 수출입매매계약 내용과 견적송장 등과 같은 내용을 신용장에 삽입시키려는 시도를 저지시켜 신용장은 신용장으로써의 가치를 살리도록 하여야 한다.

개설의뢰인은 수입상품의 국내 판매가격이 하락할 것에 대비하여 신용장에 여러 가지 복잡한 내용을 삽입하여 시황이 불리하게 변화하면 온갖 꼬투리를 잡아 가격을 후려치려고 한다. 개설의뢰인의 이러한 의도는 신용장의 본질적인 목적을 크게 훼손시켜 신용장의 가치를 크게 떨어뜨린다. 신용장의 조건이 까다로우면 까다로울수록 수익자가 발행한 환어음을 매각시키기가 어렵다. 개설은행은 제시된 선적서류에 조금만 하자가 있어도 선적서류인수를 거절하는 구실로 삼게 된다. 신용장은 개설의뢰인의 지시와 요청에 따라 개설은행이 수익자 앞으로 발행하고 개설의뢰인은 개설은행과 수입거래약정서를 체결하고 신용장개설신청서를 작성하여 개설은행에게 신용장 개설을 요청하고 개설은행은 신용장개설신청서에 기재된 내용대로 신용장을 개설하게 된다.

개설의뢰인은 신용장개설신청서와 신용장조건변경신청서를 간단하고 정확하게 작성해야 하며 이것이 객관적으로 볼 때 그 자체가 완전하고 정확해야 한다. 개설은행은 상당한 주의를 기울여 신용장개설신청서와 신용장조건변경신청서를 검토하여 수출입매매계약내용이 포함된 경우에 개설의뢰인에게 통지하여 내용을 수정하는 것이 바람직하다. 결과적으로 개설의뢰인이 신용장개설신청서와 신용장조건변경신청서에 수출입매매계약내용 또는 복잡한 내용이 있으면 이로 인하여 발생된 손실에 대해 수익자가 부담해야 한다.

따라서 수익자는 개설된 신용장의 내용을 면밀히 검토하여 복잡한 내용이 있으면 이것이 삭제되도록 개설의뢰인에게 요청하여 정확한 신용장으로 거래하도록 하고, 개설은행은 신용장에 수출매매계약 또는 기타 계약내용을 포함시키지 않아야 한다.

Article 5

Documents v. Goods, Services or Performance

Banks deal with documents and not with goods, services or performance to which the documents may relate.

[제 5 조 선적서류와 물품, 용역 및 의무이행]

은행은 선적서류를 취급하는 것이지 그 선적서류와 관련된 물품, 용역 또는 의무이행을 다루는 것은 아니다.

해설

신용장 거래는 상품이나 용역 또는 의무이행의 거래가 아니라 선적서류상의 거래이다. 즉 거래의 목적이 상품이나 용역 또는 의무이행이 아니라 선적서류인 것이다. 신용장거래의 당사자들은 선적서류만을 근거로 수출대금의 지급여부를 결정할 수 있으며 거래상품이나 용역 또는 의무이행을 근거로 수출대금 지급을 결정할 수 없다. UCP 500에서는 신용장거래에 있어서 모든 관계당사(all parties)가 UCP 600에서는 은행(banks)으로 변경되었다. UCP 600에서는 선적서류를 취급하는 당사자를 은행으로 한정하였다. 신용장거래의 당사자인 수익자와 개설의뢰인은 선적서류를 거래하는 것이 아니라 상품을 거래하는 것인지 UCP 600의 수정은 혼란을 초래할 가능성이 있다. 개설의뢰인은 선적서류를 심사할 권한이 없고 개설은행이 제시된 선적서류가 UCP 600의 제조건을 충족시킨다고 판단하면 그대로 따라야 되는지, 개설은행의 판단과 개설의뢰인의 판단이 다른 경우 개설의뢰인의 판단을 무시하고 은행의 판단으로 선적서류의 수리여부를 결정하는지에 관하여 UCP 500에서는 명확하였지만 UCP 600에서는 명확하지 못하게 수정되었다.

Article 6

Availability, Expiry Date and Place for Presentation

a. *A credit must state the bank with which it is available. A credit available with a nominated bank is also available with the issuing bank. If a credit does not state with which bank it is available, it is only available with the issuing bank. In a freely available credit, any bank is a nominated bank.*

b. *A credit must state whether it is available by sight payment, deferred payment, acceptance or negotiation.*

c. *A credit must not be issued available by a draft drawn on the applicant.*

d. i. *A credit must stipulate an expiry date for presentation. An expiry date stipulated for honour or negotiation will be deemed to be an expiry date for presentation.*

   ii. *The place of the bank with which the credit is available is the place for presentation. A place for presentation other than that of the issuing bank is in addition to the place of the issuing bank. In a freely available credit, any place is a place for presentation.*

e. *Except as provided in sub-article 29 (a), a presentation by or on behalf of the beneficiary must be made on or before the expiry date.*

[제 6 조 이용은행지정 및 유효기일과 선적서류제시 장소]

a. 신용장은 신용장을 취급할 수 있는 은행을 명시하고 있어야 한다. 지정은행에서 사용할 수 있는 신용장은 개설은행에서 사용할 수 있다. 만약 신용장이 신용장을 취급할 수 있는 은행을 기재하고 있지 않으면, 신용장은 개설은행에서만 단지 사용할 수 있다. 자유신용장 거래에서 어떤 은행도 지정은행이 될 수 있다.

b. 신용장은 그것이 일람지급, 연지급, 인수 또는 매입 중 어느 것에 의하여 사용 가능한지의 여부에 대해서 명시하고 있어야 한다.

c. 신용장은 개설의뢰인을 지급인으로 발행된 환어음을 이용하도록 발행되어서는 안 된다.

d. i. 신용장은 선적서류제시를 위한 유효기일을 명시하고 있어야 한다. 인수와 지급 및 매입을 위하여 명시된 유효기일은 선적서류제시를 위한 유효기일로 간주되어야 한다.

ii. 신용장이 사용되는 은행이 있는 장소는 선적서류제시를 위한 장소로 간주한다. 개설은행이 있는 장소 이외의 선적서류제시를 위한 장소는 개설은행이 있는 장소로 추가한다. 자유 신용장의 경우에 있어서 어떤 은행은 선적서류제시를 위한 장소로 간주한다.

e. 제 29조 이항에 규정된 경우를 제외하고는 수익자에 의한 선적서류제시 또는 수익자를 위한 선적서류제시는 유효기일 또는 그 이전에 제시되어야 한다.

해 설

a. 신용장이 사용되는 은행의 지정

신용장은 신용장이 사용되는 은행을 명시하여야 한다. 모든 신용장은 어느 은행에서 사용될 것인지를 반드시 명시하도록 규정하고 있다. 신용장은 개설은행이 직접 매입하는 경우와 **자유매입신용장**을 제외하고는 사용방법에 따라 지급은행, 연지급은행, 인수은행, 매입은행과 같은 지정은행을 반드시 지정해야 한다. 자유매입신용장은 모든 은행에서 매입이 허용되기 때문에 모든 은행이 지정은행이 될 수 있다. 신용장이 선적서류를 지정은행에 제시하도록 요구한 경우에 선적서류는 개설은행에서도 사용될 수 있도록 하였다. 수익자는 지정된 은행이 선적서류의 인수를 거부하면 선적서류를 개설은행에 제시할 수 있기 때문에 수익자는 지정은행 또는 개설은행에 선적서류를 제시할 수 있도록 한 것이다. 신용장에 지정은행이 명시되지 않은 경우에는 UCP 500에서는 하자 신용장으로 간주하였으나 UCP 600에서는 개설은행에 선적서류를 제시할 수 있도록 하여 신용장의 이용률을 높일 수 있도록 하였다.

b. 신용장의 종류

신용장은 지급, 연지급, 인수, 매입으로 사용되고 있으며 개설되는 모든 신용장은 어떤 방법으로 사용될 것인지를 반드시 명시하도록 규정하고 있다.

c. 환어음 발행

신용장은 수익자가 신용장개설의뢰인을 지급인으로 환어음을 발행할 수 있도록 개설되어서는 안 된다. 따라서 이러한 신용장은 하자 신용장이다. 수익자는 신용장을 받고 환어음이 개설은행이나 제3의 은행을 지급인으로 발행되도록 기재되었는지를 확인하여야 한다.

d. 신용장의 유효기일과 선적서류 제시장소

유효기일이 언제, 어디서 끝나는지 정확하게 규정되어 있지 않아서 많은 분쟁이 발생하였다. 수익자는 선적서류를 수출지역에 있는 은행에게 유효기일까지 제시하여야 되는지 아니면 수입지역에 있는 개설은행에게 제시하여야 되는지 UCP 600은 정확하게 명시하였다. 신용장에 유효기일이 명시되어야 하고, 신용장에 명시된 유효기일은 인수 및 지급과 매입을 위하여 선적서류를 은행에 제시하기 위한 기간을 의미하기 때문에 수익자는 선적서류를 신용장에 명시된 은행에게 유효기일까지 제시하여야 한다. 신용장의 유효기일은 선적서류가 지정은행이나 개설은행이 지정은행인 경우 개설은행에 제시될 수 있는 마지막 날을 의미하는 것이지 인수 및 지급 또는 매입을 위한 최종일을 말하는 것이 아니다. **선적서류제시장소**는 신용장에 명시된 은행이 있는 장소를 말한다. 신용장에 선적서류가 개설은행에 제시되도록 되어 있으면 선적서류제시장소는 수입지역에 있는 개설은행이 되어 유효기일은 이 은행에서 끝나기 때문에 수익자는 우편일수를 고려하여 선적서류가 유효기일 이내에 개설은행에 도착하도록 빨리 제시하여야 한다. 자유매입신용장의 경우 모든 은행이 선적서류제시장소가 된다.

Article 7

Issuing Bank Undertaking

a. Provided that the stipulated documents are presented to the nominated bank or to the issuing bank and that they constitute a complying presentation, the issuing bank must honour, if the credit is available by:

i. sight payment, deferred payment or acceptance with the issuing bank;

ii. sight payment with a nominated bank and the nominated bank does not pay

iii. deferred payment with a nominated bank and the nominated bank does not incur its deferred payment undertaking or, having incurred its deferred payment undertaking, does not pay at maturity;

iv. acceptance with a nominated bank and the nominated bank does not accept a draft drawn on it or, having accepted a draft drawn on it, does not pay at maturity;

v. negotiation with a nominated bank and not negotiated by any nominated bank.

b. An issuing bank is irrevocably bound to honour as of the time it issues the credit.

c. An issuing bank undertakes to reimburse a nominated bank that has honoured or negotiated a complying presentation and forwarded the documents to the issuing bank. Reimbursement for the amount of the presentation under a credit available by acceptance or deferred payment is due at maturity, whether or not the nominated bank prepaid or purchased before maturity. An issuing bank's undertaking to reimburse a nominated bank is independent of the issuing bank's undertaking to the beneficiary.

[제 7 조 개설은행의 책임]

a. 신용장이 다음과 같이 발행된 경우 명시된 선적서류가 지정은행 또는 개설은행에 제시되고 제시된 선적서류가 신용장의 조건, 적용 가능한 본 규칙의 조항과 국제표준은행관행을 충족시키면 개설은행은 제시된 선적서류를 인수하고 대금을 지급하여야 한다.

i. 신용장이 개설은행에서 일람지급, 연 지급, 인수로 발행된 경우
ii. 신용장이 지정은행에서 일람출급으로 발행되고 지정은행이 지급하지 않는 경우
iii. 신용장이 지정은행에서 연 지급으로 발행되고 지정은행이 연 지급 의무를 이행하지 않는 경우 또는 인수는 하였지만 어음 만기일에 대금지급을 하지 않는 경우
iv. 신용장이 지정은행에서 인수로 발행되고 지정은행이 지정은행을 지급인으로 발행된 환어음을 인수하지 않는 경우 또는 지정은행을 지급인으로 발행된 환어음을 인수하고 환어음 만기일에 지급하지 않는 경우
v. 신용장이 지정은행에서 매입하도록 발행된 경우 어떠한 은행이 매입하지 않는 경우

b. 개설은행은 개설은행이 신용장을 발행하는 시점에서 인수와 지급을 해야만 하는 취소불능의 의무를 져야 한다.

c. 개설은행은 지정은행이 신용장과 일치된 선적서류를 인수하고, 매입하여 개설은행에 선적서류를 제시하면 상환하여야 할 의무를 부담한다. 인수와 연지급 신용장거래에서 지정은행은 만기일 이전에 선지급과 매입을 했거나 안 했거나 관계없이 선적서류제시와 대금지급의 상환 기간을 만기일로 간주한다. 지정은행에게 상한할 개설은행의 책임은 수익자에게 부담하는 개설은행의 책임과 하등의 관계가 없이 독립적이다.

해 설

a. 개설은행의 지급약정

신용장은 개설은행이 직접 매입하는 경우와 자유매입신용장을 제외하고는 사용방법에 따라 지급은행, 연지급은행, 인수은행, 매입은행을 반드시 지정해야 한다. **자유매입신용장**은 모든 은행에서 매입이 허용되기 때문에 모든 은행이 지정은행이 될 수 있다. 또한 지정은행에 선적서류를 제시하도록 된 경우 선적서류를 개설은행, 확인은행 또는 지정은행에 제시하여야 하며 신용장은 반드시 지정은행 또는 개설은행, 확인은행(있는 경우)을 통해 사용되어야 한다. 매입신용장이면서 매입은행을 지정하지 않고 또한 자유매입신용장이라는 표기도 없으면 이러한 신용장은 불명료한 신용장으로 간주해야 한다.[1] 신용장에 명시된 선적서류가 지정은행과 개설은행에 제시되고 제시된 선적서류가 신용장의 조건, 적용 가능한 본 규칙의 조항과 국제표준은행관행을 충족시키면 개설은행은 수익자 또는 지정은행에게 수출대금을 지급하여야 한다. 개설은행의 지급확약은 제시된 선적서류가 신용장의 조건, 적용 가능한 본 규칙의 조항과 국제표준은행관행을 충족시켜야만 되는 **조건부 지급확약**이다.

개설은행은 개설의뢰인의 파산 또는 지급불능의 이유로 개설은행이 지정은행과 수익자에게 한 확약을 거부할 수 없고 개설의뢰인이 도착한 상품의 품질을 이유로 개설은행이 수입대금을 지급하지 말도록 요청하여도 개설은행은 이러한 개설의뢰인의 요청을 들어줄 수 없다.

일람지급의 약정은 신용장이 지급조건부로 되어 있는 경우인데 일종의 **요구불(demand draft)**의 성격을 갖고 있다. 수익자가 선적서류를 개설은행에게 직접 제시하도록 된 경우에 개설은행은 상당한 주의를 기울여 선적서류를 검토하여 선적서류의 인수여부를 결정해야 한다. 만약 선적서류인수가 거절되면 이것은

1) Harfield, Henry, "*Bank Credit and Acceptance*," The Ronald Press Company, New York, 1974, pp.23~33.

개설의뢰인이 지불거절을 요구해서가 아니라 제시된 선적서류가 신용장의 조건, 적용 가능한 본 규칙의 조항, 국제표준은행관행과 일치하지 않아 거절되는 것이다. 신용장이 수익자가 선적서류를 지정은행에게 제시할 것을 요구한 경우에 지정은행이 선적서류인수를 거부하면 개설은행은 지정은행을 대신하여 수익자가 제시한 선적서류를 인수하고, 심사하여 수리여부를 결정하여야 한다.

연지급의 약정은 개설은행이 연지급약정서를 발급하고 신용장조건에 일치하는 선적서류가 제시되면 신용장에 규정된 만기일에 수출대금을 지급하겠다는 것을 의미한다. 연지급신용장은 환어음 없이 선적서류와 상환으로 수출대금이 지급되는 것을 말한다. 연지급은행이 만기일에 수출대금의 지급을 거부하면 개설은행이 연지급은행을 대신하여 수출대금을 지급하야야 한다.

개설은행의 연지급약정은 선적서류가 연지급은행에 제시되어야 하고, 제시된 선적서류가 연지급신용장의 내용을 모두 충족시키면 연지급은행에게 수출대금을 지급하겠다는 것을 의미하는 것이지 연지급 기간 동안 개설의뢰인이 상품을 인수하여 상품의 품질과 수량이 매매계약에서 합의한 내용과 일치하는지 검사하여 일치하지 않으면 수입대금의 지급을 정지시킬 수 있다는 것을 의미하는 것이 아니다. 연지급은행이 수익자로부터 선적서류를 받고 선적서류가 연지급신용장의 내용과 일치하는지 심사한 후 연지급 기간이 만기되기 전에 대금을 수익자에게 지급하는 것은 연지급신용장거래에서 연지급은행의 의무를 연지급은행이 과실 없이 정상적으로 이행한 것을 말한다. 따라서 연지급 기간이 만기되기 전에 수익자에게 선 지급함으로써 발생하는 위험을 연지급은행이 부담하지 않는다.[2)]

인수신용장은 수익자가 환어음과 선적서류를 은행에 제시하면 환어음을 인수하고 수출대금지급은 어음만기일에 어음과 상환으로 수출대금을 지급하는 기

2) 프랑크후르트 고등법원 1981년 3월 13일 판결 (Wertpapier Mitteilungen 17-25 April, 1981, p.445)

한부신용장을 말하며 인수의 약정은 개설은행이 인수하는 경우와 지정된 타 은행이 인수하는 경우가 있다. 전자의 경우에는 개설은행을 지급인으로 발행된 환어음과 선적서류가 제시되면 선적서류를 검토한 후 직접 인수해야 하며, 인수를 거부할 수 없고 또한 인수하면 어음만기일에 수출대금의 지급을 거절할 수 없다. 후자의 경우 개설은행은 타 은행이 인수한 환어음을 어음만기일에 인수은행에게 대금을 지급해야 한다. 지정된 은행이 어음의 인수를 거절하거나 인수 후 어음만기일에 대금지급을 거부한 경우에는 개설은행이 직접 지급해야 된다. 이러한 규정은 인수은행이 어음의 인수와 어음만기일에 대금지급을 거부하면 수익자는 개설은행에게 다시 어음을 발행하여 수출대금지급을 요구할 수 있는 권한을 갖고 있다는 것을 의미한다. 수익자는 신용장개설의뢰인을 지급인으로 하는 환어음을 발행할 수 없다는 내용을 UCP 600에 포함시켰는데 이것은 인수은행이 인수를 거절한 경우, 개설은행이 직접 인수할 책임이 있음을 다시 명문화시킨 것이다.

매입이 지정은행에서 이루어지도록 된 경우에 지정은행이 선적서류의 매입을 거부하면 개설은행이 지정은행을 대신하여 선적서류를 매입하여야 한다.

b. 개설은행의 책임 발생 시점

개설은행의 책임은 개설은행이 신용장을 개설한 시점에서 인수와 지급의 책임이 발생한다. 개설은행이 신용장을 개설하면 개설하는 시점에서 개설은행의 책임은 시작되지만 수익자와 개설은행과의 법률관계는 신용장이 수익자에게 통지되고 수익자가 신용장을 아무런 이의 없이 인수하면 개설은행의 책임은 시작되며, 지정은행과 개설은행과의 법률관계는 지정은행이 수익자로부터 받은 선적서류를 개설은행에게 제시하면 그들 간의 법률관계가 성립된다.

c. 개설은행의 대금지급시기와 수익자와 지정은행의 관계

지정은행이 수익자가 제시한 선적서류가 신용장의 조건, 적용 가능한 본 규칙의 조항과 국제표준은행관행과 일치하여 선적서류를 개설은행에게 제시하면 개설은행은 수출대금을 지정은행에게 지급할 책임이 있다. 인수와 연지급 신용장은 외상거래 신용장이다. 지정은행은 수익자가 제시한 선적서류를 심사하고 개설은행에게 선적서류를 제시하면 개설은행은 수출대금을 즉시 지정은행에게 지급하여야 되는지 아니면 외상기간이 도래하면 지급하여야 되는지 이에 대한 분쟁이 많이 발생하였다. 외상거래 신용장에서 개설은행이 지정은행에게 수출대금을 지급하는 시기는 지정은행이 사전에 수출대금을 수익자에게 지급한 것과 관계없이 외상기간의 만기일 된다. 개설은행이 인수은행과 연지급은행에게 한 지급약정은 인수와 연지급은행이 외상기간이 도래하기 전에 수익자에게 수출대금을 지급한 것에 하등의 영향을 받지 않는다. 인수은행과 연지급은행이 수익자에게 외상기간이 만기되기 전에 대금을 지급할지의 결정은 인수와 연지급은행이 독자적으로 판단하여 결정하는 것이기 때문에 개설은행의 지급약정과 하등의 관계가 없는 독립된 것이다. 외상기간이 만기되기 전에 수익자에게 대금을 지급함으로써 발생되는 위험은 개설은행이 파산하거나 제시된 선적서류가 불일치하다고 개설은행이 판단하여 이미 지급한 대금을 수익자로부터 되돌려 받는데 수익자가 파산하면 발생하는 위험이다.

인수와 연지급은행은 이러한 위험을 평가하여 외상기간이 만기되기 전에 수익자에게 대금을 지급할 것인지를 결정해야 하며 위험을 잘못 평가함으로써 발생되는 책임은 모두 인수와 연지급은행에게 있고 위험을 잘못 평가하여 발생하는 위험은 수입상품이 매매계약에서 합의한 상품과 일치하지 않음으로써 발생하는 것이 아니라 수익자가 제시된 선적서류를 잘못 심사함으로써 발생하는 것이다.

따라서 개설은행은 인수와 연지급은행이 외상기간이 도래하기 전에 수익자에게 수출대금을 지급한 것과 관계없이 인수와 연지급은행이 제시한 선적서류가 신용장의 내용을 충족시키면 만기일에 수출대금을 인수와 연지급은행에게 지급해야만 된다. 즉 **개설은행의 지급약정**은 만기에 수출대금을 수익자에게 지급하도록 권한을 인수와 연지급은행에게 부여한 것뿐만 아니라 연지급은행이 만기 전에 수출대금을 미리 수익자에게 지급하거나 할인하는 것도 개설은행의 지급약정에 포함되어 있는 것으로 보아야 한다.

지정은행에 대한 개설은행의 책임은 수익자에 대한 개설은행의 책임과 관련이 없고 서로 독립적으로 존재한다. 개설은행은 지정은행과 관련된 책임을 이유로 수익자에게 항변할 수 없고 반대로 수익자와 관련된 책임을 이유로 지정은행에게 항변할 수 없다.

Article 8

Confirming Bank Undertaking

a. Provided that the stipulated documents are presented to the confirming bank or to any other nominated bank and that they constitute a complying presentation, the confirming bank must :

i. honour, if the credit is available by

a. sight payment, deferred payment or acceptance with the confirming bank ;

b. sight payment with another nominated bank and that nominated bank does not pay ;

c. deferred payment with another nominated bank and that nominated bank does not incur its deferred payment undertaking or, having incurred its deferred payment undertaking, does not pay at maturity ;

d. acceptance with another nominated bank and that nominated bank does not accept a draft drawn on it or, having accepted a draft drawn on it, does not pay at maturity ;

e. negotiation with another nominated bank and not negotiated by any nominated bank.

ii. negotiate, without recourse, if the credit is available by negotiation with the confirming bank and a complying presentation is made to the confirming bank or is made to another nominated bank and is not negotiated by that nominated bank.

b. A confirming bank is irrevocably bound to honour or negotiate as of the time it adds its confirmation to the credit.

c. *A confirming bank undertakes to reimburse another nominated bank that has honoured or negotiated a complying presentation and forwarded the documents to the confirming bank. Reimbursement for the mount of the presentation under a credit available by acceptance or deferred payment is due at maturity, whether or not another nominated bank prepaid or purchased before maturity. A confirming bank's undertaking to reimburse another nominated bank is independent of the confirming bank's undertaking to the beneficiary.*

d. *If a bank is authorized or requested by the issuing bank to confirm a credit but is not prepared to do so, it must inform the issuing bank without delay and may advise the credit without confirmation.*

[제 8 조 확인은행의 책임]

a. 명시된 선적서류가 확인은행이나 어떠한 다른 지정은행에 제시되고 제시된 선적서류가 신용장의 조건, 적용 가능한 본 규칙의 조항과 국제표준은행관행과 일치하면 확인은행은

i. 다음과 같이 발행된 신용장을 인수하고 대금을 지급하여야 한다.

a. 신용장이 확인은행에서 일람출급, 연지급, 인수로 발행된 경우

b. 신용장이 다른 지정은행에서 일람출급으로 발행되고 지정은행이 대금을 지급하지 않는 경우

c. 신용장이 다른 지정은행에서 인수로 발행되고 지정은행이 지정은행을 지급인으로 발행된 환어음을 인수하지 않거나 지정은행을 지급인으로 발행된 환어음을 인수하고 만기일에 대금을 지급하지 않는 경우

d. 신용장이 다른 지정은행에서 연지급으로 발행되고 지정은행이 연지급 책임을 이행하지 않는 경우 또는 인수를 하였지만 만기일에 대금을 지급하지 않는 경우

e. 신용장이 다른 지정은행에서 매입으로 발행되고 어떠한 지정은행이 매입하지 않는 경우

ii. 확인은행은 신용장이 확인은행에서 매입이 이루어지는 경우, 신용장과 일치된 선적서류가 확인은행에게 제시되고 또는 다른 지정은행에 제시되었으나 지정은행이 매입하지 않으면 소구권 없이 매입하여야 한다.

b. 확인은행은 확인은행이 신용장에 확인을 추가하는 시점에서 인수와 지급 또는 매입을 해야만 하는 취소 불능한 의무를 져야 한다.

c. 확인은행은 신용장과 일치된 선적서류를 인수하고 지급하거나 매입하여 선적서류를 확인은행에게 제시하면 상환해야만 하는 책임을 부담해야 한다. 신용장이 인수 또는 연지급으로 발행된 경우 다른 지정은행이 만기일 이전에 선지급과 매입을 했거나 안 했거나 관계없이 선적서류 제시에 따른 대금지급에 관한 상환은 만기일로 간주한다. 다른 지정은행에게 상환해야만 하는 확인은행의 책임을 수익자에 대한 확인은행의 책임과 하등의 관계가 없는 별개의 것으로 간주한다.

d. 은행이 개설은행으로부터 신용장은 확인해 달라고 수권이나 요청을 받았으나 그렇게 할 의사가 없을 경우에는 은행은 개설은행에게 그러한 사실을 통지하여야 하며 확인 없이 신용장을 통지할 수 있다.

해설

a. 확인은행의 지급확약의 의미

신용장의 확인은 개설은행의 요청에 따라 제3의 은행이 수익자, 지급, 연지급, 인수, 매입은행에게 개설은행과 동일하게 지급확약을 약정하는 것을 의미한다. 따라서 확인은행은 개설은행과 연대해서 수익자, 일람지급, 연지급, 인수, 매입은행에 대한 지급의무가 있다. 선적서류가 확인은행 또는 지정은행에게 제시되고 제시된 선적서류가 신용장의 조건, 적용 가능한 본 규칙의 조항과 국제표준은행관행을 충족시키면 확인은행은 수익자 또는 지정은행에게 수출대금을 지급하여야 한다.

수익자는 선적서류를 확인은행 또는 지정은행에게 제시할 수 있으며, 확인은행에게 제시한 경우 선적서류가 요구조건을 충족시키면 확인은행은 수출대금을 수익자에게 지급하고, 지정은행에게 제시하였지만 지급은행, 연지급은행, 인수은행, 매입은행이 최종적으로 수익자에게 수출대금을 지급하지 못하면 확인은행이 지정은행을 대신하여 수출대금을 지급할 책임이 있다. 확인신용장을 이용하는 수익자는 지정은행이 의무를 다하지 못하면 개설은행이나 확인은행에 선적서류를 다시 제시하고 수출대금을 지급받을 수 있다.

매입이 확인은행에서 이루어지도록 개설된 신용장거래에서 수익자가 환어음과 선적서류를 확인은행에게 제시하지 않고 직접 개설은행에 제시하고 개설은행이 파산하면 수익자가 가지고 있는 확인은행에 대한 권리는 박탈된다. 수익자가 환어음과 선적서류를 확인은행에게 제시하여야 하는 의무를 위반했기 때문에 확인은행에게 책임을 물을 수 없다. 확인은행의 책임은 수익자가 환어음과 선적서류를 확인은행에게 제시하고 제시된 선적서류가 신용장의 요구조건을 충족시켰을 때 발생하기 때문이다.

확인은행은 **상환청구권(without recourse)**을 행사할 수 없다. 확인은행은 개설은행의 입장에서 환어음을 매입하므로 Right of Recourse를 행사할 수 없다.

확인은행이 선적서류를 수리하고 사전에 수익자에게 수출대금을 지급하고 개설은행으로부터 수출대금이 지급되지 않으면 확인은행이 수익자에게 지급한 수출대금의 반환을 요구할 수 없다. 확인신용장의 거래에서 수익자는 확인은행으로부터 수출대금을 지급받으면 확인은행에게 수출대금을 반환할 의무가 없기 때문에 안심하고 다른 거래에 전념할 수 있는 장점이 있다.

b. 확인은행의 책임 발생시점

은행이 신용장에 확인을 추가하는 시점에서 인수와 지급 및 매입을 해야만 하는 절대적인 책임이 발생한다.

c. 확인은행의 대금지급 시기와 수익자와 지정은행의 관계

확인은행의 책임은 지정은행이 선적서류를 확인은행에게 제시하고 제시된 선적서류가 신용장의 요구조건을 충족시키면 발생하는 조건부 약정을 말한다. 인수 및 연지급 확인신용장의 거래에서 확인은행이 지정은행에게 대금을 지급하는 시기는 지정은행이 수익자에게 사전에 수출대금을 지급한 것과 관계없이 외상기간의 만기일에 지정은행에게 지급한다. 지정은행이 사전에 수출대금을 수익자에게 지급했다고 해서 확인은행도 외상기간이 도래하기 전에 수출대금을 지정은행에게 지급하는 것이 아니라 외상기간이 도래한 만기일에 지정은행에게 지급한다고 명시하였다.

지정은행에 대한 확인은행의 책임은 수익자에 대한 확인은행의 책임과 관련이 없고 서로 독립적으로 존재한다. 확인은행은 지정은행과 관련된 책임을 이유로 수익자에게 항변할 수 없고 반대로 수익자와 관련된 책임을 이유로 지정은행에게 항변할 수 없다.

d. 신용장의 확인

신용장의 확인을 요청받은 은행이 그러한 요청을 수락하여 신용장에 동 은행이 신용장을 확인하였다는 문언이 기재되면 확인은행은 신용장대금에 대한 독립적인 책임이 발생한다. 신용장의 확인을 거절할 경우 확인요청을 받은 통지은행은 즉시 신용장을 확인할 의사가 없음을 개설은행에게 통지하여야 하고 확인 없이 신용장을 수익자에게 통지할 수 있다.

Article 9

Advising of Credits and Amendments

a. A credit and any amendment may be advised to a beneficiary through an advising bank. An advising bank that is not a confirming bank advises the credit and any amendment without any undertaking to honour or negotiate.

b. By advising the credit or amendment, the advising bank signifies that it has satisfied itself as to the apparent authenticity of the credit or amendment and that the advice accurately reflects the terms and conditions of the credit or amendment received.

c. And advising bank may utilize the services of another bank ("second advising bank") to advise the credit and any amendment to the beneficiary. By advising the credit or amendment, the second advising bank signifies that it has satisfied itself as to the apparent authenticity of the advice it has received and that the advice accurately reflects the terms and conditions of the credit or amendment received.

d. A bank utilizing the services of an advising bank or second advising bank to advise a credit must use the same bank to advise any amendment thereto.

e. If a bank is requested to advise a credit or amendment but elects not to do so, it must so inform, without delay, the bank from which the credit, amendment or advice has been received.

f. If a bank is requested to advise a credit or amendment but cannot satisfy itself as to the apparent authenticity of the credit or amendment or advice, it must so inform, without delay, the bank from which the instructions appear to have been received. If the advising bank or second advising bank elects nonetheless to advise the credit or amendment, it must inform the beneficiary or second advising bank that it has not been able to satisfy itself as to the apparent authenticity of the credit or amendment or advice.

[제 9 조 신용장의 통지와 신용장조건변경서 통지]

a. 신용장과 어떠한 신용장의 변경은 통지은행을 통하여 수익자에게 통지될 수 있다. 확인은행이 아닌 통지은행은 인수와 지급 또는 매입에 대한 책임 없이 신용장과 신용장조건변경서를 통지한다.

b. 신용장과 신용장조건변경서를 통지함으로써 통지은행은 신용장이 신용장과 신용장조건변경서의 외견상 진정성을 충족시키고 있다는 것을 알리는 것이다. 신용장 통지서는 신용장과 받는 신용장조건변경서의 제 조건을 정확하게 반영한다고 간주한다.

c. 통지은행은 수익자에게 신용장과 신용장조건변경서를 통지하기 위하여 다른 은행(제 2 통지은행)의 서비스를 이용할 수 있다. 신용장과 신용장조건변경서를 통지함으로써 제 2의 통지은행은 받은 통지서가 외견상 진정성을 충족시키고, 신용장과 신용장조건변경서의 제 조건을 정확하게 반영한다고 간주한다.

d. 신용장을 통지하기 위하여 통지은행 또는 제 2의 통지은행은 서비스를 이용하는 은행이 어떤 신용장조건변경서를 통지하려면 동일 은행을 이용해야 한다.

e. 은행이 신용장과 신용장조건변경서를 통지하도록 요청을 받는 경우에 통지하지 않기로 정한 때에는 신용장과 신용장조건변경서 또는 통지서를 받는 은행에게 지체 없이 이 사실을 통지하여야 한다.

f. 은행이 신용장과 신용장조건변경서를 통지하도록 요청을 받았으나 신용장과 조건변경서 및 통지서가 외견상 진정성을 충족시키지 못한 경우에 은행은 그러한 지시를 해온 것으로 보이는 은행에게 지체 없이 이 사실을 통지해야 한다. 통지은행과 제 2의 통지은행이 이러한 사정이 있음에도 불구하고 신용장과 신용장조건변경서를 통지하기로 한 경우에는 수익자와 제 2의 은행에게 신용장과 신용장조건변경서 및 통지서의 외견상 진정성이 충족되지 않았다는 것을 통보하여야 한다.

해 설

a. 통지은행의 신용장 및 신용장조건변경서의 통지의무

개설은행은 신용장 또는 신용장조건변경서를 개설하여 수익자에게 통지해야 할 의무가 있으며 신용장 또는 신용장조건변경서는 개설은행이 직접 수익자에게 통지하는 방법과 제3의 은행을 통해서 수익자에게 통지하는 방법이 있는데 일반적으로 후자의 방법이 가장 많이 사용되고 있다. 확인은행이 통지은행인 경우를 제외하고 통지은행은 인수와 지급 및 매입의 책임 없이 단지 신용장 또는 신용장조건변경서를 수익자에게 통지한다. 통지은행은 개설은행의 요청에 따라 개설은행을 대신하여 수익자에게 신용장 또는 신용장조건변경서를 통지할 의무만 지는 것이지 통지은행이 신용장 또는 신용장조건변경서를 인수와 지급 및 매입하기로 약정하지 않는 한 그에 대한 책임이 없다.

b. 신용장 또는 신용장조건변경서의 외견상 진정성을 검토할 의무

통지은행이 신용장 또는 신용장조건변경서를 통지하는 것은 신용장 또는 신용장조건변경서가 외견상의 진정성을 충족시키고, 신용장 또는 신용장조건변경서의 통지서는 통지은행이 받는 신용장 또는 신용장조건변경서를 반영한다는 것을 의미한다고 보고 있다. 따라서 통지은행은 상당한 주의를 기울여 신용장 또는 신용장조건변경서의 외견상 진정성을 심사하여야 한다. 외견상의 진정성을 검사한다는 것은 신용장에 문면상 나타나 있는 서명 또는 test key를 통해서 검사하는 것을 말한다. 또한 상당한 주의를 기울여 검사한다는 의미는 서명을 육안으로 비교하거나 test key를 맞추어 보고 외견상 차이가 있는지 여부를 조사하는 것을 말한다.

c. 제2의 통지은행의 이용

통지은행이 신용장을 수익자에게 통지할 때 제2의 통지은행을 이용하여 신용장을 통지할 수 있도록 하였다. 정보통신이 발달하여 세계에 있는 모든 은행이 정보통신망으로 연결되어 은행업무가 한 은행을 통하여 이루어 질 수 있는 듯이 보이지만 은행 간에 환거래취결은행으로 약정하지 않으면 은행 간에 은행업무를 직접 할 수 없다. 국민은행이 미국의 시티은행과 환거래취결은행으로 약정하면 국민은행과 시티은행 간의 은행전산망이 연결되어 은행업무가 신속하게 이루어진다. 환거래취결은행으로 약정되기 위해서는 양 은행 간의 거래량이 많이 발생하여야 하며 양 은행 간의 거래량이 적으면 환거래취결은행으로 약정이 불가능하다. 환거래취결은행으로 약정하지 못한 은행이 신용장을 통지하려면 제2의 통지은행인 환거래취결은행을 이용하여 통지하면 신용장 통지가 신속하게 이루어질 수 있다. 본 조항은 은행의 현실을 감안하여 UCP 600에서 새롭게 신설된 내용이다.

d. 신용장조건변경서의 통지

개설은행이 발행한 신용장이 통지은행과 제2의 통지은행을 통하여 수익자에게 통지되면 수익자는 신용장 내용을 검토하여 수익자가 원하는 신용장이 아닌 경우에는 수익자는 개설의뢰인에게 연락하여 개설의뢰인이 수익자가 원하는 신용장을 다시 개설해 주도록 요청한다. 다시 개설된 신용장은 기 신용장을 통지한 통지은행과 제2의 통지은행을 통하여 수익자에게 통지되어야 하며, 다른 은행을 통하여 통지되지 못하도록 하였다. 하나의 신용장거래에서 비록 신용장이 변경되었다 하더라도 신용장 또는 신용장조건변경서는 동일한 통지은행과 제2의 통지은행으로 수익자에게 통지되어 신용장거래의 안정을 도모하고자 하였다. 신용장이 서로 다른 은행으로 통지되면 신용장거래에서 불필요한 분쟁과 사기가 발생하여 신용장의 가치를 훼손시킬 수 있다.

e. 신용장 또는 신용장조건변경서의 통지거부

통지요청을 받은 은행은 신용장 또는 신용장조건변경서를 반드시 통지할 의무는 없다. 신용장 또는 신용장조건변경서의 통지 여부는 통지은행이 결정하며, 통지하지 않기로 결정한 경우 그러한 내용을 즉시 통지은행에게 통지해야 한다.

f. 신용장의 외견상 진정성을 확인할 수 없는 경우

통지은행은 신용장의 진정성을 검사할 수 있음에도 불구하고 신용장을 통지하지 않기로 결정한 경우에 적용된다. 통지은행은 신용장의 진정성을 확인할 수 없는 경우 그러한 사실을 즉시 개설은행에게 통지하여야 한다. 통지은행이 신용장의 진정성을 검사할 수 없는 경우에 본 조항은 적용되며 신용장 내용이 불분명한 경우 통지은행은 그러한 불분명한 내용을 개설은행에 통지함으로써 개설은행이 신용장 내용을 한 번 더 검토할 수 있는 기회를 제공함으로써 궁극적으로 정확한 신용장이 발행되어 국제무역거래를 활성화시키기 위한 조치로 볼 수 있다.

통지은행과 제2의 통지은행이 신용장의 진정성을 알 수 없음에도 불구하고 수익자에게 신용장을 통지하기로 결정한 경우 신용장의 진정성을 확인할 수 없다는 내용을 신용장통지서에 표기하여 신용장을 통지해야 한다. 통지은행은 개설은행의 신인도가 낮거나 환거래가 없는 은행이 개설한 신용장을 통지할 때 신용장통지서에 문책문언을 표기하여 통지하고 있으며 이러한 면책문언은 신용장의 통지서를 부여하였음에도 불구하고 신용장의 진정성을 확인할 수 없으며 신용장내용에 관련되어 통지은행은 어떠한 책임과 약정을 하지 않았음을 의미하는 것이다.

Article 10

Amendments

a. Except as otherwise provided by article 38, a credit can neither be amended nor cancelled without the agreement of the issuing bank, the confirming bank, if any, and the beneficiary.

b. An issuing bank is irrevocably bound by an amendment as of the time it issues the amendment. A confirming bank may extend its confirmation to an amendment and will be irrevocably bound as of the time it advises the amendment. A confirming bank may, however, choose to advise an amendment without extending its confirmation and, if so, it must inform the issuing bank without delay and inform the beneficiary in its advice.

c. The terms and conditions of the original credit (or a credit incorporating previously accepted amendments) will remain in force for the beneficiary until the beneficiary communicates its acceptance of the amendment to the bank that advised such amendment. The beneficiary should give notification of acceptance or rejection of an amendment. If the beneficiary fails to give such notification, a presentation that complies with the credit and to any not yet accepted amendment will be deemed to be notification of acceptance by the beneficiary of such amendment. As of that moment the credit will be amended.

d. A bank that advises an amendment must inform the bank from which it received the amendment of any notification of acceptance or rejection.

e. Partial acceptance of an amendment is not allowed and will be deemed to be rejection of the amendment, and the bank that advised the amendment must so inform the bank from which it received the amendment.

f. A provision in an amendment containing wording to the effect that the amendment shall become valid unless rejected by the beneficiary within a certain time shall be disregarded.

[제 10 조 변경]

a. 제 38조에 의해서 달리 약정하지 않는 한 신용장은 개설은행과 확인은행(있는 경우) 및 수익자의 동의 없이 변경 또는 취소될 수 없다.

b. 개설은행은 조건 변경된 신용장을 발생하는 시점부터 신용장조건변경통지서에 대해서 취소불능의 의무를 진다. 확인은행은 자신의 확인을 신용장조건변경으로까지 확장할 수 있으며, 신용장조건변경 통지시점부터 취소 불능한 의무를 진다. 그러나 확인은행은 확인의 연장 없이 조건 변경된 신용장의 통지를 선택할 수 있으며 이러한 경우에는 당 은행은 개설은행에게 이를 지체 없이 통지하고 수익자에게는 통지서에 확인 연장이 없다는 내용을 기재하여 통지하여야 한다.

c. 원신용장(또는 이전에 수락된 조건변경을 포함하는 신용장)의 조건은 수익자가 통지은행 신용장조건변경의 수락 여부를 통고할 때까지 수익자에 대해서 계속 유효하다. 수익자는 신용장조건변경의 수락 또는 거절을 통지하여야 한다. 수익자가 이러한 통지를 하지 않은 채, 변경된 조건에 일치하는 선적서류를 지정된 은행 또는 개설은행에 제출하면 이는 수익자에 의한 신용장조건변경의 수락통지로 간주되면 바로 그 시점에서 신용장의 조건이 변경된다.

d. 조건 변경된 신용장을 통지하는 은행은 조건 변경된 신용장을 보내온 은행에게 수락 또는 거절의 통보를 통지하여야 한다.

e. 조건 변경된 신용장의 부분적인 수락은 허용되지 않으며 조건 변경된 신용장의 거절로 간주된다. 따라서 조건 변경된 신용장을 통지한 은행은 조건 변경된 신용장을 보내온 은행에게 그러한 사실을 통지하여야 한다.

f. 제한된 시간 내에 수익자가 거절하지 않는 한 조건 변경된 신용장은 유효하다는 효력을 내포한 문구가 기재되어 있는 조건 변경된 신용장의 규정은 효력이 없는 것으로 간주한다.

해설

a. 신용장의 변경 또는 취소

제38조의 규정을 제외하고 신용장이 일단 개설되면 신용장은 신용장거래의 당사자인 개설은행, 확인은행(확인신용장의 경우), 수익자의 동의 없이 변경 또는 취소될 수 없다. 신용장은 신용장거래의 당사자들이 전원 합의하지 않으면 일방적으로 취소 또는 조건변경이 불가능하다. 신용장거래의 당사자는 개설은행, 확인은행(확인신용장의 경우), 수익자이고 개설의뢰인은 당사자가 아닌 것으로 UCP 600은 명시하였다.

신용장은 수출입매매계약의 당사자인 수출상과 수입상이 합의하여 결정하고, 개설의뢰인의 요청과 지시에 따라 개설은행이 신용장을 개설한다는 점에 비추어 보면 개설의뢰인도 신용장거래의 당사자로 보아야 한다. 개설의뢰인은 자기의 요청에 따라 신용장이 개설되면 수익자의 동의 없이 개설은행에게 신용장의 변경이나 취소를 강요하지 못하고, 개설은행은 수익자가 신용장의 변경이나 취소를 요구한다고 해도 개설의뢰인의 동의 없이는 이에 응할 수 없다.

개설은행에 제시된 선적서류를 개설은행이 심사하고 선적서류를 개설의뢰인에게 제시하여 개설의뢰인이 선적서류를 심사한 다음에 아무런 이의가 없으면 개설은행은 수출대금을 지급한다. UCP 600은 신용장거래에 개설의뢰인을 배제하여 개설의뢰인은 선적서류를 심사할 권한이 없고 오로지 개설은행이 선적서류를 심사하여 수출대금지급을 결정할 수 있고 개설의뢰인은 결정할 권한이 없는 것으로 보았다. 개설은행이 선적서류를 심사하여 수출대금을 지급하였는데 개설의뢰인이 선적서류가 신용장의 요구조건을 충족시키지 못한다고 판단하여 수출대금의 지급을 중지하면 이미 지급한 수출대금에 대해서 누가 책임을 져야 하는지 분쟁이 발생할 가능성이 매우 많다. 신용장거래의 당사자에 개설의뢰인도 포함시키면 이러한 분쟁이 발생할 가능성을 방지할 수 있다.

신용장은 신용장거래 당사자의 합의가 없으면 취소 또는 변경될 수 없다. 따라서 취소불능신용장이 취소 또는 변경되기 위해서는 수익자, 신용장개설의뢰인, 개설은행, 확인은행이 모두 합의해야만 가능하며 수익자는 먼저 개설의뢰인에게 신용장의 변경 또는 취소를 요청하고 개설의뢰인은 신용장조건변경신청서를 작성하여 개설은행에게 제시하여 신용장의 변경을 요구하고 개설은행은 신용장조건변경신청서에 기재된 내용에 따라 변경된 신용장을 개설하여 수익자에게 전달해야 한다.

b. 조건 변경된 신용장에 관한 개설은행과 확인은행의 책임

개설은행이 개설의뢰인의 지시와 요청에 따라 신용장의 조건을 변경하여 신용장을 발행하면 그 시점에서 조건 변경된 신용장에 대해서 취소불능의 책임을 져야 한다. 개설은행이 기존에 발행한 신용장의 내용을 변경하여 다시 신용장을 발행하면 그 시점에서 개설은행의 책임은 발생한다고 보고 있지만 조건 변경된 신용장이 수익자에게 통지되어 수익자가 조건 변경된 신용장을 인수한다고 의사를 표시하는 시점에서 개설은행의 책임은 발생한다고 봐야 한다.

수익자에게 조건 변경된 신용장이 통지되어 수익자가 조건 변경된 신용장이 수출입매매계약에서 명시한 내용을 충족시키고, 하자사항이 없는지를 확인한 이후에 수리 여부를 수익자가 결정하여 통지은행에게 통지하기 때문에 수익자가 조건 변경된 신용장을 인수한다는 것을 개설은행이 조건 변경된 신용장을 발행하는 시점에서는 알 수 없다.

확인은행은 기 개설된 신용장을 확인했다고 해서 반드시 조건 변경된 신용장을 확인할 의무는 없다. 확인은행이 조건 변경된 신용장에 확인을 추가하면 확인은행의 책임은 조건 변경된 신용장에 확인을 추가한 시점에서 책임이 발생한다. 확인은행은 조건 변경된 신용장을 확인하지 않고 조건 변경된 신용장을 수익자에게 통지할 수 있으며, 이런 경우 확인은행은 지체 없이 개설은행과 수익자에게 이러한 내용을 통지하여야 한다.

c. 원신용장과 조건 변경된 신용장의 효력

원신용장은 조건 변경된 신용장이 수익자에게 통지되고 수익자가 조건 변경된 신용장을 인수한다고 통지은행에게 통지할 때까지 법적효력이 있고 조건 변경된 신용장을 수익자가 인수하면 그 시점에서 법적효력이 상실됨과 동시에 조건 변경된 신용장에 법적효력이 발생한다. 수익자가 조건 변경된 신용장을 수락한다는 의사표시를 통지은행에게 전달할 때까지는 원신용장은 그대로 유효하고 수익자가 조건 변경된 신용장을 수락한다는 의사표시를 표명한 경우에만 조건 변경된 신용장이 유효하다는 점을 새롭게 명확히 하였다.

수익자는 조건 변경된 신용장을 인수할 것인지 아니면 거절할 것인지 반드시 통지은행에게 통지를 하여야 하며, 수익자가 이와 같은 통지를 하지 않았지만 조건 변경된 신용장과 일치하는 선적서류를 제시하면 그 순간 수익자가 조건 변경된 신용장을 받아들이는 것으로 간주하고 그 시점에서 신용장이 변경된 것으로 본다.

신용장개설의뢰인으로부터 신용장조건변경신청서를 받고 동 신청서에 따라 신용장 내용을 변경하여 변경된 신용장을 발행한 시점에서 신용장조건변경의 효력이 발생하고 확인은행은 신용장조건변경의 확인을 받고 동 조건변경신청서를 확인한 시점에서 확인은행의 책임이 발생한다. 그러나 조건변경의 확인을 받은 은행은 동 조건변경의 확인을 거절할 권한도 갖고 있다. 확인은행이 조건 변경된 신용장의 확인을 거부하면 동 사실을 지체 없이 수익자에게 통지해야 한다. 신용장의 내용이 변경되어 수익자에게 통지되면 수익자는 그러한 내용을 수락할 것인지 또는 거절할 것인지를 통지은행에게 통보해야 하며 조건변경 내용을 수락한다는 것을 통지은행에게 통보한 시점에서 신용장의 변경에 대한 효력이 발생한다.

d. 조건 변경된 신용장의 수락 통지

조건 변경된 신용장을 통지하는 은행은 조건 변경된 신용장을 송부한 은행에게 조건 변경된 신용장의 인수 또는 거절의 통보를 하여야 한다.

e. 조건 변경된 신용장의 일부 승낙의 효력

수익자는 조건 변경된 신용장 내용을 일부만 수락할 수 없고 전부 수락을 하여야 한다. 일부 수락은 수락거부로 간주하여 통지은행은 이러한 사실을 개설은행에게 통지하도록 하였다.

f. 조건 변경된 신용장의 효력에 관한 전제조건

조건 변경된 신용장에 일정기간 동안 수익자가 거절한다는 의사표시를 하지 않으면 자동으로 효력이 발생한다고 명시된 내용에 관하여 법률적 효력이 없다는 것을 명시하였다.

Article 11

Teletransmitted and Pre-Advised Credits and Amendments

a. *An authenticated teletransmission of a credit or amendment will be deemed to be the operative credit or amendment, and any subsequent mail confirmation shall be disregarded.*

If a teletransmission states "full details to follow"(or words of similar effect), or states that the mail confirmation is to be the operative credit or amendment, then the teletransmission will not be deemed to be the operative credit or amendment.
The issuing bank must then issue the operative credit or amendment without delay.

b. *A preliminary advice of the issuance of a credit or amendment ("pre-advice") shall only be sent if the issuing bank is prepared to issue the operative credit or amendment. An issuing bank that sends a pre-advice is irrevocably committed to issue the operative credit or amendment, without delay, in terms not inconsistent with the pre-advice.*

[제 11 조 전신 및 예비통지 신용장과 조건 변경된 신용장]

a. 신용장과 조건 변경된 신용장이 확인된 전신으로 전송된 경우에 이는 유효한 신용장 또는 유효한 조건 변경된 신용장으로 간주되며 추후에 발행된 우편확인서는 효력이 없는 것으로 간주한다.

전신물이 "세부사항 추후 통지함" (또는 이와 유사한 효력을 가지는 문언)이라고 명시하고 있거나 우편확인서가 유효한 신용장 또는 조건 변경된 신용장이 된다고 명시하고 있을 경우에는, 동 전신문은 유효한 신용장 또는 조건 변경된 신용장으로 간주하지 않는다. 개설은행은 지체 없이 유효한 신용장과 조건 변경된 신용장을 발행하여야 한다.

b. 신용장의 개설 또는 조건변경에 관한 예비통지는 개설은행이 유효한 신용장과 조건 변경된 신용장을 개설할 용의가 있는 경우에만 단지 발행되어야 한다.
예비통지를 전송한 개설은행은 지체 없이 사전 통지와 모순되지 않는 조건으로 유효한 신용장과 조건 변경된 신용장을 발행할 취소불능의 의무를 진다.

해 설

신용장은 개설의뢰인이 개설은행에 신용장 개설을 요청하면 개설은행이 신용장을 개설하여 통지은행을 통하여 수익자에게 전달된다. 수익자가 신용장을 빨리 받기를 원하는 경우에 이와 같은 절차를 거쳐 신용장을 개설하면 시간이 많이 소요되기 때문에 전신이나 전기통신수단으로 신속하게 신용장을 개설할 수 있도록 규정한 조항이다. 하나의 신용장이 전신과 우편으로 개설된다면 수익자는 하나의 신용장으로 두 번 매입하여 수출대금을 두 번 받을 수 있고, 전신과정에서의 전신암호의 조작으로 허위의 신용장이 발행될 수 있기 때문에 본 조항이 만들어졌다.

a. 확인된 전신수단으로 개설된 신용장과 조건 변경된 신용장의 효력

정보통신기술이 발전하고 인터넷이 등장함에 따라 모든 국제거래가 점점 더 신속하게 이루어지고 있으며, 신용장은 대부분 전신을 이용하여 개설되고 있다. 개설은행은 개설의뢰인이 촉박하게 신용장의 개설을 요청하면 수출지역에 있는 지점이나 환거래취결은행에게 전신으로 신용장의 개설을 지시하게 된다. 지시를 받은 은행은 개설은행이 전송한 암호를 해독하여 개설은행을 대신하여 신용장을 개설하여 수익자에게 통지를 하는데 개설은행이 통지은행에게 전송한 신용장개설 지시서가 유효한 신용장으로 간주하기도 하고, 시간이 촉박하여 개설은행이 통지은행에게 전신으로 신용장의 개설을 전송하고 신용장의 원본은 추후에 우편으로 발행하여 수익자가 은행에 매입을 의뢰할 때에는 반드시 우편으로 송부한 신용장으로 하여야만 유효하도록 하는 경우도 있다.

전자의 경우는 확인된 전신수단으로 전송된 신용장과 조건변경의 통지는 유효한 신용장으로 간주하기 때문에 추후에 우편으로 확인된 원신용장을 발행하지 않아야 된다. 그럼에도 불구하고 추후에 우편으로 원신용장이 발행되면 은행은 이러한 신용장을 무시한다. **확인된 통신수단**은 Cable, Telegram, Telex, 자동통신수단(automated communication system), Facsimile, 인증기관이 발행한 인증서를 의미하며, 전자무역을 수용하기 위하여 그 범위를 포괄적으로 인정하였다.

후자의 경우는 전신수단으로 전달된 신용장에 "full details to follow"라는 표시가 있거나 또는 **우편확인서**가 유효한 증서라고 명시된 경우에 전신수단으로 통지되어 온 신용장이나 조건변경내용은 유효한 신용장이나 조건변경으로 간주되지 않는다. 이런 경우 개설은행은 유효한 신용장이나 조건변경내용을 지체 없이 통지은행에 전달해야 한다.

b. 예비통지

개설은행만이 유효한 신용장을 개설할 준비가 되어 있는 경우에 한하여 유효한 신용장이나 조건변경을 전신으로 예비통지 할 수 있으며 그러한 통지를 한 개설은행은 예비통지 한 내용과 동일한 내용의 신용장을 즉시 개설하여야 한다.

신용장 거래에서 개설은행이 신용장의 개설 또는 조건변경의 예비통지를 한 후에도 유효한 신용장을 개설하지 않으면 예비통지 내용을 확실하게 믿고 수출활동을 수행하는 수익자가 불이익을 당할 수 있기 때문에 이러한 조항을 만든 것이다.

Article 12

Nomination

a. *Unless a nominated bank is the confirming bank, an authorization to honour or negotiate does not impose any obligation on that nominated bank to honour or negotiate, except when expressly agreed to by that nominated bank and so communicated to the beneficiary.*

b. *By nominating a bank to accept a draft or incur a deferred payment undertaking, an issuing bank authorizes that nominated bank to prepay or purchase a draft accepted or a deferred payment undertaking incurred by that nominated bank.*

c. *Receipt or examination and forwarding of documents by a nominated bank that is not a confirming bank does not make that nominated bank liable to honour or negotiate, nor does it constitute honour or negotiation.*

[제 12 조 지정]

a. 지정은행이 확인은행인 경우를 제외하고, 인수와 지급 및 매입에 대한 모든 권한 부여는 지정은행이 명백히 동의하여 수익자에게 이러한 사실을 통지한 경우를 제외하고 인수와 지급 및 매입에 대한 어떠한 의무도 지정은행에게 부담시키지 않는다.

b. 개설은행이 환어음을 인수하고 연지급 약정을 승낙할 수 있는 은행을 지정함으로써 개설은행은 지정은행이 인수한 환어음과 지정은행의 연지급 약정으로 선지급 하거나 매입할 수 있는 권한을 지정은행에게 부여한다.

c. 확인은행이 아닌 지정은행이 선적서류를 인수하고 또는 심사하여 제시하는 것으로 지정은행이 인수와 지급 및 매입의 책임을 지는 것도 아니며 지정은행이 인수와 지급 및 매입을 명확히 하는 것도 아니다.

해 설

a. 지정은행의 의무

개설의뢰인 **지정은행**을 결정할 수도 있지만 통상적인 경우에는 개설은행이 지정은행을 결정한다. 개설은행이 인수와 지급, 매입을 해줄 것을 은행에게 요청하면 요청받은 은행이 반드시 그러한 요청을 들어줄 의무는 없다.

은행이 개설은행의 요청을 수락할 것인지는 독자적으로 판단할 사항이며, 개설은행의 요청을 수락하면 그에 대한 내용을 수익자에게 통지하고 수익자에 대한 책임을 져야 한다.

지정은행이 인수와 지급, 매입을 하겠다는 의사표시를 수익자에게 전달하여야 되는데 개설은행이 지정은행의 동의를 받고 신용장에 지급, 연지급, 인수, 매입 란에 은행의 상호와 주소를 기재하여 수익자에게 전달함으로써 이루어진다. 지정은행이 신용장 지급으로 발행된 경우, 지급・연지급으로 발행된 경우, 연지급・인수로 발행된 경우, 인수・매입으로 발행된 경우, 매입을 하겠다는 의사표시를 수익자에게 한 것으로 간주한다.

b. 지정은행의 권한

개설은행과 지정은행 간의 관계는 대리 위임관계이고 지정은행이 이러한 위임을 완전하게 수행했을 때 개설은행으로부터 대금을 상환받을 수 있다. 지정은행이 지정은행의 역할을 수행하는 것은 신용장에 기재된 개설은행의 약정을 믿고 개설은행으로부터 대금을 상환받을 것을 전제로 지정은행이 개설은행으로부터 대금을 받기 전에 수출대금을 수익자에게 사전에 지급하여 준다. 지정은행이 자기 자금으로 수출대금을 수익자에게 먼저 지불하고 일정기간이 지난 후에 (일람지급 신용장의 경우에는 우편일수 만큼, 외상신용장의 경우에는 외상기간만큼) 개설은행으로부터 대금을 지급받기 때문에 그 기간 동안의 이자와 수수료를 수익자에게 지급하는 수출대금에서 공제한다.

c. 지정은행의 면책

지정은행이 선적서류를 인수하고 심사하여 제시하는 행위는 지정은행이 인수와 지급, 매입을 하겠다는 의사표시로 해석하지 않아서 그에 대한 책임이 없다는 것이다. c항의 내용은 a항과 b항의 내용과 상호모순이 된다. 지정은행은 수익자에 대해서 또는 개설은행에 대해서 아무런 책임이 없다는 것으로 해석되어 전항과의 내용과 완전히 배치된다. 개설은행과 지정은행 간에 선적서류의 심사와 관련하여 분쟁이 발생하면 전적으로 개설은행이 책임을 지며 지정은행은 아무런 책임이 없다고 해석할 수 있다. 신용장거래에서 지정은행은 아무런 책임이 없다고 보며 그에 대한 책임은 개설은행이 져야 된다. 각자의 역할에 따라 책임과 권리가 발생하는데 지정은행은 권리만 행사하고 책임은 부담하지 않아서 불공평하다.

수익자는 상품을 선적한 후 서류를 지정은행에 제시하여 매입을 의뢰하면 지정은행은 수익자와 수출거래약정서를 체결하여 매입을 하게 된다. 따라서 수익자와 지정은행 간에 신용장거래에 의한 법적관계가 성립된다. 신용장에 지정된 은행이 확인은행이 아닌 경우, 또 그런 지정은행이 인수와 지급, 매입에 대한 책임을 부담하겠다는 분명한 의사표시를 수익자에게 전달하지 않는 한 지정은행은 책임 없이 단순히 통지만 해주며 지정의 승낙을 수익자에게 통지하면 동 은행은 인수와 지급, 매입의무를 부담하게 된다.

지정은행이 수익자가 발행한 서류를 매입하면 수익자가 개설은행에 대하여 보유하고 있는 청구권을 서류의 매입 시점에서 양도받은 양수인의 지위를 갖는다. 지정은행은 개설은행의 약정을 믿고 외상기간 동안의 이자를 공제한 수출대금을 수익자에게 지급할 수 있다.[3)]

지정은행의 입장에서는 신용장과 일치된 서류와 상환으로 수출대금을 지급하는 것은 개설은행으로부터 대금을 받기 전에 수출상에게 여신을 제공하고

3) Reinhard Lagerich, "SHOULD WE TRUST A BANKERS COMMITMENT GIVEN UNDER A DOCUMENTARY CREDIT?," *Documentary Credit World*, 2000, 9. pp.27~30.

대금을 사전에 지급하는 것을 의미한다. 즉 지정은행은 대금회수의 확신을 갖고 선적서류만을 근거로 하여 외상기간 동안의 이자 등 일정수수료를 공제한 금액을 수익자에게 지급하게 된다. 그런데 개설은행이 파산하거나 수입국의 대외지급정지와 같은 사태가 발생한다면 지정은행은 대금의 미회수에 따른 상당한 손해를 입게 될 가능성이 있다. 지정은행은 서류검사에 따른 위험을 평가하여 외상기간의 만료 전에 대금지급 여부를 결정해야 하며, 지정은행의 판단으로 선지급을 하면, 그 결과에 대하여는 지정은행이 이득을 취할 뿐 아니라 위험부담도 해야 할 것이다.[4] 지정은행은 개설은행으로부터 대금이 지급되지 않으면 선지급된 대금을 수익자로부터 회수할 수 있는지에 관한 위험과 서류를 심사하는 위험을 평가하는 것이지 수입상품이 매매계약에서 약정한 상품과 일치하는지, 서류가 위조되었는지를 평가하는 것은 아니다.

지정은행이 개설은행에게 제시한 서류가 신용장의 내용과 일치하지만 개설은행이 파산했거나 제시된 서류를 상이하게 해석함으로써 개설은행으로부터 대금지급을 받지 못할 가능성이 높으면 지정은행은 수익자에게 선지급한 대금을 상환 받아야 하는데 수익자의 재정상태가 안전하지 못하면 지정은행은 개설은행으로부터 입금된 후에 수익자에게 대금을 지급하려고 할 것이다. 이를 '추심 후 매입'이라고 하는데 추심 후 매입의 경우에는 **상환의무**는 당연히 배제되겠지만 수익자의 입장에서는 수출 후 외상기간이 경과하여야만 대금을 회수할 수 있게 된다. 또한 선적서류를 받고 대금지급을 하는 행위, 즉 매입은 지정은행의 임의사항이지 강제사항은 아니다. 따라서 지정은행에서 추심 후 매입이 아닌 선지급하는 경우 상환약정은 물론 담보 등을 요구하고 있다.

이와 같이 지정은행의 외상기간이 만료되기 전에 대금을 수익자에게 지급할 권한은 지정은행이 스스로 판단하여 결정할 문제이지 제3자가 개입하여 영향

4) Silberstein, Allen G., "The Transaction to UCC Revised Articles 9," *Documentary Credit World*, 2002, 1, pp.35~39.

을 미칠 수 없다. 인수신용장과 달리 환어음이 발행되지 않은 연지급신용장거래에서 은행의 **상환청구권**을 인정할 수 있는가이다. 인수신용장과 동일하게 연지급신용장거래에서도 지정은행의 상환청구권을 인정해야 할 것이다. 지정은행이 확인은행이거나 개설은행인 경우를 제외하고 제3의 은행인 경우 이 은행이 수익자에게 갖고 있는 상환청구권을 인정하여야 한다.5)

5) Roger Kreitman, "The new concern about deferred payment LCs," *Documentary Credit World*, 2003, 9, pp.30~36.

Article 13

Bank-to-Bank Reimbursement Arrangements

a. If a credit states that reimbursement is to be obtained by a nominated bank ("claiming bank") claiming on another party ("reimbursing bank") the credit must states if the reimbursement is subject to the ICC rules for bank-to-bank reimbursements in effect on the date of issuance of the credit.

b. If a credit does not state that reimbursement is subject to the ICC rules for bank-to-bank reimbursements, the following apply :

i. An issuing bank must provide a reimbursing bank with a reimbursement authorization that conforms with the availability stated in the credit. The reimbursement authorization should not be subject to an expiry date.

ii. A claiming bank shall not be required to supply a reimbursing bank with a certificate of compliance with the terms and conditions of the credit.

iii. An issuing bank will be responsible for any loss of interest, together with any expenses incurred, if reimbursement is not provided on first demand by a reimbursing bank in accordance with the terms and conditions of the credit.

iv. A reimbursing bank's charges are for the account of the issuing bank. However, if the charges are for the beneficiary, it is the responsibility of an issuing bank to so indicate in the credit and in the reimbursement authorization. If a reimbursing bank's charges are for the account of the beneficiary, they shall be deducted from the amount due to a claiming bank when reimbursement is made. If no reimbursement is made, the reimbursing bank's charges remain the obligation of the issuing bank.

c. An issuing bank is not relieved from any of its obligations to provide reimbursement if reimbursement is not made by a reimbursing bank on first demand.

[제 13 조 은행 간 상환약정]

a. 신용장에 상환이 지정은행(청구은행)으로 하여금 다른 당사자(상환은행) 앞으로 청구함으로써 이루어지도록 기재된 경우 신용장은 신용장의 발행 일자에 효력이 있는 규칙에 따라 결정된다는 것을 기재하고 있어야만 한다.

b. 신용장 상환은 은행 간 상환약정에 관한 국제상업회의소의 규칙에 따라 결정된다는 것을 기재하고 있지 않으면 다음과 같이 적용한다.

i. 개설은행은 상환은행에게 신용장에 기재된 내용과 동일한 상환수권을 주어야 한다. 상환수권은 신용장의 유효기일에 제한받지 않고 행사할 수 있다.

ii. 청구은행이 상환은행에게 신용장의 제 조건과 일치하는 선적서류를 제출하도록 요청을 받아서는 안 된다.

iii. 개설은행은 상환은행이 요구한 첫 날에 상환을 하지 않으면 모든 이자손실과 발생된 비용을 보상할 책임을 진다.

iv. 상환은행의 제비용은 개설은행이 부담한다. 그러나 상환비용을 수익자의 부담으로 하고자 하는 경우에는 개설은행은 신용장과 상환수권서에 이를 명시할 책임을 진다.
상환은행의 제비용이 수익자가 부담하기로 된 경우에 상환비용은 상환이 이루어지는 순간 청구은행에 지급하는 금액에서 공제될 것이다. 비록 상환이 이루어지지 않더라도 상환은행의 비용은 개설은행의 의무로 남는다.

c. 개설은행은 첫 지급청구를 하였을 때 상환은행이 상환을 하지 못하면 그 자신이 상환해야 할 의무를 부담한다.

해 설

a. 상환청구에 적용되는 신용장 통일규칙 명시

개설은행이 제시한 서류를 검토하고 대금을 지정은행에게 송금하는 방법은 첫째, 지정은행의 요청에 따라 단순송금(remittance)하는 것과 둘째, 개설은행의 지점이나 제3의 은행을 통해서 상환(reimbursement)하는 것, 셋째, 예금구좌를 가진 은행(depositary correspondent bank)이 직접매입(simple negotiation)하는 것으로 나누어 볼 수 있다.

본 조항은 두 번째에 해당하는 것으로 상환은 신용장이 발행된 시점의 신용장 통일규칙이 적용된다고 신용장에 명시하도록 하였다. 본 내용을 신용장에 별도로 명시할 필요가 있는지 의문이 든다.

모든 신용장은 신용장에 신용장통일규칙 준거문언을 기재하도록 요구하고 있으며 이러한 신용장통일규칙의 준거문언이 없는 신용장은 하자 신용장으로 간주한다. 신용장거래 당사자들이 신용장통일규칙을 따르기로 합의하고 그러한 내용이 신용장에 기재되어 있으면 신용장통일규칙은 신용장거래 당사자 모두를 기속하게 된다. 신용장거래 당사자 중 어느 하나라도 신용장통일규칙을 인정하지 않는다면 신용장거래는 이루어질 수 없다. 신용장에 “This advice is subject to Uniform Customs and Practice for Documentary credits (2007 Revision) International Chamber of Commerce, publication No. 600.”과 같은 문구를 삽입한다. 이러한 문구를 신용장에 삽입함으로써 신용장거래 당사자 전부에게 본 신용장은 2007년에 개정된 신용장통일규칙에 따라 발행된 것이며, 신용장거래 당사자 전부는 본 규칙을 준수하고 본 규칙을 어겼을 경우 그에 대한 응분의 책임을 져야 된다는 점을 분명히 한 것이다.

b. 상환조건에 신용장통일규칙이 명시되지 않은 경우

개설은행은 신용장의 상환조건에 신용장의 통일규칙이 명시되지 않았더라도 신용장에 기재된 상환수권을 상환은행에게 부여하고 상환은 신용장유효기일에 영향을 받지 않는다. 개설은행은 청구은행이 제시된 서류는 신용장에 명시된 내용과 일치하여 당 은행이 매입하였다는 일치증명서(certificate of compliance)를 제공하도록 요구해서는 안 된다. 왜냐하면 상환은행은 제시된 서류가 신용장의 제 조건과 일치하는지 검토하기 위한 인력과 시간, 비용이 불필요하게 발생하기 때문에 이들 상환은행의 요청에 따라 제5차 개정에서 개설은행은 이러한 일치증명서를 요구해서는 안 된다고 규정하였으며, UCP 600에서는 그 내용을 그대로 수용하였다. 본 내용은 상환조건에 신용장통일규칙이 명시되지 않은 경우에만 적용되는 것으로 되어 있는데 본 조항은 상환조건에 신용장통일규칙이 명시되어 있든지 안 되어 있든지를 불문하고 모두 적용되어 청구은행은 일치증명서를 상환은행에게 제공하지 않아야 한다.

서류매입은행이 상환은행에게 상환을 요청하였으나 상환은행이 이러한 요청을 들어주지 않으면 대금상환에 대한 최종적인 책임은 개설은행에게 있으며 개설은행은 지연이자를 포함한 비용을 매입은행에게 지불해야 하며 상환은행을 이용함으로써 발생하는 비용도 개설은행이 부담해야 된다. 그러나 이러한 상환은행의 비용을 개설은행이 아닌 수익자가 부담하기로 되어 있다면 그러한 내용은 신용장과 상환수권서에 반드시 명시되어 있어야 하고, 명시 책임은 개설은행에게 있다. 상환비용을 수익자가 부담하는 경우 상환비용은 청구은행의 상환요청에 따라 상환은행이 청구은행에게 지급하는 대금에서 공제될 것이다. 상환이 이루어지지 않아서도 발생한 상환비용은 개설은행이 부담하여야 한다.

c. 상환은행의 상환 불이행과 개설은행의 책임

상환은행이 청구은행이 상환을 요청한 첫 날에 상환을 하지 못하면 개설은행이 상환책임을 져야 한다. 상환의 최종적인 책임은 상환은행에게 있는 것이 아니라 개설은행에게 있다.

Article 14

Standard for Examination of Documents

a. A nominated bank acting on its nomination, a confirming bank, if any, and the issuing bank must examine the presentation to determine, on the basis of the documents alone, whether or not the documents appear on their face to constitute a complying presentation.

b. A nominated bank acting on its nomination, a confirming bank, if any, and the issuing bank shall each have a maximum of five banking days following the day of presentation to determine if a presentation is complying. This period does not depend on any upcoming expiry date or last day for presentation.

c. A presentation including one or more original transport documents must be made by or on behalf of the beneficiary not later than 21 calendar days after the date of shipment as described in these rules, but in any event not later than the expiry date of the credit.

d. Data in document, when read in context with the credit, the document itself and international standard banking practice, need not be identical to, but must not conflict with, data in :

i. that document ;

ii. any other stipulated document ; or

iii. the credit.

e. In documents other than the commercial invoice, the description of the goods, services or performance, if stated, may be in general terms not conflicting with their description in the credit.

f. If a credit requires presentation of a document other than a transport document, insurance document or commercial invoice, without stipulating by whom the document is to be issued or its data content, banks will accept the document as presented if its content appears to fulfil the function of the required document and otherwise complies with sub-article 14(d).

g. A document presented but not required by the credit will be disregarded and may be returned to the presenter.

h. If a credit contains a condition without stipulating the document to indicate compliance with the condition, banks will deem such condition as not stated and will disregard it.

i. A document may be dated prior to the issuance date of the credit, but must not be dated later than its presentation date.

j. The addresses of the beneficiary and the applicant in any stipulated document need not be the same as those stated in the credit or in any other stipulated document, but must be within the same country as the respective addresses mentioned in the credit. However, when any address of the applicant is to appear as part of the consignee or notify party details on a transport document, it must be as stated in the credit. Contact details (telefax, telephone, email and the like) stated as part of the beneficiary's and the applicant's address will be disregarded.

k. The shipper or consignor of the goods indicated on any document need not be the beneficiary of the credit.

l. A transport document may be issued by a party other than the owner of a vessel or other means of transport provided that the transport document meets the requirements of articles 19, 20, 21, 23 or 24 of these rules.

[제 14 조 서류의 심사기준]

a. 지정에 따라 행동하는 지정은행, 확인은행(있는 경우), 개설은행은 유일하게 선적서류만을 근거로 선적서류가 신용장의 조건, 적용 가능한 본 규칙의 조항과 국제표준은행관행을 충족시키고 있는지를 결정하기 위하여 제시된 선적서류를 검토하여야 한다.

b. 지정에 따라 행동하는 지정은행, 확인은행(있는 경우), 개설은행은 각각 제시된 선적서류가 신용장의 조건과 일치하는지 결정하기 위하여 선적서류 제시익일(翌日)로부터 최장 제 5 은행영업일까지의 시간을 가질 수 있다.
서류심사기간은 남아 있는 유효기일과 최종서류제시기일에 영향을 받지 않는다.

c. 1통 또는 2통 이상의 운송서류원본 제시는 선적 후 21일이 경과하기 전에 수익자의 대행자에 의해서 본 규칙에 따라 이루어져야 하며 어떤 경우라도 신용장 유효기일을 넘길 수 없다.

d. 신용장의 내용을 검토할 때 선적서류에 기재된 내용과 선적서류 그 자체, 국제표준은행관행은 동일할 필요는 없지만, 다음과 같은 선적서류에 기재된 내용과 상충되어서는 안 된다.

   i. 선적서류
   ii. 기타 명시된 선적서류
   iii. 신용장

e. 상업송장 이외의 선적서류에 상품과 서비스, 또는 의무이행의 표기는 신용장에 기재된 표기와 상충되지 않는 일반적인 용어로 할 수 있다.

f. 신용장이 운송서류, 보험서류, 상업송장 이외에 선적서류의 발행자와 기재내용을 명시하지 않는 다른 서류의 제시를 요구하면 은행은 기재내용이 요구한 선적서류의 기능을 이행하는 것으로 나타내고, 제 14조 d항과 일치하면 제시된 대로 선적서류를 수리해야 한다.

g. 신용장에서 요구하지 않는 제시된 선적서류는 무시되고 선적서류 제시자에게 되돌려 주어야 한다.

h. 신용장이 조건을 이행하여야만 하는 선적서류를 기재하지 않고 조건을 기술하고 있는 경우 은행은 그러한 조건은 기술되지 않은 것으로 간주하고 이를 무시한다.

i. 신용장 발행일자 이전의 일자가 선적서류에 기재될 수 있다. 그러나 제시일자를 경과한 일자가 선적서류에 기재되어서는 안 된다.

j. 모든 명시된 선적서류에 기재된 수익자와 개설의뢰인의 주소는 신용장과 모든 기타 명시된 선적서류에 기재된 주소와 같을 필요는 없지만 신용장에 언급된 각각의 주소와 같은 국가로 기재되어야 한다. 그러나 개설의뢰인의 주소가 운송선적서류에 기재된 수하인과 화물도착 통지처가 같은 국가를 나타내고 있으면 주소는 신용장에 기재된 대로 기재하여야 한다.
수익자와 개설의뢰인의 주소에 기재된 텔레팩스, 전화번호, e-메일, 그리고 이와 같은 연락처의 기재내용은 무시될 것이다.

k. 모든 선적서류에 기재된 상품의 송하인과 탁송인은 신용장의 수익자일 필요는 없다.

l. 운송선적서류가 본 규칙 제 19, 20, 21, 23, 24조의 조항의 규정을 충족시키면 운송선적서류는 선주 이외의 당사자 또는 기타 운송수단의 소유인에 의해서 발행될 수 있다.

해 설

a. 지정은행, 확인은행(있는 경우), 개설은행의 서류심사

신용장거래는 상품의 거래가 아니라 서류상의 거래이다. 따라서 신용장거래의 당사자들은 제시된 선적서류가 신용장의 제 조건과 일치하는지 상당한 주의를 기울여 검사해야 한다. 여기서 제시된 서류가 문면상 신용장의 제 조건과 일치하는지의 심사 기준에는 **엄격일치주의(strict compliance)**와 **실질적일치주의(substantial compliance)**가 있으나 구체적으로 어느 범위까지를 의미하는지 그 기준이 명확하게 제시되지 못하였기 때문에 이러한 모호한 점을 해소하기 위해 제5차 개정에서는 국제표준은행관행을 서류심사기준으로 따라야 하도록 규정하였으나 UCP 600에서는 여기에 신용장의 조건, 적용 가능한 본 규칙을 추가하였다. 지정은행, 확인은행, 개설은행은 제시된 선적서류가 문면상(on their face) 신용장의 조건과 UCP 600 신용장통일규칙, 국제표준은행관행을 충족시키는지 선적서류만을 기준으로 심사하여 선적서류의 수리여부를 결정하여야 한다. UCP 500보다 UCP 600은 은행의 서류심사기준을 국제표준은행관행에 신용장의 조건, 적용 가능한 본 규칙을 추가하여 은행이 선적서류를 심사하는데 큰 짐을 덜게 하였다. UCP 500에서 국제표준은행관행은 UCP 500에 반영된 국제표준은행관행으로 그 범위를 제한하였으나 UCP 600은 국제표준은행관행이 무엇을 의미하는지 명시하지 않았지만 2002년 10월 ICC 은행위원회에 의하여 제정된 화환신용장의 서류심사를 위한 국제표준은행관습을 의미한다고 본다. 2002년에 제정된 국제표준은행관습은 UCP 600에 맞춰 개정되어야 한다.

b. 서류 심사기간

지정은행, 확인은행, 개설은행이 선적서류를 받고 선적서류가 신용장의 조건, 적용 가능한 본 규칙의 조항과 국제표준은행관행을 충족시킨다고 판단하기 위하여 어느 정도 시간을 가져야 되는지를 정확하게 몇 일이라고 말하기는 어렵다. 은행에 제시될 선적서류는 수익자와 개설의뢰인이 결정하기 때문에 선적서류가 간단할 수도 있고 복잡할 수도 있다. 제시된 선적서류가 복잡하면 복잡할수록 심사기간은 더 오래 걸릴 것이다.

신용장거래의 당사자들은 상당한 기간(reasonable)내에 제시된 서류를 인수할 것인지 아니면 거부할 것인지 결정을 해야 한다. 여기서 상당한 기간이 얼마나 되는 가에 대한 논란이 끊임 없이 발생하여 은행실무 기술위원회가 이 문제를 다양한 방법으로 검토하기 시작하였다. 은행실무 기술위원회가 검토한 내용을 보면 상당한 기간은 은행이 선적서류를 수리 거절한 그날부터 3일에서 3년까지 다양한 의견들이 있었다. 제5차 개정에서 상당한 기간은 7은행영업일을 의미하는 것으로 규정하고 UCP 600에서는 5은행 영업일로 단축하였다. 이와 같이 선적서류의 심사기간을 정하는 것이 정하지 않는 것보다 신용장거래의 분쟁을 대폭 줄일 수 있을 것이다. 서류심사기간은 지정은행, 확인은행, 개설은행이 제시된 선적서류의 수리를 거절할 경우 수익자, 지정은행이 왜 그렇게 오랫동안 선적서류를 가지고 있다가 이제 와서 수리를 거절하는가 하고 항변할 수 없도록 하였다. 선적서류 심사기간이 단축된 것은 신용장거래를 신속하게 하기 위한 것이다. 정보통신기술이 발전함에 따라 선적서류를 자동으로 심사하는 기계가 등장하고 있기 때문에 심사기간의 단축을 통하여 선적서류가 빨리 수입자에게 전달되어 수익자와 개설의뢰인에 이익을 제공하도록 한 것이지만 은행은 5은행 영업일 이내에 신속하게 선적서류를 심사할 부담을 안게 되었다. 지정은행, 개설은행 및 확인은행, 개설의뢰인의 서류 심사기간은 서류를 접수한 다음날을 기산일로 하여 5은행 영업일 이내에 서류인수 여부를 결정해야 하며 5은행 영업일에 은행공휴일이 포함되지 않는다.

선적서류 심사기간은 신용장 유효기일에 하등의 영향을 받지 않는 규정이 UCP 600에서 새롭게 신설되었다. 신용장 유효기일이 2007년 7월 20일이고 수익자가 지정은행에 선적서류를 제시한 날이 7월 17일이면 지정은행은 신용장 유효기일인 7월 20일까지 선적서류를 심사하는 것이 아니라 7월 21일이 된다.

c. 운송서류 제시기간

신용장은 서류제시를 위한 유효기일 이외의 모든 서류가 발행된 후 며칠 이내에 지정은행에 매입을 위해 제시되어야 하는 서류제시기일을 명시하도록 UCP 500에서는 규정하였으나 UCP 600에서는 1통 또는 2통 이상의 운송서류 원본은 화물이 선적된 날로부터 21일 이내에 지정은행에 제시되어야 하고 유효기일 이내이어야 한다고 명시하여 은행은 선적일로부터 21일이 경과한 후에 제시되는 모든 운송서류를 거절해야 한다. 개설의뢰인이 유효기일을 제한할 수 있는지에 대해서 본 조항은 아무런 언급을 하지 않았지만 제1조에 의거 개설의뢰인은 유효기일을 제한할 수 있다. 개설의뢰인은 유효기일이 경과한 후에 운송서류를 입수할 수 있기 때문에 시간적인 압박감에 시달리게 된다. 한일항로 또는 한중항로의 경우에는 수익자가 선하증권을 운송회사로부터 즉시 발급받아 지정은행에 제시하여도 은행에서의 제반절차와 국제택배를 통해 개설은행에 전달되기 때문에 선적서류보다 화물이 목적지에 먼저 도착한다. 이런 경우 개설의뢰인은 도착한 화물을 즉시 부두에서 반출할 수 없기 때문에 부두창고 사용료, 화물손상의 위험 등 여러 가지 위험과 비용을 부담하여야 된다.

개설의뢰인은 신용장의 유효기간과는 별도로 운송서류가 발행된 날로부터 며칠 이내에 운송서류를 지정은행에 제시하도록 운송서류의 제시기일을 명시할 수 있고, 이러한 운송서류 제시기일이 신용장에 기재되어 있지 않으면 운송서류가 발행된 날로부터 21일 이내에 지정은행에 제시되고 신용장 유효기일

이내이어야 한다고 분명히 못 박았다. 신용장 유효기일과 운송서류 제시기일이 상이한 경우 둘 중 어느 것이든 먼저 끝나는 날을 지정은행에 운송서류를 제시하는 마지막 날로 간주한다.

d. 선적서류의 기재내용

은행은 다양한 금융상품을 판매하고 있기 때문에 어떤 특정 상품에 대한 전문용어나 관습을 다 알아야 한다고 주장하는 것은 무리이다. 따라서 수익자는 신용장에 기재된 표현과 똑같이 선적서류에 기재하여 은행에 제출하여야 하고 수익자가 선적서류를 그렇게 작성하지 못하여 제시하면 은행은 선적서류의 수리를 거절하도록 하였다. 이러한 규정은 은행이 신용장에 기재된 내용과 조금이라도 다르게 기재된 선적서류의 수리를 거절하여 불필요한 분쟁이 많이 발생하였고 이로 인해 신용장업무가 지연되어 국제무역에서 신용장이 차지하고 있는 위상이 크게 흔들리게 되었다.

은행실무 기술위원회는 이와 같은 문제를 은행에게 선적서류 심사에 관련하여 재량권을 부여하여 해결하려는 시도를 하게 되었다. 선적서류에 기재된 내용과 선적서류 그 자체, 국제표준은행관행은 동일할 필요는 없지만 선적서류, 기타 명시된 선적서류, 신용장의 내용이 서로 상충되지 않으면 된다고 명시하여 은행이 선적서류를 심사할 때 판단범위를 획기적으로 확대하였지만 이들 선적서류와 신용장의 내용이 서로 상충되지 않는지 판단할 몫은 여전히 은행에게 있어서 은행은 더 큰 짐을 질 수밖에 없다. 인간의 힘으로 완벽한 제도를 만드는 것은 역부족인 듯싶다. 수익자가 작성하여 제시한 선적서류의 내용이 그 업종에서 사용하고 있는 전문용어로 그 업종에서 통용되고 인정하는 관습이 있는지 은행이 순간적으로 판단하여 선적서류의 내용이 상호 상충되지 않는다고 판단하라고 하는 것은 지나친 요구일 것이다. 선적서류, 기타 명시된 선적서류, 신용장의 내용이 서로 상충되는지 안 되는지 지정은행과 개설은행, 개설의뢰인이 판단함에 있어서 이견이 발생할 경우에 누구의 판단이 옳은 것인지 판단하기가 매우 어려울 경우에 판단기준을 어떻게 정할 것인지의 문제가 남아 있다.

e. 상업송장 이외의 선적서류의 일반적인 용어표기

상업송장 이외의 선적서류에 상품과 서비스, 또는 의무이행의 표기는 신용장에 기재된 표기와 상충되지 않는 일반적인 용어로 할 수 있도록 하여 선적서류의 수리거절 비율을 낮추려고 하였다. 상업송장 이외의 선적서류의 상품표기는 신용장에 명시된 내용과 상충되지 않는 범위 내에서 일반적인 용어로 표기할 수 있도록 하여 상업송장 이외의 선적서류에 표기된 상품의 명세서와 신용장에 명시된 상품의 명세서가 서로 상충되지 않으면 유효한 서류로 인정하여 이들 서류간의 표기가 다름으로써 발생하는 분쟁을 줄이려고 하였다.

은행은 무수히 많은 상품의 거래에서 사용되고 있는 서로 상충되지 않은 일반적인 용어를 알아서 판단하여야 하는 부담을 안고 있다.

f. 운송서류, 보험서류, 상업송장 이외에 선적서류의 발행자와 기재내용의 미기재 선적서류

UCP 600은 운송서류, 보험서류, 상업송장 이외의 선적서류에 선적서류의 발행자와 기재내용을 명시하지 않는 경우에 선적서류의 기재내용이 선적서류의 기능과 제 14조 d항을 충족시키면 선적서류를 수리하도록 인정하여 선적서류가 수리거절되는 비율을 낮추려고 하였다. 선적서류의 수리거절 비율을 낮추려고 은행에게 서류심사의 재량권을 많이 부여하였고 은행은 은행의 재량권을 행사하기 위해서는 그에 걸맞는 판단능력을 키워야 한다는 부담을 안고 있다.

선적서류의 기재내용이 선적서류의 기능을 수행한다고 은행이 판단한 경우 은행의 판단이 매번 정확할 수는 없다. 은행의 판단이 틀린 경우에 그에 대한 책임을 지정은행, 개설은행, 개설의뢰인이 져야 되는지 분쟁의 불씨는 여전히 남아 있다.

g. 신용장에 요구하지 않은 서류 제시

은행은 신용장에서 요구한 선적서류만 심사하는 것이지 신용장에서 요구하지 않은 선적서류는 심사하지 않는다. 신용장에 기재되지 않은 선적서류가 은행에 제시되면 은행은 이들 선적서류를 심사하지 않고 서류 제시자에게 되돌려 주거나 무시한다.

h. 선적서류의 명칭은 없고 조건만 있는 경우

UCP 600에서는 신용장에 요구한 서류의 명칭은 없고 조건만 있는 경우 은행은 그러한 조건이 기재되지 않은 것으로 간주하여 무시해 버린다고 규정하였다. 조건만 있고 명칭이 없는 선적서류는 신용장의 추상성에 위배되기 때문에 UCP 500에서 신설된 내용으로 UCP 600에서 그대로 수용하였다. 은행이 특정기관이 검사증명서를 실제로 발행했는가?, 수출입매매계약에서 명시된 상품이 실제로 선적되었는가? 등을 확인해야 한다면 신용장의 추상성이 크게 훼손되어 신용장으로서의 가치를 상실한다. 본 조항을 신설하는 과정에서 작업위원회 위원들 간의 이견이 첨예하게 대립되었다. 조건(condition) 없는 명칭(term)이 있을 수 있느냐 명칭 없는 조건이 있을 수 있느냐를 놓고 한 바탕 논쟁을 벌였다.

Condition과 Term은 근본적으로 그 결과가 다르다. Condition는 불확실성을 내포하고 있고, Term은 확실성을 내포하고 있다. 신용장의 유효기일은 Condition이 아니라 Term 이다. 따라서 은행은 서류화 되지 않은 조건은 무시하게 된다.

제시된 서류가 상호 일치하지 않으면 결국 신용장 조건대로 제시되지 않은 것으로 간주한다. 제출된 서류가 개별로는 신용장 내용과 일치하나 서류 상호간에 모순이 있으면 이것은 신용장의 조건에 부합되지 않은 것으로 간주하여 은행이 이런 서류의 인수를 거절할 수 있다. 은행은 신용장에서 요구한 서류들만 심사하면 되고 신용장에서 요구하지 않은 서류가 제시되면 이러한 서류를 심사하지 않고 수익자에게 돌려주거나 책임 없이 타 은행으로 발송하여 신용장에 명시된 서류와 명시되지 않은 서류간의 불일치 문제에 대해서 무시하기로 한 것이다.

i. 선적서류의 발행일자

선적서류는 신용장이 발행되기 이전에 발행될 수 있지만 신용장 유효기일과 서류제시기일이 지난 후에는 발행될 수 없다. 선적서류는 은행에 유효기일이나 서류제시기일까지 제시되어야 되기 때문에 제시된 이후에는 선적서류가 발행될 수 없다.

j. 수익자와 개설의뢰인의 주소표기

수익자와 개설의뢰인의 주소를 동일하게 표기할 필요는 없고 다만 국가만 동일하면 되고 선하증권의 수하인과 화물도착통지처가 같으면 신용장에 명시된 주소와 같아야 된다고 UCP 600에서 새롭게 신설하였다. 수익자와 개설의뢰인의 주소가 다르게 표기됨으로써 불필요한 분쟁이 발생하였다. 주소가 다르게 표기된 것은 신용장거래를 해치는 중대한 사항이 아니고 사소한 사항이며 이러한 사소한 사항으로 신용장거래가 영향을 받아서는 안 되기 때문에 신설되었다. 선하증권의 수하인과 화물도착통지처가 동일한 경우에는 신용장에 명시된 주소와 동일하게 표기하도록 하였다. 그 이유는 선하증권의 수하인과 화물도착통지처의 주소가 같은데 신용장의 주소와 다르면 화물도착을 개설의뢰인에게 신속하게 통지할 수 없어서 개설의뢰인은 화물을 신속하게 수령하지 못함으로써 손해를 볼 수가 있기 때문이다. 수익자와 개설의뢰인의 주소에 기재된 팩스번호, 전화번호, e-메일번호, 이와 같은 내용은 제시된 서류에 서로 다르게 기재되어 있더라도 은행은 이를 이유로 선적서류의 인수를 거절할 수 없다.

k. 모든 선적서류에 기재된 상품의 송하인과 탁송인의 표기

본 조항은 기업의 글로벌제조활동을 지원하기 위하여 새롭게 신설된 조항으로 볼 수 있다. 기업의 글로벌제조활동이 활성화 되고 있기 때문에 제조사와 수익자가 다를 수 있다.

ISBP 제200조의 내용을 보완하여 모든 서류는 수익자가 아닌 다른 당사자를 송하인과 탁송인으로 기재하도록 하여 현재 활발하게 진행되고 있는 기업의 글로벌제조활동을 수용한 것으로 보인다.

선하증권의 송화인 기재란에 수출상의 상호를 기재하지 않고 제3자의 상호를 기재한 운송서류가 발행되었다. 이러한 운송서류는 중계무역의 경우에 중개인의 이익을 보호하기 위해서 사용되는 운송서류로서 신용장에서 특별히 금지하지 않는 한 은행은 이러한 제3자의 운송서류도 수리해야 한다.

l. 복합운송인의 운송서류의 발행

UCP 500에 있는 제30조가 UCP 600에서는 삭제되어 복합운송인은 운송서류를 발행할 수 없는 것처럼 보이지만 본 조항으로 복합운송인은 운송서류를 발행할 수 있다. 복합운송인이 운송서류를 발행하기 위해서는 UCP 600 운송서류 관련 조항의 내용을 충족시켜야 한다. 복합운송인이 운송인과 선장의 대리인이 되면 운송서류를 발행할 수 있다.

Article 15

Complying presentation

a. When an issuing bank determines that a presentation is complying, it must honour.

b. When a confirming bank determines that a presentation is complying, it must honour or negotiate and forward the documents to the issuing bank.

c. When a nominated bank determines that a presentation is complying and honours or negotiates, it must forward the documents to the confirming bank or issuing bank.

[제 15 조 신용장의 조건, 적용 가능한 본 규칙의 조항과 국제표준은행관행에 따른 선적서류제시]

a. 개설은행이 제시된 선적서류가 신용장의 조건, 적용 가능한 본 규칙의 조항, 국제표준은행관행과 일치했다고 결정하는 순간 개설은행은 대금지급을 하여야 한다.

b. 확인은행이 제시된 선적서류가 신용장의 조건, 적용 가능한 본 규칙의 조항과 국제표준은행관행과 일치했다고 결정하여, 확인은행은 선적서류를 인수와 지급 또는 매입하여 개설은행에게 제시하여야 한다.

c. 지정은행이 제시된 선적서류가 신용장의 조건, 적용 가능한 본 규칙의 조항과 국제표준은행관행과 일치했다고 결정하여 인수와 지급 또는 매입하면 지정은행은 선적서류를 확인은행 또는 개설은행에게 제시하여야 한다.

해 설

a. 개설은행의 대금지급

본 조항은 UCP 600에서 새롭게 신설한 조항이다. 개설은행이 제시된 선적서류가 신용장의 조건, 적용 가능한 본 규칙의 조항, 국제표준은행관행과 일치했다고 결정하는 순간 개설은행은 대금지급을 하여야 한다. 신용장에 선적서류는 개설은행에서 매입하도록 된 경우에는 수익자는 선적서류를 자기 주거래은행을 경유하여 개설은행에 선적서류를 제시한다. 주거래은행은 지정은행이 아니고 수익자를 대신하여 선적서류를 개설은행에 송부하는 역할을 하기 때문에 선적서류를 심사할 권한이 없다. 신용장의 종류에 따라 개설은행의 대금지급 시기가 결정된다. 신용장이 일람출급으로 발행된 경우에 제시된 선적서류가 신용장의 조건, 적용 가능한 본 규칙의 조항, 국제표준은행관행과 일치하면 개설은행은 수출대금을 수익자의 주거래은행에게 지급하여야 한다. 신용장이 외상기간으로 발행된 경우 제시된 선적서류가 신용장의 조건, 적용 가능한 본 규칙의 조항, 국제표준은행관행과 일치하면 개설은행이 외상기간 동안의 이자를 공제하고 수출대금을 지급할 것인지 외상기간이 도래하면 지급할 것인지를 결정한다. 제 2조의 인수와 지급(honour)은 일람지급과 기한부 및 연지급의 의미를 모두 포함하는 것으로 정의하였다. 지정은행이 개설은행에 연지급 또는 인수신용장으로 발행된 선적서류를 제시하면 개설은행은 외상기간이 만료된 날에 대금을 지정은행에게 지급한다.

b. 확인은행의 대금지급과 선적서류 제시의무

확인은행은 제시된 선적서류가 신용장의 조건, 적용 가능한 본 규칙의 조항과 국제표준은행관행과 일치했다고 결정하여 인수와 지급 또는 매입하여 선적서류를 개설은행에게 제시하도록 하였다. 인수와 지급, 매입은 무엇을 의미하는가이다. 수익자가 선적서류를 확인은행에게 직접 제시하면 확인은행은 인수와 지급 또는 매입 중에서 하나를 선택하여야 한다. 신용장이 일람지급으로 발행된 경우에 확인은행은 수익자에게 선적서류가 개설은행에 송부되어 개설은행으로부터 대금을 지급받는 기간 동안의 이자를 공제하고 수출대금을 수익자에게 지급할 것인지 아니면 개설은행으로부터 대금을 받은 다음에 수출대금을 수익자에게 지급할 것인지를 결정한다. 신용장이 연지급 또는 인수로 발행된 경우에는 확인은행이 인수와 지급을 선택하면 확인은행은 외상기간이 만료된 날에 수출대금을 수익자에게 지급하는 것으로 보며, 확인은행이 매입을 선택하면 외상기간이 만기되기 전에 수출대금을 수익자에게 지급하는 것으로 본다. 지정은행이 확인은행에 연지급 또는 인수신용장으로 발행된 선적서류를 제시하면 확인은행은 외상기간이 만료된 날에 대금을 지정은행에게 지급한다. 확인은행은 제시된 선적서류를 개설은행에게 송부하여야 한다.

c. 지정은행의 대금지급과 선적서류 제시 의무

지정은행이 제시된 선적서류가 신용장의 조건, 적용 가능한 본 규칙의 조항과 국제표준은행관행과 일치했다고 결정하여 인수와 지급 또는 매입하면 지정은행은 선적서류를 확인은행 또는 개설은행에게 제시하여야 한다. 지정은행의 입장에서 인수와 지급, 매입은 무엇을 의미하는 가이다. 수익자가 선적서류를 지정은행에게 직접 제시하면 지정은행은 인수와 지급 또는 매입 중에서 하나를 선택하여야 한다. 신용장이 일람지급으로 발행된 경우에 지정은행은 수익자에게 선적서류가 개설은행 또는 확인은행에 송부되어 개설은행 또는 확인은행으로부터 대금을 지급받는 기간 동안의 이자를 공제하고 수출대금을 수익자에게 지급할 것인지 아니면 개설은행 또는 확인은행으로부터 대금을 받은 다음에 수출대금을 수익자에게 지급할 것인지를 결정한다. 신용장이 연지급 또는 인수로 발행된 경우에는 지정은행이 인수와 지급을 선택하면 지정은행은 외상기간이 만료된 날에 수출대금을 수익자에게 지급하는 것으로 보며, 지정은행이 매입을 선택하면 외상기간이 만기되기 전에 수출대금을 수익자에게 지급하는 것으로 본다. 지정은행은 제시된 선적서류를 개설은행 또는 확인은행에게 송부하여야 한다.

Article 16

Discrepant Documents, Waiver and Notice

a. When a nominated bank acting on its nomination, a confirming bank, if any, or the issuing bank determine that a presentation does not comply, they may refuse to honour or negotiate.

b. When an issuing bank determines that a presentation does not comply, it may in its sole judgement approach the applicant for a waiver of the discrepancies. This does not, however, extend the period mentioned in sub-article 14(b).

c. When a nominated bank acting on its nomination, a confirming bank, if any, or the issuing bank decide to refuse to honour or negotiate, they must give a single notice to that effect to the presenter.
The notice must state :

i. that the bank is refusing to honour or negotiate ; and

ii. each discrepancy in respect of which the bank refuses to honour or negotiate ; and

iii. a) that the issuing bank is holding the documents pending further instructions from the presenter ; or

b) that the issuing bank is holding the documents until it receives a waiver from the applicant and agrees to accept it, or receive further instructions from the presenter prior to agreeing to accept a waiver ; or

c) that the bank is returning the documents ; or

d) that the bank is acting in accordance with instructions previously received from the presenter.

d. The notice required in sub-article 16(c) must be given by telecommunication or, if that is not possible, by other expeditious means no later than close of the fifth banking day following the day of presentation.

e. A nominated bank acting on its nomination, a confirming bank, if any, or the issuing bank may, after providing notice required by sub-article 16(c)(iii)(a) or (b), return the documents to the presenter at any time.

f. If an issuing bank or confirming bank fails to act in accordance with the provisions of this article, it shall be precluded from claiming that the documents do not constitute a complying presentation.

g. when an issuing bank refuses to honour or a confirming bank refuses to honour or negotiate and has given notice to that effect in accordance with this article, it shall then be entitled to claim a refund, with interest, of any reimbursement made.

[제 16 조 불일치 선적서류, 권리포기와 통지]

a. 지정에 따라 대행하는 지정은행, 확인은행(있는 경우) 또는 개설은행이 제시된 선적서류가 신용장의 조건, 적용 가능한 본 규칙의 조항과 국제표준은행관행과 일치하지 않은 것으로 결정하면 이들 은행은 선적서류의 인수와 지급 또는 매입을 거절할 수 있다.

b. 개설은행이 제시된 선적서류가 신용장의 제 조건과 일치하지 않는 것으로 결정하면, 개설은행은 독자적인 판단에 따라 개설의뢰인과 그 하자에 관한 권리포기 여부를 교섭할 수 있다. 그러나 이로 인해 제 14조 b항에 명시한 기간이 연장되는 것은 아니다.

c. 지정에 따라 대행하는 지정은행, 확인은행(있는 경우) 또는 개설은행이 인수와 지급 또는 매입을 거절하기로 결정할 경우에는 이들 은행은 선적서류 제시자에게 이러한 취지를 통지하여야 한다. 통지서에는 다음과 같은 내용을 기재하여야만 한다.

i. 은행은 인수와 지급 또는 매입을 거절한다.

ii. 은행이 인수와 지급 또는 매입을 거절하게 된 개개의 하자내용

iii. a) 은행이 선적서류제시자로부터 다른 지시사항을 기다리는 동안 보관하고 있다.

b) 개설은행은 개설은행 개설의뢰인으로부터 권리포기를 받아 이것을 동의할 때까지 또는 권리포기를 수리하기로 동의하기 이전에 선적서류 제시자로부터 다른 지시사항을 받을 때까지 선적서류를 보관하고 있다.

c) 은행은 선적서류를 반송중에 있다.

d) 은행은 선적서류 제시자로부터 받을 지시사항에 따라 신용장 거래를 처리한다.

d. 제 16조 c항에서 요구한 통지는 선적서류접수익일(翌日)로부터 제 5 은행영업일의 마감시간을 경과하지 아니한 범위 내에서 지체 없이 전신 또는 그것이 불가능할 경우에는 기타 신속한 수단으로 이루어져야 한다.

e. 지정에 따라 대행하는 지정은행, 확인은행(있는 경우)또는 개설은행은 제 16조 c항 iii(a) 또는 (b)에서 규정된 통지를 하면 선적서류를 제시자에게 아무 때나 반송할 수 있다.

f. 개설은행 또는 확인은행은 본 조항의 규정을 이행하지 못하면 선적서류가 신용장의 제 조건과 일치되지 않음을 주장할 수 있는 권리로부터 배제된다.

g. 개설은행이 인수와 지급을 거절하면 또는 확인은행이 인수와 지급 또는 매입을 거절하면 본 조항에 따라 이러한 사실을 통지해야 한다. 개설은행과 확인은행이 이미 상환을 하였다면 이자와 더불어 상환금액의 반환을 요구할 권리를 갖는다.

해설

a. 지정은행, 확인은행, 개설은행의 선적서류인수 거절

선적서류가 은행에 제시되면 지정은행, 확인은행, 개설은행은 신용장의 독립, 추상성에 의해 제시된 선적서류를 근거로 선적서류가 신용장의 조건, 적용 가능한 본 규칙의 조항, 국제표준은행관행과 일치하는지를 판단하여야 한다. 제시된 선적서류가 신용장의 조건, 적용 가능한 본 규칙의 조항, 국제표준은행관행과 일치하는지 않다고 판단하면 이들 은행은 서류수리를 거절할 수 있다. 지정은행은 수익자가 제세한 선적서류에 대해서 또 확인은행과 개설은행은 지정은행이 송부한 선적서류에 대해서 그러한 판단을 한다.

b. 불일치 서류에 대한 개설은행의 교섭권

개설은행이 지정은행에서 송부된 선적서류가 신용장의 조건, 적용 가능한 본 규칙의 조항, 국제표준은행관행과 일치하지 않는다고 판단하면 개설은행만이 개설의뢰인에게 연락하여 **하자선적서류**의 인수여부를 확인할 수 있다. 하자선적서류 인수의 결정은 개설은행에게 있지만 개설의뢰인과 상의하여 결정한다. 개설의뢰인은 수입상품의 가격이 수입국에서 하락하면 선적서류의 인수를 거절할 것이고 반대의 경우에는 하자선적서류의 인수를 수락할 것이다. 최종적인 대금지급의 책임을 부담한 개설의뢰인이 하자선적서류에 대해서 아무런 이의를 제기하지 않으면 개설은행은 이러한 선적서류와 상환으로 지정은행에게 약정한 대로 상환한다. 제시된 선적서류가 신용장의 조건, 적용 가능한 본 규칙의 조항, 국제표준은행관행과 일치해야만 개설은행이 수출대금을 지급한다는 조건에 개설의뢰인이 수익자에게 합의해 준 것이다.

제시된 선적서류에 하자가 있더라도 개설의뢰인이 그러한 선적서류를 인수하면 제시된 조건을 개설의뢰인이 변경하여 하자선적서류도 유효한 서류로 인정하는 것으로 본다. 따라서 개설의뢰인은 자기가 원하는 선적서류가 제시된 것으로 간주하여 반드시 수입대금을 지급할 책임을 부담한다.

수입상품이 선적서류보다 수입항에 먼저 도착한 경우에 개설의뢰인은 **화물선취보증서**(letter of guarantee)를 개설은행으로부터 발급받아 선하증권 대신에 화물선취보증서를 선박회사에 제출하고 수입상품을 인수한다. 이런 경우에 개설의뢰인은 화물을 선박회사로부터 먼저 인수하고 나중에 선적서류를 받게 되므로 나중에 제시된 선적서류가 신용장의 조건, 적용 가능한 본 규칙의 조항, 국제표준은행관행과 일치하지 않더라도 개설은행은 선적서류의 인수를 거절할 수 없다.

개설의뢰인이 하자선적서류를 인수하든지 인수하지 않든 간에 개설은행은 선적서류를 송부한 지정은행에게 선적서류의 수리여부를 5영업은행일까지 통지해 주어야 하며 이 기간이 절대로 연장되지 않는다는 것이다.

c, d. 지정은행, 확인은행, 개설은행의 선적서류 수리거절과 수리거절 통지

지정은행, 확인은행, 개설은행이 제시된 선적서류가 신용장의 조건, 적용 가능한 본 규칙의 조항, 국제표준은행관행과 일치하지 않는다는 이유로 지급을 거절하기로 결정하면 이러한 사실을 서류접수일로부터 5일 이내에 **전신이나 전기통신수단**(telecommunication) 또는 이와 유사한 다른 신속한 수단으로 서류제시자에게 전달하여야 한다. 만일 제시된 선적서류에 하자가 있음에도 불구하고 지정은행, 확인은행, 개설은행이 선적서류를 받고 5일 이내에 수리거절 통보를 하지 않거나 하자선적서류를 임의로 처분하면 지정은행, 확인은행, 개설은행은 수익자에 대해서 책임을 져야하고 확인은행, 개설은행은 지정은행에 대해서 책임을 져야 한다.

지정은행, 확인은행, 개설은행이 송부한 수리거절 통지서에 은행이 인수와 지급 또는 매입을 거절한다는 문구와 인수와 지급 또는 매입을 거절하게 된 개개의 하자내용을 기재하도록 하였다. 따라서 지정은행, 확인은행, 개설은행은 왜 선적수리를 거절하는지 그 이유를 분명히 밝히도록 했다. 지정은행, 확인은행, 개설은행은 제시받은 선적서류를 서류송부은행 또는 수익자의 지시사항을 기다리면서 선적서류를 보관하고 있다거나 아니면 선적서류를 그들에게 반송했다는 것을 수리거절 통지에 기재하여 통지하여야 한다.

지정은행, 확인은행, 개설은행은 서류를 인수하지 않는 이상 상품의 소유권은 이들 은행으로 이전되지 않는다. 이들 은행이 선적서류를 수리하지 않고 임의로 상품을 상품의 도착장소에서 다른 장소로 옮기거나 개설의뢰인에게 인도해 주기 위해서 선적서류를 사용하면 선적서류를 송부한 은행이나 수익자에게 수출대금을 지급하여야 한다. 선적서류가 물리적으로 지정은행, 확인은행, 개설은행에 있다하더라도 이들 은행이 선적서류를 수리하고 선적서류제시자에게 수출대금을 지급하지 않으면 선적서류는 선적서류 제시자의 소유로 남아있다. 따라서 이들 은행은 선적서류를 임의로 처분하지 말고 선적서류제시자의 지시를 따르든지 아니면 그냥 선적서류를 제시자에게 반환함으로써 그들의 의무를 이행하여야 한다.

개설은행은 개설의뢰인이 하자선적서류를 인수한다고 의사표시를 할 때까지 또는 개설의뢰인의 의사표시를 기다리는 동안 수익자로부터의 다른 지시사항이 도착할 때까지 선적서류를 보관하고 있어야 하고 수익자의 지시사항이 도착하면 그에 따라 선적서류를 처리하면 된다.

Article 17

Original Documents and Copies

a. At least one original of each document stipulated in the credit must be presented.

b. A bank shall treat as original any document bearing an apparently original signature, mark, stamp, or label of the issuer of the document, unless the document itself indicates that it is not original.

c. Unless a document indicates otherwise, a bank will also accept a document as original if it :

   i. appears to be written, typed, perforated or stamped by the document issuer's hand ; or
   ii. appears to be on the document issuer's original stationery ; or
   iii. states that it is original, unless the statement appears not to apply to the document presented.

d. If a credit requires presentation of copies of documents, presentation of either originals or copies is permitted.

e. If a credit requires presentation of multiple documents by using terms such as "in duplicate", "in two fold" or "in two copies", this will be satisfied by the presentation of at least one original and the remaining number in copies, except when the document itself indicates otherwise.

[제 17 조 원본선적서류와 사본]

a. 신용장에 명시된 각 선적서류의 원본 1통이 제시되어야 한다.

b. 은행은 선적서류 자체에 그것이 원본이 아니라고 명시되지 않는 한 명백하게 원본서명, 표식, 스탬프 또는 선적서류발행자의 표시가 기재된 모든 선적서류를 원본 선적서류로 취급한다.

c. 선적서류에 별도로 기재되어 있지 않는 한 은행은 다음과 같은 경우에 선적서류를 원본으로 수리한다.

   i. 선적서류발행자에 의한 수기, 타이핑, 천공 또는 스탬프로 나타내는 경우; 또는

   ii. 선적서류에 선적서류발행자의 명칭이 인쇄된 원본

   iii. 문언이 제시된 선적서류에 적용할 수 없게 나타나지 않는 한, 그것이 원본이라고 표시된 것.

d. 신용장이 선적서류사본의 제시를 요구한 경우, 원본과 사본의 제시는 허용된다.

e. 신용장이 “정부본”, “2통”, “2부”와 같은 용어를 사용함으로써 복본의 선적서류제시를 요구하면, 이것은 선적서류 자체에 별도의 명시가 없는 한 원본 1부와 나머지는 사본으로 제시함으로써 충족된다.

해 설

a. 원본서류의 제시

본 규정은 UCP 600에서 새로 신설되었다. 신용장에서 요구한 서류는 원본서류의 제시가 신용장에 명시되었든 안 되었는지를 불문하고 반드시 모든 서류는 원본 1통이 제시되어야 한다는 것이다. 신용장에 원본서류를 제시하도록 요구를 하지 않아도 수익자는 원본서류 1통을 반드시 제시하여야만 서류제시 의무를 다한 것으로 본다.

b. 원본서류의 표기

UCP 500에서는 서류발행자가 original이라는 표시를 해야만 원본서류로 인정된다고 하여 원본의 개념을 구체화 시켰지만 UCP 600에서는 원본서류를 포괄적으로 인정하였다. 선적서류에 원본서명, 표식, 스탬프 또는 선적서류방행자의 표시가 있으면 원본서류로 간주한다. 국제상업회의소 은행기술실무위원회는 1999년 7월 12일 "원본표시"라는 조건은 해당 서류에 그 작성자가 그 문서를 사본이 아닌 원본으로 취급하려는 의사를 나타내는 어떠한 표시를 하거나 텍스트에 그에 관한 기술이 있으면 충족되고, 따라서 어떤 문서가 전자적으로 저장된 것으로부터 출력되어 백지에 인쇄된 경우 원본이라고 표시되어 있거나 letterhead(회사명, 주소 등 서류용지 윗부분의 인쇄문구)를 포함하고 있거나 자필로 표시되어 있다면 "원본이라고 표시된 것"에 해당된다고 보았다.

c. 원본서류의 인정범위

제시된 서류가 원본인지의 판정은 수기(handwriting) 또는 타이핑된 것만으로 제한되었으나 제4차 개정에서는 여러 형태의 자동 또는 컴퓨터 장치(automated or computerized system), 복사장치(reprographic system), 복사본(carbon copy)에 의해 복사된 사본도 원본이라는 표시가 있고 진정한 서류라는 확인이 된 경우에는 자필서명이 없어도 서명에 갈음하는 행위가 있으면 원본으로 간주한다고 규정하여 원본의 인정범위가 확대되었다. 제5차 개정에서는 자필서명이나 서명에 갈음하는 천공, 스탬프, 팩시밀리, symbol 또는 기계식이나 전자식에 의한 서명을 요구하고 있으나 반드시 서류발행자가 original 이라는 표시를 해야만 원본서류로 인정된다고 하여 원본의 개념을 구체화 시켰으며 따라서 서류가 원본서류로 인정되기 위해서는 신용장에서 서명을 요구했을 때 그러한 서류에 반드시 서명이 있어야 원본서류로 간주한다고 보았다.

UCP 600에서는 선적서류발행자가 수기, 타이핑, 천공 또는 스탬프로 원본이라고 표기한 경우, 선적서류에 선적서류발행자의 명칭이 인쇄된 원본, 문언이 제시된 선적서류에 적용할 수 없게 나타나지 않는 한, 그것이 원본이라고 표시된 경우에는 원본으로 본다고 하여 원본이라는 표시만 있으면 되고 서명이 필요한 경우에는 제3조의 규정에 따라 서명을 해야 하고 서명방법에는 수기, 팩시밀리 서명, 천공서명, 스탬프, 기호 또는 기계식이나 전자식이 있으며 팩시밀리 서명은 레이저프린터 인쇄기에 의해 서명이 인쇄된 것을 의미하고 팩스기계에 의해서 전송된 서명은 팩시밀리 서명에 포함되지 않는 것으로 간주하며 카본서명은 한 통을 자필로 서명하고 뒷장은 베껴져 나오는 서명을 말하며 서류에 이러한 서명이 기재된 경우 이러한 서류를 원본서류로 인정하지 않는다.

d. 사본이 아닌 원본 제시

신용장에서 사본을 요구했는데 사본 대신 원본을 제시하면 하자인가? 이와 관련하여 UCP 600에서는 하자가 아니라고 보았다. 사본보다는 원본이 선적서류의 진정성을 더 보증하기 때문에 사본 대신 원본의 선적서류제시를 정당하게 인정하였다.

e. 복수의 선적서류 제시

신용장이 여러 통의 선적서류를 제시하도록 요구하고 있는 경우에는 원본 1통과 나머지는 사본으로 제시하도록 규정하였다. 개설의뢰인은 신용장에 원본 몇 통과 사본 몇 통을 정확히 기재하여야 한다. 예를 들어 원산지증명서 5통을 요구하면 원본 5통을 제시하는 것이 아니라 원본 1통과 사본 4통을 제시하는 것으로 해석한다는 것이다. 따라서 개설의뢰인이 원본 5통이 필요하면 신용장에 원산지증명서 원본 5통이라고 표기해야 원본 5통을 받을 수 있다.

Article 18

Commercial Invoice

a. A commercial invoice ;

i. must appear to have been issued by the beneficiary (except as provided in article 38) ;

ii. must be made out in the name of the applicant (except as provided in article 38(g)) ;

iii. must be made out in the same currency as the credit ; and need not be signed.

b. A nominated bank acting on its nomination, a confirming bank, if any, or the issuing bank may accept a commercial invoice issued for an amount in excess of the amount permitted by the credit, and their decision will be binding upon all parties, provided the bank in question has not honoured or negotiated for an amount in excess of that permitted by the credit.

c. The description of the goods, services or performance in a commercial invoice must correspond with that appearing in the credit.

[제 18 조 상업송장]

a. 상업송장

i. 제38조에 규정된 경우를 제외하고는 수익자에 의해서 발행된 것으로 나타내어야 한다.

ii. 제38조 g항에 규정된 경우를 제외하고, 개설의뢰인 앞으로 작성되어야 한다.

iii. 신용장에 표시된 통화와 동일한 통화로 표시하여야 한다.

b. 지정에 따라 대행하는 지정은행 확인은행(있는 경우) 또는 개설은행은 신용장에서 허용된 금액을 초과한 금액으로 발행한 상업송장을 수리할 수 있다. 그들의 결정은 신용장 거래 당사자를 기속한다.
단 은행이 신용장에서 허용된 금액을 초과한 금액으로 인수와 지급 또는 매입을 하지 아니하였을 경우에 한한다.

c. 상업송장에 기재되는 상품, 서비스 또는 의무이행의 명세서는 신용장에 기재된 명세서와 일치하여야 한다.

해 설

a. 상업송장

상업송장(commercial invoice)은 수출상이 수입상 앞으로 작성해 보내는 수출상품의 계산서이며 내용명세서이다. UCP 600에서 상업송장은 신용장통일규칙 제38조에 규정된 양도가능신용장인 경우를 제외하고는 반드시 수익자가 개설의뢰인 앞으로 발행하도록 하였다. 신용장에 기재된 통화와 상업송장에 기재된 통화가 다른 경우에는 어느 통화가 지급통화인지 분쟁이 많이 발생하여 신용장에 표시된 통화를 상업송장에 표시하도록 하였다. 신용장과 상업송장의 통화가 다르게 표시된 경우에는 신용장에 표시된 통화가 지급통화가 된다.

b. 신용장의 금액을 초과한 상업송장의 금액

상업송장금액이 신용장에 명시된 금액을 초과하여 발행된 경우 지정은행 확인은행(있는 경우) 또는 개설은행은 상업송장을 수리하든가 거절하든가 하는 재량권을 갖고 있으며 이러한 재량권을 행사하여 신용장 금액을 초과하는 상업송장을 수리하면 그 결과에 대해서 신용장거래의 모든 당사자들은 책임을 져야 한다.

상업송장금액이 신용장금액보다 초과하는 이유는 상품대금의 일부가 선불 또는 후불될 수 있으며 신용장거래의 부대비용을 수출상이 먼저 지불하고 수입상에게 동 비용을 청구할 수 있기 때문이다.

신용장 금액을 초과한 상업송장을 매입할 것인지 거절할 것인지의 선택권을 행사할 수 있는 은행은 지정은행과 확인은행이며 동 은행들은 신용장금액을 초과하여 기재된 상업송장을 수리할 수는 있어도 신용장금액을 초과하여 절대로 지급, 연지급 확약, 어음의 인수 또는 매입을 할 수 없다. 신용장금액과 환어음금액, 상업송장 금액을 동일하게 작성하는 것이 실무상 안전하며 초과된 금액은 사후에 추심방식으로 회수하는 것이 바람직스럽다.

c. 상업송장의 상품명세서

상업송장에는 상품의 수량, 중량, 순톤수, 총톤수, 단가, 가격조건, 금액, 상품명세서 등이 기재되며 특히 상품명세서는 신용장에 명시된 상품명세서와 반드시 일치해야 한다. 실질적으로 선적된 상품이 수출입매매계약에 명시된 상품과 동일하지만 상업송장에 기재된 상품의 명칭이 신용장에 명시된 상품의 명칭과 조금이라도 다르면 매입은행과 개설은행, 개설의뢰인이 이러한 상업송장의 수리를 거절할 수 있다.

상업송장 이외의 기타서류, 즉 선하증권, 보험서류, 영사송장, 원산지증명서, 포장명세서 등은 신용장에 명시된 상품의 명세와 모순되지 않은 일반적인 용어로 기재할 수 있어 일반적인 용어로 기재된 서류는 상호간에 표현상의 모순이 있으면 신용장에 요구된 상품의 표현과 일치하지 않는 것으로 간주하여 은행이 수리를 거절할 수 있다.

Article 19

Transport Document Covering at Least Two Different Modes of Transport

a. A transport document covering at least two different modes of transport (multimodal or combined transport document), however named, must appear to :

i. indicate the name of the carrier and be signed by :

- *the carrier or a named agent for or on behalf of the carrier, or*
- *the master or a named agent for or on behalf of the master.*

Any signature of the carrier, master or agent must be identified as that of the carrier, master or agent.

Any signature by an agent must indicate whether the agent has signed for or on behalf of the carrier, or for or on behalf of the master.

ii. indicate that the goods have been dispatched, taken in charge or shipped on board by :

- *pre-printed wording, or*
- *a stamp or notation indicating the date on which the goods have been dispatched, taken in charge or shipped on board.*

The date of issuance of the transport document will be deemed to be the date of dispatch, taking in charge or shipped on board and the date of shipment, unless the transport document indicates, by stamp or notation, a date of dispatch, taking in charge or shipped on board, in which case this date will be deemed to be the date of shipment.

iii. *indicate the place of dispatch, taking in charge or shipment and the place of final destinations stipulated in the credit, even if :*

  a. *the transport document states, in addition to that place, another place or dispatch, taking in charge or shipment or another place of final destination, or*

  b. *the transport document contains the indications "intended" or similar qualification in relation the vessel or port of loading or port of discharge.*

iv. *be the sole original transport document or, if issued in more than one original, be the full set as indicated on the transport document.*

v. *contain terms and conditions of carriage or make reference to another source containing the terms and conditions of carriage(short form or blank back transport document). Contents of terms and conditions of carriage will not b examined.*

vi. *contain no indication that it is subject to a charter party.*

b. *For the purpose of this article, transhipment means unloading from one means of conveyance and reloading to another means of conveyance (whether or not in different modes of transport) during the carriage from the place of dispatch, taking in charge or shipment to the place of final destination stipulated in the credit.*

c. *Even if the credit prohibits transhipment, a bank will accept a transport document indicating that transhipment will or may take place, provided the entire carriage is covered by one and same transport document.*

[제 19 조 적어도 두 가지 다른 운송 방식을 포함하는 운송선적서류]

a. 두 가지 운송방식을 포함하는 운송선적서류는 명칭에 관계없이 다음과 같은 내용을 명시하고 있어야 한다.

i. 운송인의 명의를 표시하고 운송인 또는 운송인을 대행하거나 그를 대표하는 지명된 대리인, 선장 또는 선장을 대행하거나 그를 대표하는 지명된 대리인

운송인, 선장, 대리인의 모든 서명은 운송인, 선장, 대리인의 서명이라는 확인이 있어야 한다.

대리인에 의한 모든 서명은 대리인이 운송인과 선장을 대신하여 서명했다는 것을 나타내고 있어야 한다.

ii. 화물이 적송, 인수 또는 본선에 적재된 것을 다음과 같이 표시한 선적서류

- 사전에 인쇄된 문언
- 화물이 적송, 인수 또는 본선에 적재된 일자를 나타내는 스탬프 또는 표기

운송선적서류의 발행일은 적송, 인수 또는 본선적재 그리고 선적일로 간주하며, 운송선적서류에 스태프나 표기로 적송, 인수, 본선적재일이 표시되어 있으면 이 일자는 선적일자로 간주된다.

iii. 다음과 같은 사항에도 불구하고 신용장에 명시된 적송, 인수, 또는 선적의 장소와 최종 목적지의 장소를 표시하는 선적서류.

a. 운송선적서류에 이 장소와는 별도로 적송, 인수, 또는 선적의 장소, 다른 최종목적지가 운송선적서류에 기술되어 있다.

b. 운송선적서류가 선박, 선적항, 양륙항과 관련하여 "예정된" 또는 유사한 제한조건을 포함하고 있다.

iv. 운송선적서류의 원본은 한 통이며, 두 통 이상으로 발행된 경우에는 운송선적서류에 표기된 대로 전통이 된다.

v. 운송조건을 포함하고 있거나(약식)양식/백지(위임된 운송선적서류) 운송조건을 포함하고 있는 다른 자료를 참조하도록 된 선적서류 운송조건의 내용은 검토하지 않는다.

vi. 용선계약에 따른다는 표시를 포함하고 있지 않는 선적서류.

b. 본 조항의 목적상 환적이라 함은 신용장에 명시된 적송, 인수 또는 선적 장소에서 최종목적지까지 운송하는 도중(다른 운송방법이 개입되든지 않든지에 관계없이) 한 운송수단에서 다른 운송수단으로 화물을 양하 및 재적재하는 것을 의미한다.

c. 신용장이 비록 환적을 금지하고 있을지라도 은행은 전 운송이 하나의 동일한 운송선적서류에 의해 커버되어 있으면 환적될 것을 나타내는 운송선적서류를 수리한다.

1. UCP 운송서류조항의 주요 개정내용의 연혁

1) 운송서류의 발행자

4차 개정에서는 운송서류를 발행할 수 있는 당사자를 운송인과 운송인의 대리인으로 제한하였으나 5차 개정에서는 운송서류의 발행인으로 선장과 선장의 대리인을 추가시켰다. 운송서류의 발행인을 운송인과 운송인의 대리인으로 규정한 4차 개정의 조항은 선장이 서명하여 운송서류를 발행하고 있는 운송관행과 배치되고 헤이그규칙과 함브르그규칙 등 다른 운송과 관련된 국제규칙에서 선장이 발행하고 서명한 운송서류를 유효하게 인정하고 있는 조항과 상충되기 때문에 5차 개정에서는 운송서류의 발행인으로 선장과 선장의 대리인을 추가시켰다.

운송인과 선장의 대리인이 인증이나 서명하는 경우에는 운송인이나 선장의 명의와 대리인의 자격을 명시하도록 하여 4차 개정에서 대리인이 운송서류를 발행하는 경우 운송인의 명의를 명시하여야 하는지의 불명확한 부분을 정확하게 하여 이를 둘러싼 분쟁을 방지하려고 했다.

2) 선적일과 본선적재일의 표시

선하증권은 화물이 본선에 실제로 선적되었음을 나타내고 있어야 한다. 신용장은 서류상의 거래이기 때문에 선하증권은 화물이 본선에 실제로 선적되었음을 선하증권으로 확인할 수 있도록 발행되어야 한다. 선하증권의 발행일과 본선에 실제로 선적된 본선적재 부기일자와의 관계를 명확히 함으로써 화물이 본선에 실제로 선적되었는지에 관한 분쟁을 방지하려고 노력하였다.

제정규칙의 규정을 살펴보면 신용장이 선적선하증권을 요구하지 않으면 수취식선하증권을 수리할 수 있고, 선적선하증권을 요구한 경우, 수취식선하증권이 수리되기 위해서는 수취식선하증권에 본선적재부기가 표기되어 있어야 하고 이 부기일자는 선하증권이 발행되기 이전에 실제로 선적이 이루어졌다는 증거를 제시하고 있어야 하며, 선적선하증권과 수취식선하증권의 발행일을 선적일로 간주한다고 명시되어 있었다. 제정규칙에 명시된 부기일자와 본선적재일자간의 관계가 불분명하여 신용장거래 당사자 간의 분쟁이 발생할 가능성이 제기되어 1차 개정에서는 신용장에 명시된 선적일 이후에 제시되는 선하증권에는 반드시 본선적재일자가 부기 상으로 표시되어야 된다는 강제규정을 둠으로써 부기일자와 부기상의 본선적재일자 간의 관계를 명확히 하였다.

2차 개정에서는 신용장에 별도의 명시가 없는 한 선하증권은 화물이 본선에 선적되었음을 나타내고 있어야 된다고 규정하였고 화물이 본선에 선적되었음을 선하증권 그 자체와 본선적재부기일자로 나타내도록 하였다. 따라서 본선적재선하증권의 발행일자를 선적일로 간주하고 **본선적재부기일자**가 있는 경우에는 본선적재 부기일자를 선적일자로 간주한다. **본선적재부기**는 운송인과 대리인이 서명이나 약식서명으로 하도록 하였다. 2차 개정의 문제점은 본선적재의 용어가 명확하지 않다는 점이다. 본선이 어느 선박을 의미하는지 명확하지 않아서 3차 개정에서는 **지정된 선박**(named vessel)과 선적(shipped) 문구를 삽입하여 조항을 수정하였다. 3차 개정에서는 본선적재 부기일자를 선적선하증권과 수취식선하증권 모두에게 기재할 수 있는지 명확하지 않았기 때문에 4차 개정에서는 본선적재 부기일자는 수취식선하증권에만 기재할 수 있다는 점을 명확히 하기 위해서 "received for shipment"라는 문구를 삽입하여 조항을 수정하였다.[6] 4차 개정된 조항은 운송인의 서명 란에 있는 서명과 본선적재부기에 기재된 운송인이나 대리인의 서명이나 약식

6) 백대림, "신용장통일규칙에서의 운송서류 관련규정; 축조해설과 적용사례 III," 「중재」 제182호, 1987. 3. p.9.

서명이 동일해야 되는지, 아니면 다른 경우에 은행은 선하증권의 수리를 거절해야 되는지, 거절한다면 어떠한 이유로 거절해야 되는지에 대한 판단기준이 없어서 선하증권의 수리에 관한 분쟁이 발생할 수 있기[7] 때문에 5차 개정에서는 본선적재부기에 운송인이나 대리인의 서명이나 약식서명의 내용을 삭제하였다.

5차 개정에서는 화물이 지정된 선박에 본선적재 또는 선적되었음을 선하증권이 발행되는 두 가지 방법으로 표기할 수 있도록 하였다. 지명된 선박에 본선적재 또는 선적은 화물이 지명된 선박에 본선적재되었거나 지명된 선박에 선적되었다는 것이 선하증권에 사전에 인쇄되어 발행될 수 있고, 이러한 경우에 선하증권의 발행일이 본선적재일 및 선적일로 간주된다는 것이고, 선하증권이 수취사실이 인쇄된 서식으로 발행된 경우에 지명된 선박에 본선적재 또는 선적은 화물이 본선에 적재된 날짜를 표시하는 선하증권의 표기에 의해서 증명되어야 하고, 선하증권에 표기된 본선적재부기일이 선적일로 간주된다.

선하증권에 선박에 관련하여 "**예정된 선박**(intended vessel)"이나 이와 유사한 표현이 기재되어 있는 경우에 본선적재부기는 화물이 적재된 일자와 적재된 선박명을 포함하고 있어야 하고 선하증권이 적재항과 다른 수령 또는 인수지를 표시하고 있는 경우에는 본선적재부기는 적재일자, 선박명과 신용장에 기재된 적재항도 포함하도록 하였다.

복합운송의 발전으로 복합운송증권에 선박명과 선적항에 관하여 "예정된 선박", "예정된 선적항(intended port of loading)" 및 "예정된 하역항(intended port of discharge)" 이라는 표기가 기재되었다. 해상선하증권에 이러한 문구가 표기될 경우 은행은 이러한 서류를 어떻게 처리하여야 되는지 문제가 발생하여 4차 개정에서는 이러한 문구가 복합운송증권에 표기된 경우에 수리할 수 있고 해상선하증권에 표기된 경우에는 수리할 수 없도록 하였다.

7) ICC Publication No. 511, UCP 500 & 400 Compared, p.66.

수취식선하증권이 선적항과 다른 인수지 및 또는 하역항을 표시하고 있다면 선적항을 "예정된" 선적항으로 표시한 결과가 되어 선적항에 대한 정확한 확인이 선하증권에 이루어지지 않은 것으로 해석될 수 있어서 5차 개정에서는 해상선하증권이 선적항과 다른 인수지를 나타내는 경우에 신용장에 명시된 선적항과 화물이 적재된 선박명도 포함한 본선적재부기가 있어야 한다고 규정하였다.

3) 환 적

화물이 한 운송수단을 이용하여 수출지에서 수입지로 직접 운송될 수도 있지만 직항로가 없는 경우 다른 운송수단에 옮겨 실어 운송되어야 하기 때문에 환적에 관한 조항은 제정초기부터 만들어졌다. 환적에 관련된 제정규칙을 살펴보면 전 항해가 하나의 동일한 선하증권으로 이루어지는 경우에 인쇄된 조항과 별도로 운송과정에서 환적을 허용하는 환적선하증권은 수리되며, 기술적인 이유로 전 항해가 동일한 서류로 커버할 수 없다하더라도 **환적선하증권**은 은행의 책임 없이 수리한다고 규정하여 수입상에게 매우 불리하게 되어 있었다. 또한 신용장이 환적을 금지하고 있을 경우 환적을 나타내는 선하증권을 수리할 수 있는지에 관련하여 아무런 규정이 없어서 은행이 환적을 나타내는 선하증권을 수리하는 데 많은 어려움에 직면하였다. 1차 개정에서 전 항해가 하나의 동일한 선하증권에 의해서 커버되어야 하고 신용장에 환적을 금지하는 경우 특별히 환적을 나타내는 문구가 선하증권에 기재된 경우를 제외하고는 선하증권의 이면약관에 환적할 수 있다는 표시가 있다하더라도 은행이 선하증권을 수리하도록 했다. 2차 개정에서는 운송인이 환적할 권리를 가진다는 인쇄된 조항을 포함하고 있는 선하증권은 선하증권에 별도로 환적을 나타내는 것이 아니라고 보아 은행은 이러한 선하증권을 수리할 수 있다고 명시하였다.

컨테이너가 해상운송에 등장함에 따라 환적을 정확하게 정의할 필요성이 대두되었다. 항만의 시설차이로 인하여 컨테이너 전용선이 부두에 접안할 수 없어서 부두 밖에 정박하고 있는 경우에 운송인은 바지선을 이용하여 화물을 컨테이너 전용선까지 운송하여 컨테이너선에 선적하여 왔다. 화물을 바지선에서 컨테이너 전용선으로 옮겨 실으면 환적으로 보아야 하는지 의문이 제기되었다.[8] 컨테이너선의 등장에 따른 운송관행을 정의하고 운송서류에 기재된 환적의 표시에 대해서 새로운 해석이 필요하게 되었다.

4차 개정에서 환적은 선적항, 적송지 또는 인수지에서 하역항 또는 목적지까지의 운송기간 동안 동일한 운송형태로 한 운송수단 또는 선박에서 다른 운송수단 또는 선박으로 또는 한 운송형태로부터 다른 운송형태로 선적 및 재선적하는 것을 의미한다고 새롭게 정의하여 환적을 둘러싼 분쟁을 제거하려고 하였으나 환적의 정의가 너무 포괄적이고 운송수단에 따라 환적이 다르게 나타나기 때문에 5차 개정에서는 운송서류별로 환적을 정의하였다.

복합운송은 환적을 전제조건으로 하기 때문에 환적을 금지하면 복합운송은 이루어질 수 없다. 따라서 해상선하증권의 환적과 복합운송의 환적을 정확히 구분하여 신용장통일규칙에 명시하여야 한다는 주장도 제기되었다.[9]

8) ICC Publication No. 371, Decisions(1975~1979) of the ICC Banking Commission, R.29, 30, pp.47~50.

9) Boris Kozolchk, "Evolution and present state of the ocean bill of lading from a banking law perspective", Journal of Maritime Law and Commerce, Vol. 23, No. 2, April, 1992, pp.198~199.

4) 복합운송서류

컨테이너가 등장함에 따라 복합운송이 더욱더 발전하여 새로운 운송관행을 만들었고 이러한 운송관행은 **통과선하증권(through B/L)**의 조항에 의해서 충족되지 못하였다. 통과선하증권을 발행한 운송인은 해상운송구간만 책임을 지고 육로운송구간의 운송에 대해서는 책임을 지지 않기 때문에 육로구간이 포함된 복합운송의 경우에 육로구간의 운송에 대해서 누가 책임을 부담해야 되는지 새로운 문제가 발생하게 되었다. 따라서 3차 개정에서 복합운송서류의 수리조건을 규정하였다.[10)]

제3차 규정은 조문자체가 명확하지 않으므로 서류를 심사하는 은행에게 큰 부담을 주었다. 신용장이 복합운송을 나타내는 경우에 이러한 서류를 수리하도록 한 조항은 동 규칙 제14조에 명시된 매입의 대상이 되는 서류와 정확하게 명시되어야 한다는 조항과 상충되게 되어 있었다. 또한 복합운송의 발행자를 명시하지 않아서 은행은 제시된 복합운송을 제시된 대로 매입하여야 되기 때문에 수입상은 매우 위험한 상황에 놓이게 되었다. 제4차 개정에서 복합운송서류의 발행인을 운송인과 그 대리인으로 제한하고 운송주선인이 발행한 복합운송서류는 원칙적으로 수리할 수 없지만 운송중개인국제연맹(FIATA: international federation of forwarding agent association)이 발행한 복합운송서류와 운송주선인이 운송인의 대리인으로써 발행한 복합운송서류를 수리하도록 하였다.

10) 제23조 (a) If the credit calls for a combined transport document, i.e. one which provides for a combined transport by at least two different modes of transport, from a place at which the goods are taken in charge to a place designated for delivery, or if the credit provides for a combined transport, but in either case does not specify the form of document required and/or the issuer of such document, banks will accept such documents as tendered. (b) If the combined transport includes transport by sea the documents will be accepted although it does not indicate that the goods are on board a named vessel, and although it contains a provision that the goods, if packed in a Container, may be carried on deck, provided it does not specifically state that they are loaded on deck.

5차 개정에서는 복합운송서류 발행자의 명의 표시와 서명요건을 명확히 하였다. 화물의적송(dispatch), 인수(taking in charge) 또는 본선적재(loading on board)에 관한 그러한 취지의 문언으로 사전에 복합운송서류에 인쇄된 경우에 복합운송서류의 발행일이 선적일이 되고 스탬프나 기타의 방법으로 적송, 인수 또는 본선적재일을 표시하고 있는 경우에는 이러한 일자를 선적일로 간주한다.

2. UCP 600 운송서류 관련 조항의 해석

1) 운송인 명의 표기와 서명에 관한 해석

(1) 운송서류의 명칭

운송서류에 관련된 제 조항을 충족시키는 운송서류는 "**명칭에 관계없이**(however named)" 수리한다고 개별 운송서류 관련 조항에 명시되어 있다. 현재 운송업계에서 사용하고 있는 운송서류의 명칭은 하나로 통일되어 있는 것이 아니라 운송회사별로 다르게 사용하고 있어서 운송서류의 명칭을 하나로 통일시킬 수 없다는 현실을 반영한 것으로 보인다. 따라서 은행은 신용장에 명시된 운송서류의 명칭과 제시된 운송서류의 명칭이 다르더라도 제시된 운송서류가 운송서류의 관련 조항에 명시된 조건을 충족하고 있으면 명칭에 관계없이 운송서류를 수리하도록 하여 신용장거래가 신속히 이루어질 수 있도록 하였다.

운송서류의 명칭이 운송서류의 수리 여부를 결정하는 데 중요한 고려사항이 아니라고 보아야 한다.[11] 따라서 은행은 운송서류의 명칭을 심사할 의무가 없으며 제시된 운송서류의 내용이 각 운송서류 조항에 규정된 제반조건을 충족시키는지를 판단하여 운송서류의 수리 여부를 결정하는 것으로 해석하여야 한다. 운송서류의 명칭이 운송주선업자가 발행한 선하증권으로 기재되어 있으면 은행은 UCP 600 제19조, 제20조, 제21조, 제22조의 조항에 명시된 대로 운송주선업자가 운송인의 대리인인지를 반드시 확인하여 운송서류의 수리여부를 결정하여야 한다.

11) ICC Publication No. 459, Case Studies on Documentary Credit(Vol. I), Case No.85.

|표 1| UCP 500과 UCP 600의 운송서류 관련 조항의 비교

구 분		UCP 500	UCP 600
복합운송서류	발행일	운송인, 선장, 복합운송인 또는 그들의 대리인 선장의 대리인이 발행할 경우 선장의 명의 표기	복합운송인 삭제 선장의 대리인이 발행할 경우 선장의 명의 불표시
	선적일	발송, 인수 또는 본선적재일	별도의 본선적재 표기일자가 있으면 본선적재 표기일자
	돛에 의한 운항	운송선박이 돛에 의해서만 운항된다는 표시를 포함하고 있지 않는 서류 수리	삭제
	환적의 정의	없음	운송수단의 변경에 관계없이 한 운송수단에서 다른 운송수단으로 양륙 및 재적재
선하증권	발행인	선장의 대리인이 발행할 경우 선장의 명의 표기	불표기
	선적선하증권의 발행일	선하증권의 발행일	발행일이지만 발행일과 본선적재 표기일자가 있으면 본선적재 표기일자
	돛에 의한 운항	운송선박이 돛에 의해서만 운항된다는 표시를 포함하고 있지 않는 서류 수리	삭제
용선계약 선하증권	발행인	선장, 선주 또는 그들의 대리인 선장의 대리인이 발행할 경우 선장의 명의 표기	용선자 및 그의 대리인 추가 선장의 대리인이 발행할 경우 선장의 명의 불표시
	선적일자	선하증권 발행일	발행일이지만 발행일과 본선적재 표기일자가 있으면 본선적재 표기일자
	돛에 의한 운항	운송선박이 돛에 의해서만 운항된다는 표시를 포함하고 있지 않는 서류 수리	삭제

(2) 운송인 명의 표기와 해석

수출상이 수입상에게 수출화물을 직접 인도할 수 없기 때문에 수출상이 해상운송인과 해상운송계약을 체결하고 해상운송인이 발행한 선하증권을 수출상이 수입상에게 인도하면 수출화물의 소유권이 송하인에서 수입상으로 이전된 것으로 간주한다. 수입상이 해상운송인이 발행한 선하증권을 안심하고 인수하는 것은 수입상을 대신하여 해상운송인이 수출상이 제시한 수출화물의 내용과 수량 등을 수출상이 제공한 선적요청서의 기재내용과 일치하는지 확인하였기 때문이다. 따라서 수입상은 해상운송인이 수출상으로부터 받는 수출화물을 검사하여, 수출화불이 선적요청서의 기재내용과 일치한다고 확인한 다음에 선하증권을 발행하였기 때문에 수입항에 도착한 수출화물에 하자가 발생하였다면 해상운송인은 수입상에게 손해를 배상할 책임을 부담해야 한다.[12)]

따라서 **운송인**은 수입상에게 있어서 매우 중요하다. 선박회사가 선하증권을 발행하지만 제3자가 발행할 수도 있어서 선하증권에 운송인을 정확히 표기하도록 하여 수입상의 이익을 보호하려고 하였다. 운송인이 누구인가 관련하여 제정규칙에서부터 UCP 600에 이르기까지 명확하게 명시하지 않았다. UCP가 개정될 때마다 운송인이 누구를 의미하는지 명확히 하여야 된다는 주장이 제기되었지만[13)] UCP 600의 개정내용은 이러한 주장을 반영하지 못하여 운송인이 누가 될 수 있는지에 대한 명쾌한 해답을 제시하지 못하였다.

12) 이제현, "선하증권의 부지문언이 송하인, 수하인, 운송인에게 미치는 영향에 관한 연구", 「해운물류연구」 제46호, 한국해운물류학회, 2005. 9. p.85.

13) 운송인이라 함은 육상, 철도, 항공, 해상 또는 복합방식의 운송계약을 체결하는 자 또는 명의인을 뜻한다고 4차 개정과정에서 주장하였다. I.C.C. Publication No 411, Documentary Credits 1974 Rules and 1983 Rules (compared and explained), p.46; 5차 개정과정에서 본조의 목적상 운송인은 수하인이나 실제 운송에 참여하거나 약정하는 어느 당사자의 대리인이 아닌 본인으로써 운송계약을 직접 또는 대리인을 통하여 체결하고 운송이행에 관한 책임을 지는 자로 표기할 것을 주장하였다. Document No. 470-37/5 (1991. 6. 26).

선주가 운송인에 포함될 수 없다고 주장하면 우리나라 상법 제813조 및 제814조에 반하게 된다. 인코텀즈 2000[14]과 헤이그규칙,[15] 선하증권의 규칙에 따르면[16] 해상운송의 경우에는 선주(owner)와 용선자(charterer)가 운송인에 포함되는 것으로 해석된다. 함부르그규칙은[17] 운송인을 운송인과 실질운송인으로 구분하여 정의하였다.

복합운송인도 운송서류를 발행할 수 있는가에 관련하여 UCP 500 제30조에서 복합운송인이 운송인의 대리인으로 지정되면 복합운송인도 운송서류를 발행할 수 있다고 규정하였으나 UCP 600에서는 본 조항을 삭제하고 UCP 600 제14조 I항에 복합운송인도 운송서류를 발행할 수 있는 근거를 두었다.[18]

운송인이 누구인지는 I.C.C.의 견해를 토대로 도출하고자 한다. 제5차 개정과정에서 I.C.C.는 운송인은 자신의 명의로 운송계약을 체결하고, 실제 운송을 하는 당사자와 수하인의 대리인이 아닌 자, 운송계약에 따라 책임을 부담하고 운송과정에서 화물의 손상이나 파손에 대하여 책임을 부담하는 자라고 보았다. 따라서 UCP 600의 운송인은 송화인과 운송계약을 체결한 당사자로서 운송과정에서 발생한 화물의 손상이나 멸실에 대해서 최종적으로 책임을 부담하는 자로 해석할 수 있다.

지정은행과 확인은행 및 개설은행은 운송서류에 기재된 운송인이 누구인지 실제 발행자격이 있는지 확인할 의무는 없다. UCP 600 제14조에서 지정

14) "Carrier means any person who, in a contract of carriage, undertakes to perform or to procure the performance of carriage by rail, road, sea, inland waterway or by a combination of such modes."

15) 헤이그규칙 제1조 (a)항.

16) International Convention for the Unification of Certain Rules Relating to Bills of Lading 제1조 (a)항.

17) 함부르그규칙 제1조 1항.

18) I. A transport document may be issued by a party other than the owner of a vessel or other means of transport provided that the transport document meets the requirements of articles 19, 20, 21, 23 or 24 of these rules.

은행, 확인은행, 개설은행은 서류를 기준으로 제시된 서류가 문면상(on their face) 신용장의 제조건과 일치되는지를 심사하여야 한다고 규정하였다. 문면상은 운송서류에 운송인의 명의가 기재되었는지를 확인하면 되는 것이지 운송서류발행자의 자격을 확인하는 것은 아니라고 해석하여야 한다.[19]

신용장이 선박회사가 발행한 선하증권을 요구하면 은행은 선박회사가 선하증권을 실제로 발행했는지 확인하여야 되는지의 질의에서 I.C.C.는 선하증권이 허위로 발행되었다는 증거가 있는 경우를 제외하고는 은행은 선하증권에 운송인의 명의로 선박회사가 기재되었는지를 심사하는 것이지 실제 선박회사가 선하증권을 발행했는지 심사할 권한이 없다고 해석하였다.[20] 따라서 은행은 서류가 허위로 발행되었다는 증거가 없는 한 운송서류에 운송인의 명의가 표기되었는지를 심사하고 운송인의 자격을 확인할 의무는 없다고 해석하여야 한다.

(3) 서명에 관한 해석

운송인은 운송서류를 발행할 때 자기가 운송서류를 정당하게 발행했다는 것을 증명하기 위하여 운송서류에 서명을 한다. 우리나라 사업 814조에 보면 선하증권을 발행하는 운송인은 선하증권에 기명날인 또는 서명을 하여야 한다고 규정하였다. 서명은 세계 각 지역의 상관습에 따라 다양한 방식으로 이루어지고 있다. UCP 600 제3조에서 서류는 수기, 팩시밀리서명, 천공서명, 스탬프, 상징 또는 그 밖의 기계적 또는 전자적 인증방법에 의하여 서명될 수 있다고 규정하여 서명방법을 포괄적으로 인정하려고 하였다. 은행은 운송서류에 나타난 서명에 관하여 당사자가 정확하게 서명했는지를 확인하는 것이 아니라 요구한 서명이 운송서류에 있는지를 확인을 하는 것으로 동 규정

19) 최정호, 이제현, 『무역결제론』, 박영사, 2006. p.139.

20) I.C.C. Publication No. 469, Opinions of The ICC Banking Commission(1987-1988), R.161, p.56.

을 해석하면 된다. 서명의 형식에는 제한이 없으며 각 국가나 지역의 관습에 따라 이루어진다고 해석할 수 있으며, 서명의 타당성과 적법성에 대해서 은행은 심사할 필요가 없으며, 문면상 서명이 운송서류에 있는지만 심사하면 된다.[21] UCP 600의 서명규정은 헤이그규칙, 함부르그규칙과 상충되는 내용을 시정하지 못하였다는 문제점을 안고 있다.[22]

2) 선적일자와 본선적재부기 표시의 해석

(1) 본선적재부기에 관한 UCP 600의 해석

화물이 지정된 선박의 본선에 선적되었다는 것이 선하증권에 표기되어 있어야 한다. 운송서류를 심사하는 은행은 화물이 지정된 선박의 본선에 선적되었는지를 제시된 운송서류를 근거로 판단한다. 은행은 화물이 지정된 선박의 본선에 선적되었는지를 운송서류에 나타난 선적일자와 본선적재부기 표시를 근거로 판단하여 운송서류의 수리 여부를 결정할 수밖에 없다. 운송인이 화물을 지정된 선박의 본선에 적재한 후에 그 자리에서 선하증권을 발행하면 본선적재부기는 필요 없다. 그러나 화물이 선적되는 장소와 운송서류가 발행되는 장소가 다르고, 화물의 인수지와 선적지가 다르기 때문에 운송서류에 본선적재부기를 하여 운송서류를 발행하여 왔다.

본선적재부기의 표시에 관한 UCP 600의 규정은 4가지로 해석할 수 있다. 첫째, 선하증권에 선박명과 관련하여 "예정된 선박(intended vessel)"이나 이와 유사한 표현의 문구가 없는 경우에 본선적재부기는 본선적재일자만 포함

21) 서백현, "신용장통일규칙 운송서류조항의 변화에 관한 비판적 고찰 - 제5차 개정 신용장통일규칙을 중심으로 -", 서강대학교 대학원 박사학위 논문, 1996. p.130.

22) 발행인의 서명규정에 관하여 헤이그규칙은 규정이 없고, 함부르그규칙은 운송인 또는 운송인을 대신하여 행동하는 자의 서명으로 규정하였고, 서명형식에 관하여 헤이그 규칙은 규정이 없고, 함부르그규칙은 육필, 팩시밀리로 프린트 된 것, 천공, 스탬프, 기호 또는 기타 기계적, 전자적 수단으로 명시되어 있다.

하고, 둘째, 선하증권에 선박명과 관련하여 "예정된 선박(intended vessel)"이나 이와 유사한 표현의 문구가 있는 경우에 본선적재부기는 화물이 선적된 일자와 적재된 선박명을 포함하여야 한다. 셋째, 선하증권에 신용장에 명시된 선적항이 표기되어 있지 않고, 선하증권이 선적항과 관련하여 예정된 또는 이와 유사한 문구가 있는 경우에 본선적재부기는 신용장에 명시된 선적항, 선적일자, 선박명을 포함하고 있어야 한다. 넷째, 화물이 지정된 선박의 본선에 적재되었음이 사전 인쇄된 문언에 의해 표시되어 있을 경우에도 본선적재부기가 있어야 한다고 해석하여야 한다.

(2) 선적선하증권과 수취식선하증권의 선적일자와 본선적재표시의 해석

운송서류는 선적사실을 나타내는 문구가 미리 인쇄된 양식과 수취사실을 나타내는 문구가 인쇄된 양식으로 발행되며 전자의 경우는 선하증권 발행일자를 선적일자로 간주하고 후자의 경우에는 실제로 본선에 적재되었음을 나타내는 본선적재 부기일자가 선하증권에 명시되어야 하고 이런 경우 본선적재 부기일자를 선적일자로 간주한다.

운송인이 수출상으로부터 운송화물을 인수하고 화물이 지정된 선박의 본선에 적재된 후에 선하증권을 발행하여야 하는 것이 원칙이지만 운송관례상 운송인은 인수한 화물이 지정된 선박의 본선에 선적되기 전에 화물이 지정된 선박의 본선에 선적되었다는 문구가 미리 인쇄된 양식을 이용하여 선하증권을 발행하여 왔다.[23] 사전에 선적사실을 나타내는 문구가 인쇄된 선적선하증권의 양식으로 서명하여 발행하면 그 발행일이 곧 선적일자로 간주된다.

따라서 **선적선하증권**에는 선하권의 발행일 이외에 본선에 선적되었음을 나타내는 본선적재 부기일자를 표기할 필요가 없다. 그럼에도 불구하고 선적선하증권에 선하증권의 발행일과 다른 본선적재 부기일자가 동시에

23) 서백현, "제6차 신용장통일규칙 항구간 운송선하증권조항의 해석", 「관세학회지」 제7권 제4호, 한국관세학회, 2006. p.136.

기재되어 있다면 은행은 어떤 일자를 기준으로 선적일자를 결정하여야 되는지를 판단하여야 하는 어려움에 직면하게 된다.

이 문제에 관하여 I.C.C.는 신용장이 선하증권에 본선적재부기를 표기하도록 요구한 경우에 본선적재 부기일이 선적일이 되고 그 이외의 경우에는 선하증권 발행일이 선적일이 되며, 본선적재 부기일보다 늦은 경우에는 본선적재 부기일이 선적일이 된다고 보았다.[24)]

우리나라 법원은 국제상업회의소의 의견을 반영하여 선적일자는 본선적재부기일자가 된다고 판결하였다.[25)] 은행은 선적선하증권의 경우에 선적선하증권의 발행일을 선적일로 간주하고 선적선하증권에 선적선하증권의 발행일과 본선적재부기일이 동시에 기재되어 있으면 본석적재부기일을 선적일로 해석하고 수취선하증권의 경우에는 본선적재부기일을 선적일로 해석한다.

(3) 예정된 선박의 해석

선적선하증권에 선박과 관련하여 "예정된 선박(intended vessel)"이라는 문구가 표시되어서는 안 된다. 선적선하증권이 수리되기 위해서는 선하증권

24) In the light of this clarification, we would confirm that a bill of lading which in its pre-printed form uses the words "or substitute vessel" is not to be considered as a qualification similar to "intended vessel", in the context so sub-Article 23(a)(ii). This Opinion replaces that given in Document 470. TA.18 and Opinion No. R.283 appearing ICC Publication No.596.

25) 서울고법, 2001. 1. 30, 선고 99나 6845 : 위 신용장통일규칙 제 23조 a. ii. 전단에 정하여진 선적선하증권(물품이 지정선박에의 본선적재 또는 선적되어 있다는 취지의 미리 인쇄된 문언이 있는 경우)의 경우 발행일을 본선적재일 및 선적일로 간주한다는 것은 선하증권상에 따로 본선적재일 및 선적일을 기재하지 않는 것을 전제로 선하증권의 발행일을 해당 물품의 선적일로 간주한다는 취지이고, 나아가 선하증권상에 따로 선적일을 부기하는 것을 금하는 취지라고 볼 것은 아니다. 따라서 선적선하증권의 경우 선적선하증권상에 해당 증권의 발행일 외에 따로 본선적재일 또는 선적일이 기재되어 있을 경우 이와 같이 부기된 일자를 물품의 선적일로 보아야 할 것이고, 발행일과 본선적재일이 각기 다른 날짜로 기재되어 있다고 하여도 본선적재일이 두 개인 모순이 발생하는 것은 아니라 할 것이다.

에 화물이 기재된 선박의 본선에 실제로 선적되었다는 것이 어떤 형식으로 든지 선적선하증권에 표기되어 입증되어야 한다.

선박과 관련하여 선적선하증권에 표기된 예정된 선박이라는 문구는 화물이 선하증권에 기재된 선박에 실제로 선적되었다는 증거로 불충분하다고 해석하기 때문에 선적선하증권에 선박과 관련하여 예정된 선박이라는 문구를 표기하여서는 안 된다. 그러나 수취식선하증권과 복합운송서류에 선박과 관련하여 예정된 선박이라는 문구가 표시되어 발행될 수 있다. 운송인이 수출상으로부터 화물을 인수할 때 화물이 선적될 선박이 결정되지 않았기 때문에 운송인은 선박과 관련하여 예정된 선박이라는 문구가 기재된 선하증권을 발행하여 왔다. 수취식선하증권과 복합운송서류가 수리되기 위해서는 실제로 선적된 선박명과 선적일이 기재된 부기가 운송서류에 표기되어야 한다.

(4) 신용장에 명시된 선적항과 다른 선적항이 선하증권에 표시된 경우의 해석

운송업계에서는 선적선하증권과 수취식선하증권을 명확히 구분하여 사용하기보다는 혼합하여 사용하기 때문에 은행은 제시된 운송서류가 선적선하증권인지 아니면 수취식선하증권인지를 판단할 수 없다. **선적선하증권**은 화물이 신용장에 명시된 선적항에서 지정된 선박의 본선에 선적이 이미 이루어졌다는 것을 의미하기 때문에 은행은 신용장에 명시된 선적항이 선하증권에 표기되어 있어야만 수리할 수 있다. 따라서 제시된 선하증권에 신용장에 명시된 선적항과 다른 선적항이 표기되어 있으면 이 운송서류는 하자이고 이 운송서류가 수리되기 위해서는 신용장에 명시된 선적항과 선적일자, 선박명이 별도의 표기로 선하증권에 기재되어 있어야 한다.

선적선하증권의 선적항은 신용장에 명시된 선적항이 되어야 하며, 선적항의 표기는 미리 인쇄된 문언으로 할 수 있고, 선적항이 미리 인쇄된 선하증권을 발행하였지만 나중에 선적항이 다른 경우에는 별도의 표기로 선적항을 기재할 수 있다고 해석하여 운송업계의 관행을 수용하였다. 이러한 경우에

본선적재부기 표시는 신용장에 명시된 선적항뿐만 아니라 선적일자와 선박명이 함께 포함하고 있어야 수리 가능한 서류로 간주한다. 은행은 선적선하증권에 표시된 선적항이 신용장에 명시된 선적항과 다르게 인쇄되어 있더라도 선하증권에 신용장에 명시된 선적항과 선적일자 및 선박명이 표기되어 있으면 수익자의 선적의무가 이행된 것으로 해석하여 수리한다는 것이다.

(5) 선적항과 관련하여 예정된 및 이와 유사한 문구의 해석

수취식선하증권은 운송인이 화물을 인수하는 시점에서 발행되기 때문에 수취식선하증권에 기재된 인수지와 신용장에 명시된 선적항과 다르다. 화물의 선적이 인수지에서 이루어질 수도 있고 신용장에 명시된 선적항에서 이루어질 수 있기 때문에 선하증권에 선적항과 관련하여 예정된 또는 이와 유사한 문구를 기재하여 선하증권을 발행하여 왔다. 따라서 이러한 문구가 기재된 수취식선하증권이 수리되기 위해서는 본선적재부기표시가 선하증권에 별도로 있어야 하고 본선적재부기표시에 신용장에 명시된 선적항과 선적일자 및 선박명이 포함되어 있어야 한다.

3) 환적의 해석

선하증권에서 **환적**은 신용장에 명시된 선적항에서 하역항까지 해상운송도중에서 화물이 선적된 선박에서 다른 선박으로 다시 선적하는 것을 의미하고, 이와 같이 화물이 환적되면 화물의 분실과 파손의 위험이 증가하고 추가비용이 발생하기 때문에 수입상은 환적을 못하도록 신용장에 환적을 금지하는 문언을 기재하게 된다. 수입상이 환적을 금지한다는 문언을 신용장에 기재하지 않으면 환적을 허용하는 것으로 해석하며, 신용장에 환적을 금지한다는 내용이 기재되어 있더라도 화물이 컨테이너, 트레일러, LASH선 등에 적재되고, 전 해상운송구간이 하나의 동일한 선하증권으로 커버되는 경우에는

수리하는 것으로 해석한다.

은행은 선박건조기술과 항만시설이 낙후된 시점에서 환적의 의미와 첨단 기술로 만들어진 선박과 항만시설 및 선적과 하역장비가 현대화된 시점에서 환적의 의미를 다르게 해석하고 있다.

UCP 600에서 도입한 복합운송서류의 환적은 신용장에 명시된 발송, 인수 또는 선적장소에서 최종목적지까지 다른 운송수단으로 화물을 양하 및 재적재하는 것을 의미한다고 규정하여 해상운송의 환적과 다르게 정의하였다. 복합운송에서 환적을 몇 번 할 수 있는가에 관련하여 아무런 언급이 없지만 여러 번 할 수 있다고 해석하여야 한다. 복합운송은 화물이 한 운송수단에서 다른 운송수단으로 여러 번 양하 및 재 적재되어 운송되는 것을 의미하기 때문이다.[26]

4) 전통(full set)의 해석

운송서류의 원본은 1통이 될 수도 있고 몇 통이 될 수도 있다. 운송서류에 운송서류가 발행된 통수를 반드시 기재하여야 하고, 운송서류에 기재된 원본이 모두 은행에 제시되어야 하며, 운송서류에 기재된 원본이 모두 은행에 제시되지 않으면 은행은 운송서류의 수리를 거절하여야 한다. 은행은 운송서류에 기재된 원본이 제시되었는지 반드시 확인하여 운송서류에 기재된 원본이 모두 제시되지 않으면 운송서류의 수리를 거절하여야 한다고 해석한다.

26) 임석민, 『국제운송론』, 삼영사, 2003. p.503.

해설

a. 복합운송서류의 내용

i. 복합운송서류의 발행자 및 서명

운송인의 명의를 표시하고 운송인 또는 운송인을 대행하거나 그를 대표하는 지명된 대리인, 선장 또는 선장을 대행하거나 그를 대표하는 지명된 대리인만이 복합운송서류를 발행할 수 있다고 규정하였다. UCP 500에서 복합운송인을 복합운송서류의 발행자로 포함시켰지만 UCP 600에서는 제외시켰다. UCP 600에서 복합운송인을 복합운송서류의 발행인에서 제외시킨 것은 UCP 500 제30조항이 UCP 600에서 삭제되었기 때문에 복합운송인에 관련하여 통일된 기준이 필요했고, 복합운송인도 운송인과 선장의 대리인으로 되어 있으면 복합운송서류를 발행할 수 있었기 때문에 복합운송서류의 발행인에 관련된 해석을 명확히 하고자 한 것이다. 운송인, 선장, 대리인의 모든 서명은 운송인, 선장, 대리인의 서명이라는 확인이 있어야 하고 대리인에 의한 모든 서명은 대리인이 운송인과 선장을 대신하여 서명했다는 것을 나타내고 있어야 한다고 규정하였다.

UCP 600은 UCP 500에 있는 기타 인증(otherwise authentication)이라는 문구를 삭제하였다. 복합운송서류가 발행인에 의해서 정당하게 발행되었는지는 복합운송서류에 나타난 서명으로도 가능하고 기타의 인증방법은 불필요하기 때문에 6차 개정에서 삭제한 것이다. UCP 500에 있는 문면상(on its face)이라는 문구가 UCP 600에서 삭제되었다. UCP 500에 있는 지체없이(without delay), 문면상, 합리적인 주의(reasonable care), 합리적인 시간(reasonable time)과 같은 추상적인 문구를 삭제하거나 명확하게 수정되어야 된다는 주장이 끊임없이 제기되었다.[27] 이와 같은 주장을 6차 개정에서 반영하여 문면상이라는 문구를 삭제하였다.

27) Pradeep Taneja, "UCP 600 : A document restoring the credibility of L/Cs", pradeep-taneja@yahoo.co.in

ii. 선적일자

복합운송서류는 화물이 적송, 인수 또는 본선에 적재되었음을 나타내어야 한다. 복합운송서류에 화물이 적송, 인수 또는 본선에 적재된 것을 사전에 인쇄된 문언으로 표시하여 발행할 수 있으며 이런 경우에 화물이 적송, 인수 또는 본선에 적재된 일자를 선적일로 간주한다.

복합운송서류에 화물이 적송, 인수 또는 본선적재되었음을 나타내는 일자를 스탬프나 부기로 나타내어 발행할 수 있고 이런 경우 복합운송서류에 적송, 인수 또는 본선적재를 스탬프나 표기로 나타낸 일자를 선적일로 간주한다. 화물이 적송, 인수 또는 본선에 적재된 것을 사전에 인쇄된 문언으로 표시하여 발행된 복합운송서류에 화물이 적송, 인수 또는 본선적재된 일자가 스탬프나 부기로 표기되어 있을 경우 선적일자는 복합운송서류의 발행일이 아니라 화물이 적송, 인수 또는 본선적재되었음을 스탬프나 부기로 나타낸 일자가 선적일자로 간주한다는 것을 명시하여 두 일자가 복합운송서류에 표기됨으로써 발생될 수 있는 분쟁을 제거하려고 하였다.

iii. 적송, 인수 또는 선적 장소와 목적지 장소 표기

복합운송서류에는 일반적으로 화물의 인수지(place of receipt), 선적지(place of loading), 하역지(port of discharge), 인도장소(place of delivery)를 기재하는 난이 있다. 인수지와 선적지가 다르고 하역지와 최종목적지가 다른 복합운송서류가 사용됨에 따라 이에 관한 수리기준이 필요하게 되었다.

UCP 600은 운송서류에 신용장에 명시된 장소와는 별도로 적송, 인수, 또는 선적장소, 다른 최종목적지가 표시되어 있거나 선박, 선적항, 양륙항과 관련하여 "예정된" 또는 유사한 제한조건이 표시되어 있다 하더라도 신용장에 명시된 적송, 인수, 또는 선적장소와 최종목적지 장소를 표시하고 있으면 수리한다고 규정하였다.

iv, v, vi. 원본과 운송조건

은행은 운송서류의 발행 통수를 엄격히 심사하여야 한다. 운송서류의 원본은 몇 통이고 은행은 제시된 운송서류가 원본인지를 어떻게 판단하여야 되는지 판단기준이 필요하게 되었다. 제4차에서 "consists of the full set original issued to the consignor if issued in more than one original"로 조항을 변경하였으나 이 조항은 원본이 두 통 이상으로 발행될 경우에만 적용되고 원본이 한 통으로 발행된 경우에는 적용되지 않는다고 해석할 수 있어서 제5차 규칙에서는 "consists of a sole original bill of lading or, if issued in more than one original"로 변경하여 원본이 한 통으로 발행되어도 본 조항을 적용할 수 있다는 것을 명확히 하였다.

운송서류의 원본은 한 통이며, 두 통 이상으로 발행된 경우에는 운송서류에 표기된 대로 전통이 되고, 운송조건을 포함하고 있거나(약식)양식/백지(위임된 운송서류) 운송조건을 포함하고 있는 다른 자료를 참조하도록 된 서류의 경우 운송조건의 내용은 검토하지 않고, 용선계약에 따른다는 표시를 포함하고 있지 않는 서류는 수리한다.

b, c. 환적

복합운송에서 환적이 빈번하게 이루어지고 있지만 환적을 명확하게 정의하지 않아서 은행은 복합운송에 기재된 환적금지와 환적의 이면약관을 어떻게 해석하여야 되는지 큰 부담을 안고 있었다. 해상운송과 복합운송이 근본적으로 다르기 때문에 복합운송에서의 환적을 명확하게 정의할 필요성이 대두되었다.

UCP 600에서는 이러한 상황을 반영하여 복합운송조항에 환적은 신용에 명시된 적송, 인수 또는 선적장소에서 최종목적지까지 운송하는 도중(다른 운송방법이 개입되든지 않든지에 관계없이) 한 운송수단에서 다른 운송수단으로 화물을 양하 및 재 적재하는 것을 의미한다고 규정하여 복합운송에서 환적의 정의를 명확히 하였다.[28] 신용장이 비록 환적을 금지하고 있을지라도 은행은 전 운송이 하나의 동일한 운송서류에 의해 커버되어 있으면 환적될 것을 나타내는 운송서류를 수리한다.

28) Frank Reynolds, "A trader's view", Documentary Credit Insight 12-4, 2006. pp.11~13.

Article 20
Bill of Lading

a. A bill of lading, however named, must appear to :

i. Indicate the name of the carrier and be signed by :

- the carrier or a named agent for or on behalf of the carrier, or
- the master or a named agent for or on behalf of the master.

Any signature by the carrier, master or agent must be identified as that of the carrier, master or agent.

Any signature by an agent must indicate whether the agent has signed for or on behalf of the carrier or for or on behalf of the master.

ii. Indicate that the goods have been shipped on board a named vessel by :

- pre-printed wording, or
- an on board natation indicating the date on which the goods have been shipped on board.

The date of issuance of the bill of lading will be deemed to be the date of shipment unless the bill of lading contains an on board notation indicating the date of shipment, in which cast the date stated in the on board notation will be deemed to be the date of shipment.

If the bill of lading contains the indication "intended vessel" or similar qualification on relation to the name of the vessel, an on board notation indicating the date of shipment and the name of the actual vessel is required.

iii. indicate shipment from the port of loading to the port of discharge stipulated in the credit.

If the bill of lading does not indicate the port of loading stipulated in the credit as the port of loading, or if it contains the indication "intended" or similar qualification in relation to the port of loading, an on board notation indicating the port of loading as stipulated in the credit, the date of shipment and the name of the vessel is required. This provision also applies even if loading on board or shipment on a named vessel is indicated by pre-printed wording on the bill of lading.

iv. *be the sole original bill of lading or, if issued in more than one original, be the full set as indicated on the bill of lading.*

v. *contain terms and conditions of carriage or make reference to another source containing the terms and conditions of carriage (short form or blank back bill of lading). Contents of terms and conditions of carriage will not be examined.*

vi. *Contain no indication that it is subject to a charter party.*

b. *For the purpose of this article, transhipment means unloading from one vessel and reloading to another vessel during the carriage from the port of loading to the port of discharge stipulated in the credit.*

c. *A bank will accept a bill of lading which states that the goods will be transhipped provided :*

i. *the entire carriage from the port of loading to the port of discharge stipulated in the credit is covered by on e and the same bill of lading; and*

ii. *the credit does not prohibit transhipment(unless the goods are shipped in a container, trailer or LASH barge as evidenced by the bill of lading)*

d. *Clauses in a bill of lading stating that the carrier reserves the right to transship will be disregarded.*

[제 20 조 선하증권]

a. 선하증권은 명칭에 상관없이 다음과 같은 내용을 표시하여야 한다.

i. 운송인의 명의를 표시하고, 다음과 같은 자에 의해서 서명된 것으로 표시된 선적서류

- 운송인 또는 운송인을 대행하거나 그를 대표하는 지명된 대리인 또는 선장 또는 선장을 대행하거나 그를 대표하는 지명된 대리인.
- 운송인, 선장 또는 대리인에 의한 모든 서명은 운송인, 선장 또는 대리인의 서명이라는 확인이 있어야 한다.
- 대리인에 의한 모든 서명은 대리인이 운송인과 선장을 대신하여 서명했다는 것을 나타내고 있어야 한다.

ii. 화물은 지정된 선박 본선에 적재되어 있음을 나타내는 선적서류.

- 사전 인쇄된 문언.
- 화물이 본선에 적재되었다는 일자를 나타내는 본선적재 표기.

선하증권의 발행일자는 선하증권이 선적일자를 나타내는 본선적재 표기를 기재하고 있지 않으면 선적일자로 간주되며 본선적재 표기일자가 있는 경우에 본선적재 표기일자를 선적일자로 간주한다.

선하증권이 선박명과 관련하여 “예정된 선박” 또는 이와 유사한 제한 조건을 포함하고 있을 경우에는 선적일자를 나타내는 본선적재 표기와 실제 화물을 선적한 선박명이 표시되어 있어야 한다.

iii. 선적이 신용장에서 명시된 선적항에서 양륙항까지 이루어지도록 표기된 선적서류.

선하증권이 신용장에 명시된 선적항을 선적항으로 표시하고 있지 않을 경우 또는 선하증권이 선적항과 관련하여 "예정된" 또는 이와 유사한 제한 조건을 포함하고 있는 경우 신용장에 명시된 대로 선적항과 선적일자, 선박명을 나타내고 있는 본선적재 표기가 있어야 한다. 이 규정은 본선적재와 지명된 선박의 적재가 선하증권에 사전 인쇄된 문언에 의해 표시되어 있을 경우에도 적용된다.

iv. 선하증권의 원본은 한 통이며, 두 통 이상의 원본이 발행된 경우 선하증권에 표기된 대로 전통(傳統)이 된다.

v. 운송조건을 포함하고 있는(약식(略式), 양식, 백지(白紙), 위임된 선하증권) 운송조건을 포함하고 있는 다른 자료를 참조하도록 된 선적서류의 운송조건의 내용을 검토하지 않는다.

vi. 용선계약에 따른다는 표시를 포함하고 있지 않는 선적서류.

b. 본 조항의 목적상 환적이라 함은 신용장에 명시된 선적항에서 양륙항까지 운송하는 도중에 한 선박에서 다른 선박으로 화물을 양하 및 재 적재하는 것을 의미한다.

c. 은행은 다음의 경우에 화물이 환적될 것이라고 기술한 선하증권을 수리한다.

i. 신용장에 명시된 선적항에서 양륙항까지의 전 해양운송은 하나의 동일한 선하증권에 의해서 커버되어 있는 경우.

ii. 신용장은(선하증권에 당해 화물이 컨테이너, 트레일러, 바지선에 선적된다고 되어 있지 않는 한) 환적을 금지하지 않는다.

d. 선하증권에 운송인은 환적할 권리를 유보한다고 기술되어 있는 조항은 무시한다.

해 설

a. 선하증권의 내용

i. 선하증권의 발행자 및 서명

UCP 500 제23조 해양선하증권에 있는 "covering a port-to-port shipment"가 UCP 600에서는 "indicate shipment from the port of loading to the port of discharge stipulated in the credit"으로 변경되었다. 선하증권은 운송인의 명의를 표시하고, 운송인 또는 운송인을 대행하거나 그를 대표하는 지명된 대리인 또는 선장 또는 선장을 대행하거나 그를 대표하는 지명된 대리인이 서명하여야 한다고 규정하였다. UCP 500에서 선장의 대리인이 운송서류에 서명할 때는 선장의 명칭과 자격을 운송서류에 표시할 것을 요구하였으나 UCP 600에서는 본 문구를 삭제하고 운송인의 대리인인지 또는 선장의 대리인인지를 표시하는 것으로 변경하였다.

이것은 해운회사의 요구를 수용한 것이다. 해운회사는 필요할 때 마다 인력을 아웃소싱하기 때문에 선박이 출항하기 전에는 선장의 이름을 알지 못하는 경우가 일반적이다. 해운회사는 인건비 절감을 통하여 치열한 경쟁에서 살아남으려고 선장을 아웃소싱하여 선박을 운영하고 있다. 초안을 작성하는 과정에서 선장의 명칭을 꼭 운송서류에 기재하여야 한다는 주장도 있었으나[29] 해운회사의 요구를 수용하는 것으로 결론지었다.[30]

UCP 600은 운송인, 선장 또는 대리인에 의한 모든 서명은 운송인, 선장 또는 대리인의 서명이라는 확인이 있어야 하고, 대리인에 의한 모든 서명은 대리인이 운송인과 선장을 대신하여 서명했다는 것을 나타내고 있어

29) Heinz Herl, "Addresses, Agent and Transport Docoment", Documentary Credit Insight 12-1, 2006. p.8.

30) T.O. Lee, "A call for consistency with transport convention", Documentary Credit Insight 12-3, 2006. pp.15~16.

야 한다고 규정하였다. UCP 500이 적용되기 이전에 은행은 일반적으로 UCP의 규정에 관계없이 상법의 규정에 따라 서명·날인된 운송서류만 수리하여 왔으나 변조나 위조된 운송서류를 이용한 사기사건이 빈번하게 발생하자 UCP 500에서는 서명에 관한 규정을 신설하여 위조 및 변조 운송서류의 사용을 방지하려고 하였다.[31] UCP 600에서는 제3조에 서류는 수기, 팩시밀리서명, 천공서명, 스탬프, 상징 또는 그 밖의 기계적 또는 전자적 인증방법에 의하여 서명될 수 있다는 규정과 중복되기 때문에 UCP 500의 진본확인(otherwise authenticated)이라는 문구와 문면상(on its face)이라는 추상적인 문구를 삭제하였다.

ii. 본선적재 표기일자와 선적일자

운송서류는 선적사실을 나타내는 문구가 미리 인쇄된 양식과 수취사실을 나타내는 문구가 인쇄된 양식으로 발행되며 전자의 경우는 선하증권 발행일자를 선적일자로 간주하고 후자의 경우는 실제로 본선에 적재되었음을 나타내는 본선적재 표기일자가 선하증권에 명시되어야 하고 이런 경우 본선적재 표기일자를 선적일자로 간주한다.

운송인이 수출상으로부터 운송화물을 인수하고 화물이 지정된 선박의 본선에 적재된 후에 선하증권을 발행하여야 하는 것이 원칙이지만 운송관례상 운송인은 인수한 화물이 지정된 선박의 본선에 선적되기 전에 화물이 지정된 선박의 본선에 선적되었다는 문구가 미리 인쇄된 양식을 이용하여 선하증권을 발행하여 왔다.

선적선하증권의 경우 선하증권의 발행일자를 선적일자로 간주한다는 조항은 UCP 500과 같으나 UCP 600에서는 선적선하증권에 선하증권의 발행일자와 다르게 표기된 본선적재 표기일자가 있으면 선적일자는 발행일자가 아니라 본선적재 표기일자가 된다는 조항을 신설하였다. 사전에

31) 박대위, 『신용장』, 법문사, 1996. p.283.

선적사실을 나타내는 문구가 인쇄된 선적선하증권의 양식을 사용하여 서명, 발급하면 그 발급일이 곧 선적일로 간주된다. 따라서 선적선하증권은 본선에 적재되었음을 나타내는 본선적재 표기일자를 표시할 필요가 없다. 그럼에도 불구하고 선적선하증권의 발행일자와 다른 본선적재 표기일자를 기재하여 선적일에 관련된 분쟁이 빈번하게 발생하여 왔다.[32] UCP 600에서 선하증권의 발행일자는 선하증권이 선적일자를 나타내는 본선적재 표기를 기재하고 있지 않으면 선적일자로 간주되며, 본선적재 표기일자가 있는 경우에는 본선적재 표기일자를 선적일자로 간주한다고 규정하여 선적일과 본선적재 표기일자가 함께 기재된 경우에 선적일은 선하증권 발행일이 아니라 본선적재 표기일자가 된다는 것을 명확히 하였다.

iii. 선박명과 선적항 표기

복합운송서류와 선하증권이 혼용되어 사용됨에 따라 선하증권에 선박에 관련하여 "예정된"이란 문구가 기재된 선하증권이 사용되었다. 은행은 제시된 선하증권에 기재된 "예정된 선박"이라는 문구를 어떻게 해석하여 선하증권을 수리하여야 되는지 해석기준이 필요하였다. 선적선하증권의 발행은 화물이 지정된 선박의 본선에 이미 선적되었다는 것을 의미하기 때문에 수익자의 선적의무는 이행된 것으로 본다. 화물의 인수지와 선적항을 다르게 표기하고 있든지 화물의 인수지와 선적항이 동일하게 표기하고 있든지와 상관없이 선적항이 신용장에 명시된 선적항과 동일하면 된다. 선적선하증권에 화물의 인수지와 선적항이 다르게 표기된 경우 I.C.C.는 화물의 인수지에서 선적항으로 사전에 운송된 것으로 해석하고 이것은 은행의 검토대상이 되지 않으며 따라서 은행은 화물의 인수지가 선적항과 다르게 표기되어 있더라도 그 선적선하증권은 수리할 수 있다고 보

32) Chang-Soon Thomas Song, "calls for a practical reading of UCP where a shipped bill of lading has two dates", Documentary Credit Insight 6-4, 2006. p.15.

았다.[33] 따라서 UCP 500 제23조에 있는 "If the bill of lading indicate a place of receipt or taking in charge different from the port of loading stipulated in the credit"가 UCP 600에서는 "If the bill of lading does not indicate the port of loading stipulated in the credit as the port of loading, or if it contains the indication 'intended' or similar qualification in relation to the port of loading"으로 변경되었다.

UCP 600은 선하증권이 선박명과 관련하여 "예정된 선박" 또는 이와 유사한 제한 조건을 포함하고 있을 경우에는 선적일자를 나타내는 본선적재 표기와 실제 화물을 선적한 선박명이 표시되어 있어야 하며, 선적은 신용장에서 명시된 선적항에서 양륙항까지 이루어지도록 표기되어 있어야 한다고 규정하였다. 또한 선하증권이 신용장에 명시된 선적항을 선적항으로 표시하고 있지 않을 경우 또는 선하증권이 선적항과 관련하여 "예정된" 또는 이와 유사한 제한 조건을 포함하고 있는 경우 신용장에 명시된 대로 선적항과 선적일자, 선박명을 나타내고 있는 본선적재 표기가 있어야 한다고 규정하였고, 이 규정은 본선적재와 지명된 선박의 적재가 선하증권에 사전 인쇄된 문언에 의해 표시되어 있을 경우에도 적용된다고 보았다.

국제표준은행관습(International Standard Banking Practice : ISBP)의 80조항을 수용하여 신용장에 명시된 선적항이 선하증권의 선적항 기재란에 표시되어 있지 않은 경우 신용장에 명시된 대로 선적항과 선적일자, 선박명을 나타내고 있는 본선적재 표기가 있는 운송서류는 수리한다는 내용을 신설하였다. UCP 500에 있는 하역항과 관련된 내용은 UCP 600에서 삭제되었다.

33) I.C.C. Pulication No. 459, Case Studies on Documentary Credits(Vol. I), Case No.950.

iv, v, vi. 원본과 운송조건

선하증권의 원본과 관련하여 UCP 600은 선하증권의 원본은 한 통이며, 두 통 이상의 원본이 발행된 경우 선하증권에 표기된 대로 전통(傳統)이 되고, 운송조건을 포함하고 있거나 또는 (약식(略式)양식, 백지(白紙)위임된 선하증권) 운송조건을 포함하고 있는 다른 자료를 참조하도록 된 서류의 경우 운송조건의 내용을 검토하지 않으며, 용선계약에 따른다는 표시를 포함하고 있지 않는 서류는 수리한다고 규정하였다.

b, c. 환적

UCP 600에서 환적은 신용장에 명시된 선적항에서 양륙항까지 운송하는 도중에 한 선박에서 다른 선박으로 화물을 양하 및 재적재를 하는 것을 의미한다고 규정하였다.

신용장에 명시된 선적항에서 양륙항까지의 전 해양운송은 하나의 동일한 선하증권에 의해서 커버되어 있고, 신용장이(선하증권에 당해 화물이 컨테이너, 트레일러, 바지선에 선적된다고 되어 있지 않는 한) 환적을 금지하지 않는다고 표시되어 있으면 은행은 화물이 환적될 것이라고 기술되어 있는 선하증권을 수리한다. 은행은 선하증권에 운송인은 환적할 권리를 유보한다고 기술되어 있는 조항을 무시한다.

Article 21

Non-Negotiable Sea Waybill

a. A non-negotiable sea waybill, however named. must appear to :

i. indicate the name of the carrier and be signed by :

- *the carrier or a named agent for or on behalf of the carrier, or*
- *the master or a named agent for or on behalf of the master*

Any signature by the carrier, master or agent must be identified as that of the carrier, master or agent.

Any signature by an agent must indicate whether the agent has signed for or on behalf of the carrier or for or on behalf of the master.

ii. indicate that the goods have been shipped on board a named vessel by :

- *pre-printed wording, or*
- *an on board notation indicating the date on which the goods have been shipped on board.*

The date of issuance of the non-negotiable sea waybill will be deemed to be the date of shipment unless the non-negotiable sea waybill contains an on board notation indicating the date of shipment, in which case the date stated in the on board notation will be deemed to be the date of shipment.

If the non-negotiable sea waybill contains the indication : "intended vessel" or similar qualification in relation to the name of the vessel, an on board notation indicating the date of shipment and the name of the actual vessel is required.

iii. indicate shipment from the port of loading to the port of discharge stipulated in the credit.

If the non-negotiable sea waybill does not indicate the port of loading stipulated in the credit as the port of loading, or if contains the indication "intended" or similar qualification in relation to the port of loading, an on board notation indicating the port of loading as stipulated in the credit, the date of shipment and the name of the vessel is required. This provision also applies even if loading on board or shipment on a named vessel is indicated by pre-printed wording on the non-negotiable sea waybill.

iv. *be the sole original non-negotiable sea waybill or, if issued in more than one original, be the full set as indicated on the non-negotiable sea waybill.*

v. *contain terms and conditions of carriage or make reference to another source containing the terms and conditions of carriage (short form or blank back non-negotiable sea waybill). Contents of terms and conditions of carriage will not be examined.*

vi. *contain no indication that it is subject to a charter party.*

b. *For the purpose of this article, transhipment means unloading form on vessel and reloading to another vessel during the carriage from the port of loading to the port of discharge stipulated in the credit.*

c. *A bank will accept a non-negotiable sea waybill which stated that the goods will be transhipped provided :*

i. *the entire carriage from the port of loading to the port of discharge stipulated in the credit is covered by one and the same non-negotiable sea way bill ; and*

ii. *the credit does not prohibit transhipment(unless the goods are shipped in a container, trailer of LASH barge as evidenced by the non-negotiable sea waybill).*

d. *Clauses in a non-negotiable sea waybill stating that the carrier reserves the right to tranship will be disregarded.*

[제 21 조 비유통성 해상 운송장]

a. 비유통성 해상 운송장은 그 명칭에 상관없이 다음과 같이 나타내어야 한다.

i. 운송인의 명의를 명시하고 다음과 같은 자에 의해서 서명된 것으로 표시된 선적서류.

· 운송인 또는 운송인을 대행하거나 그를 대표하는 지명된 대리인 또는

· 선장 또는 선장을 대행하거나 그를 대표하는 지명된 대리인.

운송인, 선장, 대리인의 모든 서명은 운송인, 선장, 대리인의 서명이라는 확인이 있어야 한다.

대리인에 의한 모든 서명은 대리인이 운송인과 선장을 대신하여 서명했다는 것을 나타내고 있어야 한다.

ii. 화물은 지정된 선박 본선에 적재되었음을 나타내는 선적서류.

· 사전 인쇄된 문언.

· 화물이 본선에 적재되었다는 일자를 나타내고 있는 본선적재표기.

비유통성 해상운송장의 발행일자는 비유통성 해상운송장이 선적일자를 나타내는 본선적재표기를 나타내고 있지 않으면 선적일자로 간주되며 본선적재표기일자가 있는 경우에는 본선적재표기일자가 선적일자로 간주된다.

비유통성 해상화물운송장은 선박명과 관련하여 "예정된 선박" 또는 이와 유사한 제한 조건을 포함하고 있을 경우에는 선적일자를 나타내는 본선적재표기와 화물이 적재된 선박명이 표시되어 있어야 한다.

iii. 선적이 신용장에서 명시된 선적항에서 양륙항까지 이루어지도록 표기된 선적서류.

비유통성 해상운송장이 신용장에 명시된 선적항을 선적항으로 표기하지 않는 경우 또는 비유통성 해상운송장이 선적항과 관련하여 "예정된" 또는 이와 유사한 제한 조건을 포함하고 있는 경우 신용장에 명시된 대로 선적항과 선적일자, 선박명을 나타내고 있는 본선적재표기가 있어야 한다.

iv. 비유통성 해상운송장 원본은 한 통이며, 두 통 이상의 원본이 발행된 경우 비유통성 해상운송장에 표기된 대로 전통(傳統)이 된다.

v. 운송조건을 포함하고 있거나 또는 (약식(略式), 양식, 백지(白紙), 위임된 비유통성 해상운송장) 운송조건을 포함하고 있는 다른 자료를 참조하도록 된 선적서류 운송조건의 내용은 검토하지 않는다.

vi. 용선계약에 따르는 다는 표시를 포함하고 있지 않는 선적서류.

b. 본 조항의 목적상 환적이라 함은 신용장에 명시된 선적항에서 양륙항까지 운송하는 도중 한 선박에서 다른 선박으로 화물을 양하 및 재 적재를 하는 것을 의미한다.

c. 은행은 다음의 경우에 화물이 환적될 것이라고 기술한 선하증권을 수리한다.

i. 신용장에 명시된 선적항에서 양륙항까지의 전 해양운송은 하나의 동일한 비유통성 해상운송장에 의해서 커버되어 있는 경우.

ii. 신용장은(비유통성 해상운송장에 당해 화물이 컨테이너, 트레일러, 바지선에 선적된다고 되어 있지 않는 한) 환적을 금지하지 않는다.

d. 비유통성 해상운송장에 운송인은 환적 할 권리를 유보한다고 기술되어 있는 조항은 무시한다.

해 설

선하증권은 배서에 의해 소유권이 자유롭게 양도가 되는 유통증권이지만 비유통성해상운송장(non-negotiable sea waybill)은 수하인을 기명식으로만 기재할 수 있기 때문에 배서나 교부에 의해서 수하인에게 권리가 양도될 수 없고 운송인과 송하인 사이에 운송계약이 체결되었음을 나타내는 서류이다. 따라서 수하인이 양륙항에 있는 선박회사 대리점에서 자기의 신분만 입증(proof of identity)하면 상품을 인수할 수 있다. 인코텀즈 2000에서는 해상운송을 전제로 CFR과 CIF 계약에서는 수출상이 화물을 인도했다는 증거로 비유통성 해상화물운송장을 제시하도록 하였다. 본 조항은 운송산업의 발전과 운송량의 증가로 새로운 운송서류가 등장함에 따라 이러한 운송서류를 수용하기 위해서 만들어졌다. 수출상과 수입상은 거래환경에 따라 특별히 유통선하증권보다는 비유통성 해상화물운송장이 필요한 경우에 이용할 수 있도록 하였으며, 내용은 20조 Bill of Lading 대신에 Sea Waybill을 대신한다.

Article 22
Charter Party Bill of Lading

a. A charter party bill of lading, however named, which contains an indication that it is subject to a charter party, must appear to:

i. be signed by:

- *the master or a named agent for or on behalf of the master, or*
- *the owner or a named agent for or on behalf of the owner, or*
- *a charterer or a named agent for or on behalf of a charterer.*

Any signature by the master, owner, charterer or agent must be identified as that of the master, owner, charterer of agent.

Any signature by an agent must indicate whether the agent has signed for or on behalf of the master, owner or charterer.

An agent signing for or an behalf of the owner or a charterer must indicate the name of the owner or a charterer.

ii. indicate that the goods have been shipped on board a named vessel by:

- *pre-printed wording, or*
- *an on board notation indicating the date on which the goods have been shipped on board.*

The date of issuance of the charter party bill of lading will be deemed to be the date of shipment unless the charter party bill of lading contains an on board notation, in which case the date stated in the on board notation will be deemed to be the date of shipment.

iii. *indicate shipment form the port of loading to the port of discharge stipulated in the credit, The port of discharge may also be shown as a range of ports or a geographical area, as stipulated in the credit.*

iv. *be the sole original charter party bill of lading or, if issued in more than one original. be the full set as indicated on the charter party bill of lading.*

b. A bank will not examine cater party contracts even if they are required to be presented by the terms of the credit.

[제 22 조 용선계약 선하증권]

a. 용선계약 선하증권은 그 명칭에 상관없이 용선계약에 따른 다는 표시를 표함하고 있는 경우 다음과 같이 표시하여야 한다.

i. 다음과 같은 당사자에 의해서 서명이 되어야 한다.

- 선장 또는 선장을 대행하거나 그를 대표하는 지명된 대리인 또는
- 선주 또는 선주을 대행하거나 그를 대표하는 지명된 대리인 또는
- 용선자 또는 용선자를 대행하거나 그를 대표하는 지명된 대리인.

선장, 선주 또는 대리인의 모든 서명은 선장, 선주, 용선자 또는 대리인의 서명이라는 확인이 있어야 한다.

대리인에 의한 모든 서명은 대리인이 선장, 선주 또는 용선자를 대표하거나 또는 대행하기 위하여 서명했음을 표시하고 있어야 한다.

선주와 용선자를 대표하거나 또는 대행하기 위하여 서명한 대리인은 선주와 용선자의 명칭을 명시하여야 한다.

ii. 화물은 지정된 선박 본선에 적재되었음을 나타내는 선적서류.

- 사전 인쇄된 문언.
- 화물이 본선에 적재되었다는 일자를 나타내는 본선적재표기.

용선선하증권의 발행일자는 용선선자증권에 본선적재표기가 되어 있지 않는 한 선적일자로 간주한다. 본선적재표기가 되어 있는 경우에는 본선적재표기에 기술된 일자는 선적일자로 간주한다.

iii. 선적이 신용장에 명시된 선적항에서 양륙항까지 이루어지도록 표기되어야 한다. 양륙항은 신용장에 명시된 대로 항구의 범위 또는 지리적 지역으로 표시될 수 있다.

iv. 용선선하증권 원본은 한 통이며, 두 통 이상의 원본이 발행된 경우 용선선하증권에 표시된 대로 전통(傳統)이 된다.

b. 은행은 용선계약서가 신용장의 조건으로 제시하도록 요구하고 있다 하더라도 용선계약서를 검토하지 않는다.

해설

a. 용선계약 선하증권

i. 서명

UCP 500에서는 용선계약 선하증권을 발행할 수 있는 자를 선장과 선주 및 그들의 대리인으로 하였으나 UCP 600에서는 용선자와 그 대리인도 용선계약 선하증권을 발행할 수 있도록 추가하였다.

용선자가 용선계약에 따라 용선할 선박에 자기 화물을 다 싣고 선박에 여유가 있어서 다른 화주의 화물을 선적하게 되는 경우에 용선자가 선하증권을 발행하는 관습이 해운업계에 관행으로 정착되어 있어 해상운송의 효율성을 극대화 시키고자 본 내용을 신설하게 되었고, 운송인의 명칭이 용선계약 선하증권에 거의 표기되지 않기 때문에 UCP 500 제25조 a항 iii이 삭제되었다.

선장, 선주, 용선자 및 그들을 대행하거나 그들을 대표하는 지명된 대리인이 서명한 것으로 표기되어야 한다. 선장, 선주, 용선자 또는 대리인의 모든 서명은 선장, 선주, 용선자 또는 대리인의 서명이라는 확인이 있어야 하고, 대리인에 의한 모든 서명은 대리인이 선장, 선주 또는 용선자를 대표하거나 또는 대행하기 위하여 서명했음을 표시하고 있어야 한다. 선주와 용선자를 대표하거나 또는 대행하기 위하여 서명한 대리인은 선주와 용선자의 명칭을 명시하여야 한다.

ii. 본선적재일자와 선적일자

화물은 지정된 선박 본선에 적재되었음을 사전 인쇄된 문언과 화물이 본선에 적재되었다는 일자를 나타내는 본선적재표기로 나타내어야 한다. 용선선하증권의 발행일자는 용선선하증권에 본선적재표기가 되어 있지 않는 한 선적일자로 간주한다. 본선적재표기가 되어 있는 경우에는 본선적재표기에 기술된 일자는 선적일자로 간주된다.

iii. 선적항과 양륙항의 표기

양륙항과 관련하여 UCP 600에서는 ISBP 106항과 국제상업회의소의 의견을 수용하여 선적이 신용장에 명시된 선적항에서 양륙항까지 이루어지도록 표기된 경우 양륙항은 신용장에 명시된 대로 항구의 범위 또는 지리적 지역을 표시하여야 된다는 규정을 새롭게 도입하여 양륙항과 관련된 분쟁을 제거하려고 하였다. 선적이 신용장에 명시된 선적항에서 양륙항까지 이루어지도록 표기되어야 한다. 양륙항은 신용장에 명시된 대로 항구의 범위 또는 지리적 지역으로 표시될 수 있다.

b. 원본과 용선계약서의 제시

용선선하증권 원본은 한 통이며, 두 통 이상의 원본이 발행된 경우 용선선하증권에 표시된 대로 전통(傳統)이 된다. 은행은 용선계약서가 신용장의 조건으로 제시하도록 요구하고 있다하더라도 용선계약서를 검토하지 않는다.

Article 23

Air Transport Document

a. An air transport document, however named, must appear to :

i. indicate the name of the carrier and be signed by :

· the carrier, or

· a named agent for or on behalf of the carrier.

Any signature by the carrier or agent must be identified as that of the carrier or agent.

Any signature by an agent must indicate whether the agent has signed for or on behalf of the carrier.

ii. indicate that the goods have been accepted for carriage.

iii. indicate the date of issuance. This date will be deemed to be the date of shipment unless the air transport document contains a specific notation of the actual date of shipment, in which case this date will be deemed to be the date of shipment.

Any other information appearing on the air transport document relative to the flight number and date will not be considered in determining the date of shipment.

iv. indicate the airport of departure and the airport of destination stipulated in the credit.

v. be the original for consignor or shipper, even if the credit stipulates a full set of originals.

vi. contain terms and conditions of carriage or make reference to another source containing the terms and conditions of carriage. Contents of terms and conditions of carriage will not be examined.

b. For the purpose of this article, transhipment means unloading from one aircraft and reloading to another aircraft during the carriage from the airport of departure to the airport of destination stipulated in the credit.

c. Even if the credit prohibits transhipment, a bank will accept an air transport document indicating that transhipment will or may take place, provided the entire carriage is covered by one and the same air transport document.

[제 23 조 항공운송선적서류]

a. 항공운송선적서류는 그 명칭에 상관없이 다음과 같이 나타내어야 한다.

i. 운송인의 명칭을 표기하고 다음과 같은 당사자에 의하여 서명해야 한다.

- 운송인 또는
- 운송인을 대행하거나 그를 대표하는 지명된 대리인.
- 운송인 또는 대리인에 의한 모든 서명은 운송인과 대리인의 서명이라는 확인이 있어야 한다.
- 대리인에 의한 모든 서명은 대리인은 운송인을 대표하거나 대행하기 위해서 서명했음을 표시하고 있어야만 한다.

ii. 화물이 운송을 위해서 인수되었음을 표시하고 있는 선적서류.

iii. 발행일자를 표시한 선적서류. 발행일자는 항공운송선적서류가 실제 선적일의 특별한 표기를 포함하고 있지 않는 한 선적일로 간주한다. 실제 선적일의 특별한 표기가 있는 경우에는 그 일자를 선적일로 간주한다.

- 항공운항번호 및 날짜와 관련해서 항공운송장에 기재된 모든 정보는 선적일자를 결정하는 데 영향을 미치지 않는다.

iv. 신용장에 명시된 출발공항 및 목적지 공항을 표시하고 있는 선적서류.

v. 비록 신용장이 원본의 전통을 명시하고 있더라도 송하인과 하주용 원본인으로 표시된 선적서류.

vi. 운송조건을 포함하고 있거나 운송조건을 포함하고 있는 다른 자료를 참조하도록 된 선적서류 운송조건의 내용은 심사하지 않는다.

b. 본 조항의 목적상 환적이라 함은 신용장에 명시된 출발공항에서 도착지 공항까지 운송 중에 한 항공기에서 다른 항공기로 화물을 양하하여 재적재를 의미한다.

c. 신용장이 환적을 금지하였다 하더라도 은행은 전 운송이 하나의 동일한 항공운송선적서류에 의해서 커버되어 있으면 항공운송장에 환적이 될 것이라거나 또는 될 수 있다고 표시한 선적서류를 수리한다.

해 설

a. 항공운송서류의 수리요건

항공운송장(air transport document)은 상품의 수탁을 증명하는 것에 불과하며 상품이 특정 항공기에 탑재되었음을 증명하는 서류가 아니며 유가증권도 아니다. 따라서 항공운송장은 단순한 상품수취증이고 수하인을 기명식으로만 기재할 수 있기 때문에 배서나 교부에 의해서 수하인의 권리가 양도될 수 없다.

항공운송인명이 서류상에 표시되어 있어야 하고, 항공운송장을 발행하고 서명할 수 있는 자는 운송인 또는 운송인을 대행하거나 그를 대표하는 지명된 대리인이며 그들이 서명하는 경우에는 운송인과 대리인의 서명이라는 확인이 있어야 한다. 대리인에 의한 모든 서명은 대리인은 운송인을 대표하거나 대행하기 위해서 서명했음을 표시하고 있어야만 한다.

항공운송서류가 수리되기 위해서는 항공운송서류에 화물이 운송을 위해 인수되었음을 표시하고 있어야 하고, 발행일자가 기재되어 있어야 한다. 발행일자는 선적일로 간주하며 특별부기일자가 있으면 이 일자가 선적일자가 된다.

항공운항번호 및 날짜와 관련해서 항공운송장에 기재된 모든 정보는 선적일자를 결정하는 데 영향을 미치지 않는다. 또한 항공운송서류에 신용장에 명시된 출발공항 및 목적지공항을 표시하고 비록 신용장이 원본의 전통을 명시하고 있더라도 송하인과 하주용 원본으로 표시되어 있으면 되고, 은행은 운송의 제 조건이 명시된 서류 또는 항공운송장 외의 기타 참조조항이 기재되어 있는 경우에 그러한 조건을 심사하지 않는다.

b. 환적

본 조항의 목적상 환적이라 함은 신용장에 명시된 출발공항에서 도착지 공항까지 항공운송 중에 한 항공기에서 다른 항공기로 화물을 양하하여 재 적재하는 것을 뜻한다.

c. 신용장의 환적금지

신용장이 환적을 금지하였다 하더라도 은행은 전 운송 과정이 하나의 동일한 항공운송장에 의해서 커버되는 경우에는 항공운송장에 환적될 것이라고 기재되어 있더라도 항공운송서류는 수리된다. 왜냐하면 항공운송은 대부분 환적되어 운송되기 때문에 항공운송에서 환적을 금지하는 것은 비현실적이다. 그러나 신용장에 환적을 특별히 금지하면 그 조건을 따라야 한다.

Article 24

Road, Rail or Inland Waterway Transport Documents

a. A road, rail or inland waterway transport document, however named, must appear to :

i. indicate the name of the carrier and :

- *be signed by the carrier or named agent for or on behalf of the carrier, or*
- *indicate receipt of the goods by signature, stamp or notation by the carrier or a named agent for or on behalf of the carrier.*

Any signature, stamp or notation of receipt of the goods by the carrier or agent must be identified as that of the carrier or agent.

Any signature, stamp or notation of receipt of the goods by the agent must indicate that the agent has signed or acted for or on behalf of the carrier.

If a rail transport document does not identify the carrier, any signature or stamp of the railway company will be accepted as evidence of the document being signed by the carrier.

ii. indicate the date of shipment or the date the goods have been received for shipment, dispatch, carriage or wording this effect. Unless the transport document contains a dated reception stamp, an indication of the date of receipt or a date of shipment, the date of issuance of the transport document will be deemed to be the date of shipment.

iii. indicate the place of shipment and the place of destination stipulated in the credit.

b. A road, rail or inland waterway transport document will be accepted as original whether marked as original or not. In the absence of an indication on the transport document as to the number of originals issued, the number presented will be deemed to constitute a full set.

c. A road transport document must appear to be the original for consignor or shipper or bear no marking indicating for whom the document has been prepared.

d. For the purpose of this article, transhipment means unloading from one means of conveyance and reloading to another means of conveyance, in different modes of transport, during the carriage from the place of shipment to the place of destination stipulated in the credit.

e. Even if the credit prohibits transhipment, a bank will accept a road, rail or inland waterway transport document indicating transhipment will or may take place, provided the entire carriage is covered by one and the same transport document and within the same mode of transport.

[제 24 조 도로 철도 또는 내수로 운송서류]

a. 도로 철도 또는 내수로 운송선적서류는 그 명칭에 상관없이 다음과 같이 나타내고 있어야 한다.

i. 운송인의 명칭을 표기한 선적서류 그리고

- 운송인 또는 운송인을 대행하거나 그를 대표하는 지명된 대리인이 서명.
- 운송인 또는 운송인을 대행하거나 그를 대표하는 지명된 대리인이 화물을 인수했다는 서명, 스탬프 또는 표기가 기재되어 있어야 한다.

대리인이 화물을 인수했다는 모든 서명, 스탬프 또는 표기에 운송인을 대행하거나 그를 대표하는 지명된 대리인이 서명하고 대행했음을 기재하여야 한다.

철도운송서류로 운송인을 확인할 수 없는 경우 철도회사의 서명과 스탬프는 운송인이 서명한 선적서류의 증거로 인정한다.

ii. 선적일자 또는 화물이 선적, 적송, 운송을 위해서 인수된 날짜, 또는 이러한 취지의 문언을 표시하고 있는 선적서류. 운송서류에 기간이 지난 인수 스탬프, 인수 날짜, 선적일자를 포함하고 있지 않으면 운송서류 발행 일자를 나타내는 표시는 선적일자로 간주한다.

iii. 신용장에 명시된 선적지와 목적지를 표기한 선적서류.

b. 도로, 철도, 내수로 운송서류는 원본 표기가 있든지 없든지에 관계없이 원본으로 인정한다. 원본 발급 통수에 관해 운송선적서류에 아무런 표기가 없는 경우에 제시된 통수는 전통을 구성하는 것으로 간주한다.

c. 도로운송서류가 송하인과 하주용 원본 선적서류임을 나타내어야 하고 선적서류를 준비한 당사자를 나타내는 표식이 선적서류에 있어서는 안 된다.

d. 본 조항의 목적상 환적이라 함은 신용장에 명시된 선적지에서 목적지까지 운송하는 도중 운송방식이 다른 한 운송수단으로부터 다른 운송수단으로 양하 및 재적재하는 것을 의미한다.

e. 신용장이 비록 환적을 금지하고 있을지라도 은행은 전 운송이 하나의 동일한 운송선적서류로 커버되고 동일한 운송방식에 의해서 이루어지면 환적이 될 수 있다고 표시한 도로, 철도, 내수로 운송선적서류를 수리한다.

해 설

중국, 유럽은 큰 강을 이용한 내수로 운송이 발전하여 왔다. **내수로 운송은** 육로운송과 해상운송, 항공운송과 연결되어 효율적인 국제물류시스템을 구축하는데 중요한 역할을 하고 있고 중국이나 유럽에서는 내수로 운송이 빈번하게 이루어지고 있다. 이러한 내수로 운송을 수용하기 위하여 이전에 없었던 내용을 UCP 500에서 신설하였고 UCP 600은 그 내용을 간단하고 명료하게 수정하였다.

a. 도로, 철도 또는 내수로 운송서류 표기

운송인명이 서류상에 표시되어 있어야 하고, 도로, 철도 또는 내수로 운송서류를 서명하거나 발행할 수 있는 자는 운송인 또는 운송인을 대행하거나 그를 대표하는 지명된 대리인이며, 운송인 또는 운송인을 대행하거나 그를 대표하는 지명된 대리인이 화물을 인수했다는 서명, 스탬프 또는 표기가 기재되어 있어야 한다고 명시하여 UCP 500의 진본임을 확인한 운송서류라는 의미를 정확히 기술하여 은행이 서류를 심사할 때 혼란을 방지하도록 하였다.

UCP 500에 있는 운송인의 서명, 진본확인, 인수 스탬프, 또는 기타 표시는 운송인의 것임을 증명해야 한다는 내용을 UCP 600에서는 삭제하였다. UCP 500의 내용은 은행이 누가 진짜로 운송서류를 발행했는지를 확인할 수 있도록 한 것이지만 UCP 600에서는 운송인의 명칭과 운송인이 화물을 인수했다는 표기가 있으면 운송인이 정말로 운송서류를 발행한 것으로 본다는 것이다. 따라서 굳이 따로 증명할 필요가 없다고 보았다.

UCP 600은 UCP 500에 있는 "운송인의 대리인이 서명 또는 진본임을 확인하는 경우에는 운송인의 명칭과 그 자격을 표시해야 한다"는 내용을 "대리인이 화물을 인수했다는 모든 서명, 스탬프 또는 표기에 운송인을 대행하거나 그를 대표하는 지명된 대리인이 서명하고 대행했음을 기재하여야 한다"로 수정하였다.

철도운송서류에 운송인의 명칭이 표기되어 있지 않아서 운송인을 확인할 수 없는 경우에는 운송서류에 있는 철도회사의 서명과 스탬프를 운송인이 서명한 선적서류의 증거로 인정한다고 보아 철도운송서류의 수리기준을 대폭 완화시켜 신용장거래가 신속하게 이루어지도록 하였다. 운송서류에 선적일자 또는 화물이 선적, 적송, 운송을 위해서 인수된 날짜, 또는 이러한 취지의 문언이 표시되어 있어야 한다. 운송서류에 기간이 지난 인수 스탬프, 인수 날짜, 선적일자가 포함되어 있지 않으면 운송서류 발행일을 선적일로 간주하며, 신용장에 명시된 선적지와 목적지가 운송서류에 표기되어 있어야 한다.

b. 원본

운송서류에 발행통수가 기재되어 있지 않으면 은행은 제시된 것을 발행된 전통으로 간주하고 원본표시와 관계없이 제시된 운송서류를 원본으로 간주한다.

c. 환적

환적은 선적지에서 목적지까지 운송하는 과정에서 서로 다른 매체로 옮겨 선적되는 것을 의미하고 신용장에 환적을 금지하고 있어도 전 운송과정이 하나의 그리고 동일한 운송서류 및 운송수단에 의해 발급되는 경우에는 환적이 될 것이라는 표기가 있는 도로, 철도 또는 내수로 운송서류를 수리할 수 있다.

Article 25

Courier Receipt, Post Receipt or Certificate of Posting

a. A courier receipt, however named, evidencing receipt of goods for transport, must appear to :

i. indicate the name of the courier service and be stamped, signed or otherwise authenticated by the named courier service at the place from which the credit stipulates the goods are to be shipped ; and

ii. indicate a date of pick-up or of receipt or wording to this effect. This date will be deemed to be the date of shipment.

b. If a credit requires courier charges to be paid or prepaid, a bank will accept a transport document issued by a courier service evidencing that courier charges are for the account of a party other than the consignee.

c. A post receipt or certificate of posting, however named, evidencing receipt of goods for transport, must appear to be stamped, signed or otherwise authenticated and dated in the place from which the credit stipulates the goods are to be shipped. This date will be deemed to be the date of shipment.

[제 25 조 특급배달 수령증, 우편수취증, 우편증명서]

a. 운송을 위한 화물수령을 입증하는 특급배달 수령증은 다음과 같이 나타내어야 한다.

i. 특급배달 서비스 업체의 명의를 표시하고 화물이 선적될 것이라고 신용장에 명시된 장소에서 지정된 특급배달 서비스 업체가 스탬프, 서명 또는 다른 방식으로 진본임을 확인한 선적서류.

ii. 수령일 또는 이러한 취지의 문언을 표시하고 있는 선적서류, 이러한 날짜는 선적일로 간주된다.

b. 신용장이 특급배달 비용이 지급될 것이거나 선불되었음을 요구한 경우 은행은 특급배달 서비스 업체가 특급배달비를 수하인 이외의 다른 당사자에 부담한다고 명시하여 발행한 운송서류를 수리한다.

c. 운송을 위한 화물수령을 입증하는 우편수취증 또는 운송증명서는 그 명칭에 상관없이 화물이 선적될 것이라고 신용장이 명시한 장소에서 스탬프, 서명 또는 다른 방식으로 진본임을 나타내고 있어야 한다. 이러한 날짜는 선적일로 간주된다.

해 설

업무처리 속도가 기업경영에서 매우 중요해짐에 따라 국제급송배달 또는 특급배달(courier)이 매우 빠르게 발전하였다. 서류가 한국에서 미국으로 가는 기간은 3일 정도 걸린다. 예전에는 상상도 못할 정도로 운송기간이 대폭 단축되어서 무역업체들은 대부분 중요한 무역서류를 국제특급배달로 보내고 있기 때문에 UCP 600에서도 기존의 조항을 수정하여 그대로 두었다.

a. 특급배달 수령증

특급배달 수령증에 특급배달 서비스 업체의 명의가 있어야 하고 신용장에 명시된 화물의 선적지에서 지정된 특급배달 서비스업체가 스탬프, 서명 또는 다른 방식으로 진본임을 확인한 선적서류를 은행은 수리한다. 수령일 또는 이러한 취지의 문언을 표시하고 있는 선적서류는 그러한 일자가 선적일자로 간주된다.

b. 특급배달 비용의 표기와 수리

신용장이 특급배달 비용이 지급될 것이거나 선불되었음을 요구한 경우에 특급배달 서비스업체가 특급배달 비용은 수하인 이외의 다른 당사자에 부담한다고 명시하여 발행한 특급배달 수령증을 은행은 수리한다.

c. 우편수취증과 우편증명서

우편수취증과 우편증명서는 개설은행 또는 수입업자에게 송부하기 위한 상품을 우체국이나 특급배달 운송회사가 인수하고 발행한 영수증이다. 우편수취증과 우편증명서에 우체국이나 특급배달 운송회사가 운송을 위해 상품을 인수했음을 스탬프, 서명 또는 다른 확인된 방식으로 기재하여야 발행한 우편수취증과 우편증명서를 은행은 수리한다. 신용장에 명시된 장소에서 발행한 날짜가 기재되어 있어야 하고 이런 경우 이 일자가 선적일자가 된다.

Article 26

"On Deck", "shipper's Load and Count", "Said by Shipper to Contain" and Charges Additional to Freight

a. A transport document must not indicate that the goods are or will be loaded on deck. A clause on a transport document stating that the goods may be loaded on deck is acceptable.

b. A transport document bearing a clause such as "shipper's load and count" and "said by shipper to contain" is acceptable.

c. A transport document may bear a reference, by stamp or otherwise, to charges additional to the freight.

[제 26 조 갑판적재, 내용부지, 송하인이 적임하였고, 운임에 부가해서 생기는 비용]

a. 운송선적서류는 화물이 갑판에 적재되었거나 적재될 것이라고 표시하고 있지 않아야 한다. 화물이 갑판에 적재될 수도 있다는 것이 기술된 운송서류의 조항은 수리할 수 있다.

b. 송하인의 적재 및 계산, 송하인이 적입하였음과 같은 조항이 기재된 운송선적서류는 수리할 수 있다.

c. 운송선적서류는 운임에 부가하여 생기는 비용에 대하여 스탬프, 또는 기타 방법으로 표시할 수도 있다.

해설

해상운송과 복합운송에서 상품이 갑판에 적재되었거나 적재될 것이라는 내용이 기재된 운송서류는 신용장에서 허용하지 않는 한 수리할 수 없다. 그러나 갑판적재 유보약관이 있는 서류는 수리할 수 있고 갑판적재유보의 의미는 상품이 갑판에 적재된 것이 아니라 갑판에 적재되어 운송될 수도 있다는 것을 말한다.

복합운송의 경우 컨테이너에 적부된 상품의 품질에 대해 운송인이 확인하지 않았다는(shipper's load and count 또는 said by shipper to contain) 것을 운송서류에 기재하여 운송서류를 발행하였다. 이러한 운송서류도 신용장에서 특별히 금지하지 않는 한 은행은 수리한다.

운송선적서류는 운임에 부가하여 생기는 비용에 대하여 스탬프, 또는 기타 방법으로 표시할 수도 있다.

해상운송계약은 송하인이 화물의 종류, 중량 및 용적, 포장의 형태, 개수와 기호, 선적항, 양륙항 등이 기재된 선적요청서를 해상운송인에게 송부하고 해상운송인은 송하인이 송부한 선적요청서의 기재내용과 실제로 해상운송인이 송하인으로부터 인수한 화물을 면밀히 조사한 다음에 선적요청서의 기재내용과 인수한 화물의 내용 간에 차이가 없으면 선하증권을 송하인에게 발행하여 목적항에서 선하증권에 기재된 내용과 동일한 화물을 수하인에게 인도해야 할 책임을 진다.

그러나 산화물을 운송하는 경우에는 실제로 화물의 중량을 운송인이 확인하기가 용이하지 않으므로 송하인이 신고한 대로 선하증권에 기재하여 선하증권을 발행하여 왔는데 운송인은 선하증권에 기재된 중량에 대해서 사후에 책임을 회피할 목적으로 선하증권의 이면에 부지약관을 삽입하였다.

해상운송에 컨테이너가 도입됨에 따라 Shipper's Pack의 경우에는 송하인이 컨테이너에 화물을 적입하고 봉인한 후에 해상운송인에게 컨테이너를 인도하면 운송인은 컨테이너에 적입된 화물의 상태를 확인할 수 없기 때문에 화물이 송하인이 제시한 선적요청서와 일치하는지 확인하여 선적요청서에 기재된 내용과 일치된 선하증권을 발행하기가 실무상으로 매우 어렵게 되어 운송인은 선하증권에 부지약관을 기재하여 왔다.

그러나 선하증권의 전면에 수기 또는 스탬프로 수량이나 용량이 기재된 경우에는 수기 또는 스탬프가 우선한다는 선하증권의 해석원칙에 따라 선하증권 이면에 삽입된 부지약관만으로는 운송인을 완전히 보호할 수 없기 때문에 추가로 선하증권 전면에 "Shipper's Load and Count" 또는 "Said to Contain"이라는 **부지문언**을 기재하여 왔다.

선하증권 전면에 부지문언과 함께 선적수량이나 용량이 기재된 경우에 수하인은 어느 것을 믿어야 되는지 애매한 문제가 발생하였다. 화물이 목적지에 도착하여 운송인이 수하인에게 인도한 후 화물의 중량이나 수량 등이 선하증권에 기재된 중량이나 수량과 다를 경우 운송인과 수하인 중에서 누가 책임을 져야 되는지 명확히 밝힐 필요가 있다.

부지문언에 관련된 법규

1. 헤이그 규칙 및 헤이그-비스비 규칙

운송인이 화물을 송화인으로부터 인수받은 순간부터 수하인에게 인도해 주는 순간까지 모든 주의를 다하여 화물을 안전하게 관리, 보관 및 운송하여야 한다고 규정하여[34] 운송인의 운송책임을 부과하였다. 헤이그 규칙과 헤이그-비스비 규칙 제3조 제3항 (a), (b)호에서는 운송인, 선장 또는 운송인의 대리인

34) 헤이그 규칙 제3조 제2항

은 화물을 자신의 책임하에 인수한 후 송하인의 요구에 따라 송하인이 서면으로 통지한 대로 포장 또는 낱개의 번호 또는 경우에 따라서 수량 또는 중량을 기재한 선하증권을 송하인에게 발행하여야 한다고 규정하여 선하증권에 화물의 상태를 기재할 의무는 어디까지나 운송인, 선장 또는 운송인의 대리인에게 있고 송하인이 신고한 수량이나 중량을 선하증권에 그대로 기재하는 것을 허용하고 있다.

헤이그 규칙 제3조(c)항[35]에서 운송인, 선장, 또는 운송인의 대리인은 화물의 하인, 수량, 용적 또는 중량이 실제로 인수한 화물을 정확하게 나타내지 못한다고 하는 의심할 만한 합리적인 근거가 있거나 또는 검사할 적합한 방법이 없는 경우에 선하증권에 이를 기재할 의무가 없다고 규정하여 운송인의 책임을 완화시키려고 하였다. 운송인이 선하증권을 발행할 때 그 내용이 정확하지 않은 것을 알면서도 선하증권을 발행하면 이는 사기 행위로 운송인이 전적으로 책임을 져야 하며 선하증권의 내용을 기재하는데 운송인의 의무를 다하지 못하면 운송인은 그에 대한 책임을 져야 한다.

선하증권의 기재내용에 대한 운송인의 책임을 제3조 제3항에서 명확히 규정하였다. 동 규정에 따라 발행된 선하증권은 그러한 선하증권에 언급된 화물을 운송인이 정당하게 인수하였다는 **추정적 증거(prima facie evidence)**가 된다. 따라서 운송인은 선하증권을 발행한 후에 화물에 하자가 발생했다고 모순된 주장을 할 수 없다는 것이다.[36]

1968년에 제정된 헤이그-비스비 규칙은 헤이그 규칙에서 없는 새로운 조항을 추가시켰다. 선하증권이 선의의 제3자에게 이전되었을 경우에는 반대의 증명도 허용되지 않는다는 것이다. 운송인이 발행한 선하증권이 제3자에게 양도되었을 때는 입증책임이 없이 운송인이 선하증권에 기재된 수량이나 중량 등의 기재내

35) Provided that no carrier, master or agent of the carrier shall be bound to state or show in the bill of lading any marks, number, quantity, or weight which he has resonable ground for suspecting not accurately to represent the goods actually received, or which he has no reasonable means of checking.

36) 박성철(1998), p.38.

용에 대해 책임을 져야 한다.[37] 송하인으로부터 선하증권을 양도받은 선의의 제3자와 운송인 사이에 선하증권은 결정적인 증거가 되어 반대의 증명도 허용되지 않는다.[38] 선하증권이 선의의 제3자의 손에 넘어가기 전까지는 선하증권의 기재내용은 추정적 증거가 되어 그 반대의 증거가 사실을 뒤엎을 때까지 그대로 사실로 남는다는 것이다. 즉 송하인과 운송인 사이에 선하증권의 기재내용에 대한 추정적 증거의 효력이 인정되지만 선하증권이 제3자에게 양도되면 운송인과 제3자 사이에는 선하증권의 기재내용에 대한 결정적 증거의 효력이 존재하여 일단 선하증권이 선의의 제3자에게 이전되면 이러한 반대 증거도 소용이 없어 선하증권의 기재내용 자체는 번복될 수 없는 증거서류가 된다는 것이다. 그러나 한편 송하인의 보증 책임을 강화시킴으로써 운송인의 책임을 완화시키고자 하였다.

헤이그-비스비 규칙 제5항에서[39] 송하인은 자기가 신고한 화인, 번호, 수량 및 중량이 선적할 때 정확하였다는 것을 운송인에게 보증한 것으로 간주하며, 이러한 내용이 정확하지 못함으로써 발생하는 모든 멸실, 손상 및 비용에 대해서는 운송인에게 배상하여야 한다고 규정하여 송하인의 보증 책임을 강화시킴으로써 운송인의 책임을 완화시켰다.[40]

선적시 운송인은 송하인에게 운송화물의 내역을 명확히 밝힐 것을 요구하고 있으며, 만일 송하인이 정확하지 않은 내용을 신고하여 운송인에게 피해를 입히게 되면 이에 대해서 송하인은 전적으로 책임을 져야 한다. 송하인이 화물의 성질에 대해서 가장 잘 알고 있기 때문에 운송인에게 화물의 특성에 대해서 통지를 하고 통지한 내용에 대해서 송하인은 책임을 지도록 하였다.

37) 헤이그 비스비 규칙 제3조 제4항 : However, proof to the contrary shall not be admissible when the bill of lading has been transferred to a third party acting in good faith.

38) 박대위(1991), p.287.

39) The shipper shall be deemed to have guaranteed to the carrier the accuracy at the time of shipment of the marks, number, quantity and weight, as furnished by him, and the shipper shall indemnity the carrier against all loss, damages, and expenses arising or resulting from inaccuracies in such particulars.

40) David Yate(1993), p.329.

헤이그 규칙 및 헤이그-비스비 규칙에서는 부지약관에 해당하는 규정은 있지만, 부지문언에 대한 직접적인 언급은 하지 않고 있다. 다만 송하인에게 신고내용에 대한 보증 책임을 부과하고 있다.[41)]

2. 함부르크 규칙

함부르크 규칙 제14조 1항에서 운송인 또는 실제 운송인이 화물을 자신의 관리하에서 인수한 경우에 운송인은 송하인의 요구에 따라 선하증권을 발행하여야 한다고 규정하고, 그러한 선하증권의 기재내용에 관하여 화물의 일반적인 성질이나 화물의 식별에 필요한 화인, 해당되는 경우에 화물의 위험성에 관한 명시적 문언, 포장 또는 개품의 번호, 화물의 중량이나 달리 명시된 수량을 포함하고 있어야 하고, 이는 송하인이 제시한대로 기재한다[42)]고 규정하였는데 동 규칙의 내용은 헤이그 규칙 또는 헤이그-비스비 규칙의 내용과 동일하다.

그러나 함부르크 규칙 제16조에서는 선하증권에 기재된 중량이나 수량에 관한 사항이 실제로 인수 또는 선적한 화물과 정확하게 일치하지 않는다는 것을 운송인이 알고 있거나 의심할 만한 합리적인 이유가 있는 경우 또는 수량이나 중량을 확인할 수 있는 정확한 방법이 없는 경우에 운송인은 부정확성, 의심할만한 이유, 정확한 확인방법의 부재에 대해서 유보조항을 선하증권에 삽입하도록 하여, 송하인이 제시한 선적요청서의 기재내용과 운송화물의 내용을 정확히 확인하지 못할 경우에 선하증권에 유보조항(reservation)을 인정하였다.

헤이그-비스비 규칙에서 이와 같은 경우에 수량이나 중량을 선하증권에 기재하지 않을 수 있다고 규정함으로써 소극적인 의무를 부과한 것과는 다르게 함부르크 규칙에서는 수량이나 중량을 확인하기 어려운 경우에 그러한 내용을 나타내는 유보조항을 선하증권에 구체적으로 기재하도록 하여 적극적인 의무를 부과하고 있다.

41) 조영철(2003), p.39.

42) 함부르크 규칙 제15조 1항

함부르크 규칙에서도 운송인이 선하증권을 발행하면 선하증권은 운송인이 선하증권에 기재된 내용과 일치하는 화물을 수령했다는 추정적 증거서류로 간주된다고[43] 규정하였다. 결국 운송인은 선하증권에 수량이나 중량을 기재하면 기재된 수량이나 중량에 대한 입증책임을 지게 된다는 것이다.

그러나 동 규칙 제17조에서 송하인은 운송인에게 제출한 화물의 명세서 즉 수량이나 중량이 정확하다는 것을 보증한 것으로 본다고 규정하였다. 동조의 내용은 헤이그 규칙 또는 헤이그-비스비 규칙의 내용과 동일하다. 그러나 함부르크 규칙 제17조에서 송하인이 선하증권을 양도하면 송하인은 선하증권 내용의 부정확성으로 인하여 발생한 손해에 대해서 책임을 져야 한다고 규정하여[44] 송하인의 자료 보증책임을 강화시켰다.

송하인의 자료 보증책임은 어디까지나 운송인과 송하인 사이의 관계이며, 선의의 소지인인 제3자의 관계는 아니다. 따라서 운송인은 선하증권에 기재된 내용에 대해서 제3자에게 절대적으로 책임을 져야 한다.

함부르크 규칙에서도 선하증권 이면에 삽입된 부지약관의 내용은 제17조에서 명시하고 있으나 부지문언에 대한 어떠한 규정도 없기 때문에 선하증권의 전면에 부지문언을 기재하는 것은 동 규칙에서 정당화 될 수 없다.[45]

3. 미국의 선하증권법 (United States Code, Uniform Commercial Code)

미국통일 상법 제7-301조 (a)항에서 선하증권의 수하인과 유통가능선하증권의 소지인은 선하증권에 기재된 일자와 선하증권에 기재된 화물명세서에 따라 선하증권에 날짜가 다르고, 화물을 인수하지 않거나 화물명세서를 잘못 작성함으로서 발생된 손실은 발행인으로부터 보상받을 수 있다고 규정하여 발행자는 그가 기재한 내용에 대해서 책임을 져야 한다고 보았다. 그러나 선하증권의 발행

43) 함부르크 규칙 제16조 3항(a).

44) S. Mankabady(1978), pp.238~243.

45) 조영철, 전게논문, p.41.

자는 화물이 화물명세서와 동일하게 인수되었는지 알지 못한다고 기재되어 있으면 발행자는 책임이 없다는 예외규정을 두어 선하증권의 부지문언의 효력을 인정하였다.[46)]

같은 조 (d)항에서 '부지문언이 선하증권에 기재된 경우 부지문언은 화물이 송하인에 의해서 적재되었음을 의미하고 이것이 사실이라면 발행자는 부적절한 적입으로 야기된 손실에 대해서 책임이 없으며, 부지문언을 기재하지 않았다고 해서 발행인이 부적절한 적입으로 발생된 손실에 대해서 책임을 져야 한다는 것은 아니다'라고 규정하여 송하인이 컨테이너에 화물을 적입하고 발행자가 선하증권에 부지문언을 기재하여 발행하면 발행자는 책임이 없으며, 발행자가 선하증권에 부지문언을 기재하지 않았더라도 송하인이 컨테이너에 화물을 적입한 것이 사실이라면 발행자는 손실에 대해서 책임이 없다고 명확하게 규정하였다.

부지문언은 포장된 상품의 내용과 상태는 모름(contents or condition of contents of packages unknown), 적입되었다고 함(said to contain), 송하인이 측정하고, 선적하고, 셈함(shipper's weight, load and count), 이와 유사한 의미를 갖고 있는 문구(words of similar import)로 표기할 수 있고, 선하증권에 이러한 부지문언이 기재되어 있으면 송하인이 화물을 적입한 것을 의미한다고 규정하여[47)] 송하인이 화물을 적입했다는 것을 명확히 하였다.

그리고 같은 조 (b)항에서 화물이 선하증권발행인에 의해서 적입되는 경우에는 선하증권에 부지문언을 기재하여도 부지문언의 효력은 인정하지 않는다고 규정하였고, (c)항에서 산화물이 송하인에 의해서 선적되는 경우에는 선하증권

46) 미국통일상법 제7-301조 (a) : A consignee of a nonnegotiable bill of lading which has given value in good faith, or a holder to which a negotiable bill has been duly negotiated, reflying upon the description of the goods in the bill or upon the date shown in the bill, may recover from the issuer damages caused by misdating of the bill or the nonreceipt or misdescription of the goods, except to the extent that the document of title indicates that the issuer does not know whether any part or all of the goods in fact were received or conform to the description, such as in a case in which the description is in terms of marks or labels or kind, quantity, or condition or the receipt or description is qualified by "contents or condition of contents of packages unknown", "said to contain", "shipper's weight, load and count", or words of similar import, if that indication is true.

47) United States Code. 제80113조 (c)항

발행인이 화물의 중량을 측정할 수 있도록 적합한 시설을 이용할 수 있도록 하여야 하며, 발행자는 화물의 중량을 측정해 달라는 송하인의 요청을 받은 후에 상당한 시간을 갖고 화물의 종류와 중량을 확인해야 한다. 이런 경우 선하증권에 기재된 부지문언의 효력을 인정하지 않는다고 규정하여 부지문언의 효력은 송하인이 적입했을 경우에만 인정된다는 점을 명확히 하였다.

4. 영국의 선하증권 (The Carriage of Goods by Sea Act, 1992)

영국은 1855년에 제정된 선하증권법(Bill of Lading Act, 1855)을 폐지하고 1992년에 해상화물운송법(COGSA, 1992)을 제정하여 발효되었다. 1992년에 발효된 영국의 해상화물운송법은 모든 선하증권에 명시된다고 규정하여[48] 부지문언의 효력을 인정하였다. 산화물의 경우 운송인은 송하인이 신고한 수량을 확인하기 위하여 모든 가능한 방법을 이용하여 검증하여야 하며, 검증결과 수량의 차이가 있는 경우 운송인은 송하인에게 이의를 제기하고, 선하증권에 부지문언을 기재하여 발행하는 것을 인정하였다.

FCL 화물의 경우 송하인이 통지한 수량을 운송인이 검증할 수 없기 때문에 선하증권에 수량을 기재하지 않거나 부지문언을 기재할 수 있도록 하였다. 선하증권에 부지문언이 삽입된 경우에 금반원의 원칙을 적용시킬 수 없다. 따라서 선하증권에 기재된 수량이 실제 선적된 수량과 큰 차이가 없는 한 선하증권에 기재된 화물을 운송인이 인수했다는 추정적 증거로 인정할 수 없다는 것이다. 따라서 수하인과 송하인은 수량부족으로 운송인에게 손해배상을 청구하려면 그 손해에 대해서 입증을 해야 한다.

48) 제1조 제1항 (a)호 : This Act applies to the following documents, this is to say -(a) any bill of ladings.

5. 우리나라 상법

상법 제814조의 2에서 제814조 2항의 규정에 따라 선하증권이 발행된 경우에는 운송인이 그 증권에 기재된 대로 운송물을 수령 또는 선적한 것으로 추정한다. 그러나 운송인은 선하증권을 선의로 취득한 제3자에게 대항하지 못한다고 규정하여 선하증권을 추정적 증거서류로 인정하였다. 따라서 운송인이 선하증권에 기재된 내용과 도착된 화물의 수량과 중량의 차이에 대해서 책임을 지지 않으려면 반증하여 기재된 것과 달리 선적되었음을 입증해야 한다. 그러나 선하증권이 유통되어 선의로 제3자가 취득한 경우에는 운송인은 선하증권에 기재된 대로 책임을 져야 한다.

상법 제813조에서는 운송인이 운송물을 수령한 후 용선자 또는 송하인의 청구에 의하여 한 통 또는 수 통의 선하증권을 교부하여야 한다고 규정하였고, 동법 제814조 제2항에서 선하증권의 기재내용에 관하여 운송물의 중량, 용적, 개수 또는 기호가 운송인이 실제로 수령한 운송물을 정확하게 표시하고 있지 아니하다고 의심할 만한 상당한 이유가 있을 때, 또는 이를 확인할 정당한 방법이 없을 때에는 그 기재를 생략할 수 있다고 규정하고 있어 우회적인 방법으로 운송인에게 선하증권에 기재된 내용에 대해서 책임을 부담시키고 있으며, 선하증권에 그러한 기재내용이 없으면 선하증권의 기재내용에 대한 추정적 증거가 될 수 없다고 본다.

운송인은 화물의 기호, 종류 및 용적 또는 중량 혹은 포장, 개수에 대해서 오직 송하인이 제공하는 선적요청서의 기재내용에 따라 알 수밖에 없는 경우에는 그 송하인이 제공한 선적요청서의 기재내용을 신뢰할 수 없거나 달리 선적요청서의 기재내용을 확인할 수 없는 경우에는 선하증권의 기재 그 자체를 생략하는 것도 가능하다. 그러나 현실적으로 선하증권에 화물의 수량이나 중량을 작성하지 않고 발행할 수 없으며, 운송인과 송하인이 합의하에 송하인이 제시한 중량과 수량을 선하증권에 기재한 것으로 보아야 한다. 우리나라 상법에서 선하증권의 부지문언이 명확하게 규정되어 있지 않지만 동 조항에 따라 운송인은 운송물의 내용에 관한 부지문구를 기재하여 선하증권을 발행할 수 있다.[49]

49) 김인현(1998), p.188.

6. 신용장통일규칙

UCP 600에서 신용장에 특별히 금지한다는 내용이 기재되어 있지 않은 한 부지문언이 기재되어 있는 선적서류도 수리한다고 규정하여 부지문언이 기재된 선하증권도 무사고선하증권으로 간주한다는 것을 명확히 하였다. 신용장은 서류상의 거래이기 때문에 서류에 기재된 내용에 대해서 기재된 대로 심사하고, 기재내용의 진위여부는 심사하지 않기 때문에 선하증권에 기재된 부지문언의 유효성을 인정하였다고 보아야 한다.

신용장통일규칙에서 부지문언의 효력을 인정함에 따라 2000년에 인코텀즈의 CFR 조건과 CIF 조건에서 선하증권에 화물의 내용, 중량, 품질, 기술적 명세에 대하여 운송인은 알지 못한다는 문언이 기재되어 있는 무사고 선하증권을 사고부 선하증권으로 변경하지 못한다고 규정하였다.[50]

부지문언의 유효성에 관한 판례

1. 미국판례[51]

D사의 미국현지법인은 홍콩에 있는 A사로부터 FOB 홍콩조건으로 테이프홀더를 수입하기로 계약을 체결하였다. A사는 14개의 컨테이너에 화물을 적입하여 운송인인 R사에 운송을 의뢰하였고 R사는 부지문언(Shipper's Load and Count, Said to Contain)이 기재된 선하증권을 발행하면서 컨테이너의 중량을 측정하지 않았고 컨테이너 내부에 있는 내용을 확인하지 않았다.

50) 윤일현(200), p.49.

51) http://laws.lp.findlaw.com/3rd/992223p.htm, 2005. 6. 1.

화물이 목적지에 도착하여 D사가 운송인으로부터 화물을 수령한 다음에 컨테이너를 개봉하여 화물을 확인하여 보니 테이프홀더 대신에 시멘트 조각이 들어 있었다. D사는 운송인인 A사에게 손해배상을 청구하는 소송을 제기하였다.

이에 대하여 법원은 선하증권은 운송인이 화물을 양호한 상태로 인수했다는 추정적 증거서류로 인정되지만 FCL 화물의 경우에는 컨테이너 내부에 있는 화물의 상태를 외부에서 확인할 수 없기 때문에 부지문언이 기재된 선하증권은 추정적 증거서류로 볼 수 없다고 판시하였다. D사는 운송인이 화물의 중량을 측정하지 않아 화물을 양호한 상태로 인수할 의무를 해태했다고 주장을 하고 있는데 운송인이 화물을 인수할 때 화물의 중량을 측정하는 것과 컨테이너의 내부에 있는 화물의 상태를 나타내는 것은 아무런 관계가 없다고 보았다.

운송인은 컨테이너의 봉인을 제거하고 컨테이너 내부에 있는 화물을 검사할 권한이 없으며 꼭 그렇게 하려면 송하인과 수하인이 운송인에게 지시를 하여야 한다. 또한 수하인은 송하인이 컨테이너에 화물을 적입할 때 그의 대리인이 입회하에 확인을 하도록 지시할 수 있다.

2. 영국판례[52)]

일본에 있는 H회사는 외국에 있는 K사로부터 염화칼륨을 수입하기로 계약을 체결하고, 1996년 12월에 운송인인 J사에게 25,000톤의 염화칼륨을 베트스필스항에서 일본항까지 선적을 의뢰하여 항해용선계약을 체결하였다. 운송인은 선하증권에 총 중량 11,000톤, 중량, 용적, 품질, 수량, 상태, 내용, 가격은 부지라는 문구를 기재하여 발행하였다. 화물이 일본에 도착하여 확인해 본 결과 2,705톤이 부족하여 K사는 H회사에게 손해배상을 해주고 H사의 선하증권상의 권리를 양수받아 운송인인 J사에게 수량부족에 대한 손해배상청구소송을 제기하였다.

이에 대하여 법원은 1992년 해상물품운송법 제4조는 화물이 선적된 것을 표

52) 최종현(2003), pp.182~183.

시하고 또 선장 등 권한을 가지고 있는 자가 서명한 선하증권은 적법한 선하증권 소지인에 대해 당해 화물이 선적된 것에 대한 확정적 증거가 된다고 규정하였는데 본 규정은 선하증권에 부지문언이 기재된 경우에는 11,000톤의 화물이 선적된 것을 표시하는 선하증권이 아니므로 적용될 수 없고, 부지문언이 기재된 선하증권은 헤이그 규칙 제3조 제3항에서 규정하고 있는 화물의 수량 또는 중량 등을 나타낸 선하증권이 아니므로 동 규칙 제3조 제4항에 다른 추정적 효력이 발생하지 않는다고 보았다.

3. 우리나라 대법원판례

K회사는 중국에 있는 L사로부터 1995년에 신문용지 1,504롤(ROLL)을 CIF 가격조건으로 「1 메트릭 톤당 미화 810달러 합계 미화 382,644.81달러」에 수입하기로 하는 계약을 체결하였다. L사는 운송인인 피고 H사가 제공한 20″컨테이너 1개와 40″컨테이너 23개에 신용용지를 적입하였다. 그 후 피고는 L사로부터 화물을 컨테이너에 적입된 상태로 인수하여 컨테이너를 피고의 선박에 적재하고 "송하인이 적입하고 수량을 셈(Shipper's Load & Count)" 혹은 "……이 들어 있다고 함(Said to Contain……)."이라는 부지(不知)문구가 기재된 무사고 선하증권을 발행하였다. K사는 정당한 선하증권의 소지인으로서 컨테이너를 개봉하였는데 컨테이너 안에 있는 화물의 일부가 찌그러지고 젖었거나 잘린 상태로 손상되어 있는 것을 발견하였다. K사는 보험회사인 U사로부터 보험료를 받고, U보험회사는 K사로부터 대위권을 받아 H사에게 손해배상을 청구하는 소송을 제기하였다.

선하증권의 부지문언의 유효성에 대하여 대법원은 다음과 같이 판결하였다. 송하인측에서 직접 화물을 컨테이너에 적입(積込)하여 봉인한 다음 운송인에게 이를 인도하여 선적하는 형태의 컨테이너 운송의 경우에 있어서는, 상법 제814조 제1항 소정의 선하증권의 법정기재 사항을 충족하기 위하여 혹은 그 선하증권의 유통편의를 위하여 부동문자로 "외관상 양호한 상태로 수령하였다"는 문구가 선하증권상에 기재되어 있다고 할지라도, 이와 동시에 "송하인이 적입하고 수량을 셈(Shipper's Load & Count)" 혹은 "……이 들어 있다고 함(Said to Contain……)" 등의 이른바 부지(不知)문구가 선하증권상에 기재되어 있고, 선하증권을 발행할 당시 운송인으로서 그 컨테이너 안의 내용물 상태에 대하여 검사, 확인할 수 있는 합리적이고도 적당한 방법이 없는 경우 등 상법 제814조 제2항에서 말하는 특별한 사정이 있는 경우에는 이러한 부지문구는 유효하고, 위 부지문구의 효력은 운송인이 확인할 수 없는 운송물의 내부 상태 등에 대하여도 미친다고 할 것이다.

따라서 선하증권상에 위와 같은 부지문구가 기재되어 있다면, 이와 별도로 외관상 양호한 상태로 선적되었다는 취지의 기재가 있다 하여 이에 의하여 컨테이너 안의 내용물의 상태에 관하여까지 양호한 상태로 수령 또는 선적된 것으로 추정할 수는 없다고 할 것이므로, 이러한 경우 선하증권 소지인은 송하인이 운송인에게 운송물을 양호한 상태로 인도하였다는 점을 입증하여야 할 것이다.

같은 취지에서 U회사가 운송인이 운송물을 보관, 운송하는 도중에 화물이 손상된 사실, 즉 송하인이 운송인에게 하자 없는 운송물을 인도하였으나 운송인으로부터 하자가 있는 운송물을 인도받은 사실을 주장・입증하여야 한다고 본 원심판결은 정당하고, 거기에 상고이유로 주장하는 바와 같은 선하증권의 추정력, 무고장선하증권에 기재된 부지약관의 효력과 그 내용, 입증책임에 관한 법리 등을 오해한 위법이 있다고 할 수 없다.

4. 판례분석

FCL 화물의 경우, 선하증권에 기재된 화물의 수량, 중량과 부지문언 중에서 어느 것이 유효한지가 본 판례의 쟁점사안이었다. 미국[53]과 영국, 우리나라 법원은 모두 부지문언의 유효성을 인정하였다. 미국법원은 운송인이 적입되고 봉인

53) 선하증권의 부지문언의 효력을 인정하지 않는 판례도 있었다.

된 컨테이너를 인수할 때 선하증권에 부지문언을 기재할 수 있으며, 부지문언은 운송인이 송하인으로부터 화물을 받았음을 나타내는 정보에 불과하며, 선하증권에 기재된 화물의 명세서는 더 이상 운송인이 화물의 상태를 검증하기 위하여 컨테이너를 개봉할 수 있는 기회를 가지고 있다는 것을 의미하지 않는다고 보았다.

부지문언은 어디까지나 송하인이 컨테이너에 화물을 적입하여 운송인은 컨테이너 내부에 있는 화물의 상태를 알 수 없다는 것을 의미하는 것으로 목적지에 도착한 화물의 수량부족에 관하여 운송인은 책임이 없다는 점을 명확히 하였다.

이에 관하여 영국법원은 선하증권에 부지문언이 기재된 경우 운송인에게 금반언을 적용할 수 없으며, 부지문언이 기재된 선하증권은 동 선하증권에 기재된 화물의 중량이나 수량 등을 나타내고 있는 것이 아니라고 보아 선하증권에 부지문언이 기재되어 있으면 선하증권에 기재된 중량과 수량에 대하여 증거가 될 수 없음을 명백히 하였다.

우리나라 대법원은 FCL 화물과 같은 컨테이너 운송의 경우에 운송인은 화물의 내용을 확인할 수 없고 중량도 측정할 수 없기 때문에 부지문언을 기재하여 선하증권을 발행하면 부지문언의 효력은 유효한 것으로 간주하였다. 따라서 수하인이 부족분에 대한 입증책임을 부담하여야 한다고 판시하였다. FCL 화물은 특별한 사정이 있는 경우에 해당되어 운송인은 선하증권에 부지문언을 기재할 수 있고 이런 경우 부지문언의 효력은 인정되어 화물부족에 대한 입증책임은 수하인에게 있다고 보았다. 또한 특별한 사정이 없는 경우에는 부지문언은 무효이므로 운송인이 화물이 부족하지 않았다는 것을 입증하여야 한다.[54)]

54) Clive M. Schmitthoff(1990), p.587.

선하증권의 부지문언이 송하인, 수하인, 운송인에게 미치는 영향

FCL 화물의 경우 선하증권의 부지문언 유효성에 관하여 일부 국가에서는 인정하지 않고 있지만[55] 대부분 국가에서는 부지문언의 유효성을 인정하여 FCL 화물의 운송관습을 법적으로 허용하고 있다.

선하증권을 추정적 증거서류로 인정함으로써 송하인, 수하인, 운송인 간에 형성된 법률관계와 FCL 화물의 경우 선하증권에 기재된 부지문언의 효력을 인정함으로써 발생된 송하인, 수하인, 운송인 간의 법률관계는 근본적으로 다르다. 이와 같이 근본적으로 다른 법률관계는 무역거래에 지대한 영향을 미치고 있다. 본 장에서는 송하인, 수하인, 운송인 간에 발생된 새로운 의무와 책임을 규명하고자 한다.

1. 송하인[56]

(1) 컨테이너의 확인 의무

송하인이 수출화물을 컨테이너에 적입하는 경우에 운송인은 빈 컨테이너를 송하인에게 인도한다. 송하인은 운송인이 인도한 빈 컨테이너가 수출화물을 운송하기에 적합한지 반드시 확인하고 컨테이너가 수출화물을 운송하는데 적합하

55) 선하증권의 부지문언에 대해서 효력을 인정하지 않는 국가로는 프랑스를 들 수 있다. 프랑스는 1976년 프랑스법(the Decree of Ececmber 31, 1976 of France) 제36조에서 "운송인은 물품의 수량이나 상태에 대해서 선하증권상에 신고된 것이 의심스럽다면 선하증권상에 기재할 수 있다"라고 정의하고 있다. 그럼에도 불구하고 "Shipper's load and count"와 같은 부지문언의 효력은 인정하지 않는 입장을 취하고 있다. 이와 관련된 판례로 1998년 American Legarcy호 사건에서 프랑스 대법원은 미국이 계약체결지임에도 불구하고 Pomerene Act를 채택하지 않고, 그와 같은 부지문언은 근거가 불충분한 유보조항이라고 하여 무효화를 선언하였다. 한낙현(2004), p.104.

56) 송하인은 운송인에게 운송계약을 체결하는 당사자로서 운송중개인도 송하인에 해당되지만 본 논문에서는 화주로 한정하여 설명하기로 한다.

지 않으면 운송인에게 수출화물의 운송에 적합한 컨테이너를 인도해 줄 것을 요청하여야 한다.[57]

송하인이 운송인이 인도한 컨테이너에 화물을 적입하고 컨테이너의 하자로 인하여 컨테이너에 적입된 화물에 손상이 발생하면 운송인은 책임이 없고 전적으로 송하인이 책임을 져야 하기 때문에 운송인이 인도한 빈 컨테이너의 상태를 반드시 확인해야 한다.

(2) 컨테이너에 수출화물의 적입 의무

선하증권의 부지문언은 송하인이 수출화물을 컨테이너에 적입하여 봉인했음을 의미하기 때문에 컨테이너에 화물의 적입의무는 운송인에게 있는 것이 아니라 송하인에게 있다. 따라서 송하인은 수출상품의 특성을 확인하여 수출화물이 최종목적지에 도착할 때까지 안전하게 운송될 수 있도록 수출화물을 컨테이너에 적입해야 한다.[58] 송하인은 수출화물의 특성에 따라 컨테이너에 수출화물을 어떻게 적입하여야 되는지 운송인에게 확인한 다음에 확인된 방법으로 수출화물을 컨테이너에 적입하는 것이 바람직하다. 컨테이너에 적입된 수출화물이 해상운송조건에 맞게 적입되지 않아서 발생한 수출화물의 손해에 대해서 운송인은 책임이 없으며 컨테이너에 수출화물을 적입한 송하인에게 모든 책임이 있다는 것이다.

운송인은 송하인이 적입 봉인한 컨테이너의 운송을 인수한 경우에는 송하인은 운송인에게 컨테이너 내용물의 적입과 봉인이 안전, 적절하며 컨테이너와 내용물이 선하증권상의 기재에 따른 취급 및 운송에 적합하다는 것을 담보하는 것으로 보고 있다. 따라서 송하인은 수출화물의 특성을 정확히 파악하여 수출화물의 특성에 맞게 수출화물을 포장하여 컨테이너에 적입해야 한다.

57) 방희석(2004), p.340.
58) 송상현(1982), pp.11~74.

(3) 운송인에게 컨테이너의 인도 의무

송하인이 운송인으로부터 인도받는 빈 컨테이너에 수출화물을 적입하는 경우에 수출화물을 운송인에게 인도하는 것이 아니라 수출화물이 적입된 컨테이너를 인도하는 것이다. 운송인은 컨테이너가 봉인된 상태로 컨테이너의 외관을 확인하여 운송에 적합한지를 확인하는 것으로 충분하며, 컨테이너에 적입된 수출화물의 내용과 상태 및 그 명세에 관하여 송하인이 운송인에게 통지함으로써 알 수 있기 때문에 그 통지로부터 추정되는 특별한 사정이 없는 한 컨테이너에 적입된 화물의 상태 및 명세를 확인할 의무가 없다.

(4) 컨테이너에 적입된 화물의 운송조건 통지 의무

일반적으로 운송인은 화물의 성질에 대해서 잘 알고 있다. 그러나 FCL 화물의 경우, 운송인이 컨테이너에 있는 화물을 확인하지 않았기 때문에 컨테이너에 적입된 화물의 고유한 성질에 대해서 전혀 알지 못한다. 송하인은 선적 시 그러한 화물의 특성을 운송인에게 주지시켜야 하며, 그렇게 하지 못할 때는 운송인은 화물의 손상에 대해서 면책된다.

송하인은 수출화물의 특성상 해상운송과정에서 특별한 주의를 기울여 운송을 하여야 할 경우 반드시 해상운송인에게 통지를 하여야 한다. 송하인이 해상운송인에게 수출화물의 특성상 선적과 하역 및 해상운송과정에서 해상운송인이 특별한 주의를 기울여 수출화물을 취급하지 않을 경우 컨테이너 안에 있는 화물에 손상이 발생할 가능성이 있다는 사실을 반드시 통지해야만 해상운송인으로부터 손해를 배상받을 수 있다.

최종목적지에 도착한 수출화물이 해상운송과정에서 해상운송인이 송하인이 통지한 운송방법으로 운송하지 않음으로써 손해가 발생하였다면 해상운송인은 송하인에게 발생한 손해에 대하여 배상을 하여야 하고 반면에 송하인이 해상운송인에게 수출화물의 특성상 해상운송과정에서 특별한 운송방법으로 운송을 하여야 된다는 것을 통지하지 않으면 해상운송과정에서 발생한 수출화물의 손해에 대하여 해상운송인에게 책임을 물을 수 없다.[59]

2. 수하인

(1) CIF, CFR 무역가격조건에서 수하인과 운송인 간의 법적관계

송하인과 수하인의 법률관계는 수출입매매계약을 통하여 생성된다. 송하인은 수출입매매계약에서 합의한 수출화물을 수하인에게 인도하고, 수하인은 송하인이 제공한 수출화물을 인수하고, 상품대금을 송하인에게 지급하여야 한다. 송하인이 수하인에게 수출화물을 직접 인도할 수 없기 때문에 송하인이 해상운송인과 해상운송계약을 체결하고 해상운송인이 발행한 선하증권을 송하인이 수하인에게 인도하면 수출화물의 소유권이 송하인에서 수하인으로 이전된 것으로 간주한다.[60)]

수하인은 자기가 직접 수출화물을 확인할 수 없기 때문에 해상운송인이 송하인이 제시한 상품을 확인하고, 선하증권을 송하인에게 발행하여, 송하인이 수하인에게 인도하면, 송하인이 수출입매매계약에서 합의한 수출화물을 수하인에게 제공한 것으로 본다. 즉 수하인이 상품대신에 해상운송인이 발행한 선하증권을 인수함으로써 송하인의 상품인도의무가 종료된 것으로 본다.

수하인이 해상운송인이 발행한 선하증권을 안심하고 인수하는 것은 수하인을 대신하여 해상운송인이 송하인이 제시한 수출화물의 내용과 수량 등을 송하인이 제공한 선적요청서의 기재내용과 일치하는지 확인하였기 때문이다.[61)] 따라서

59) 대법원 2001. 7. 10. 선고, 99다 58327 판결.
화학물질이 부산항에서 도쿄 세나트르호에 선적될 당시 그 배의 선장, 선원들은 화학물질이 든 컨테이너의 내용물의 상태 및 명세에 관하여 아무런 통지를 받지 못하였으며 그 컨테이너가 외관상 아무런 이상이 없으므로, 그 컨테이너를 개봉하여 내용물의 상태 및 명세를 확인할 의무가 있었다고 할 수 없고, 나아가 주식회사 장금유한공사는 화학물질에 대한 선하증권을 발행할 당시 송하인측으로부터 운송물이 화학물질이라는 사실을 통지받았으나, 이때까지 아직 화학물질이 취급 및 운송에 있어서 특별한 주의를 필요로 하는 위험물로 분류되지 않으므로, 도쿄 세나르호의 선장, 선원들에게 컨테이너의 내용물이 화학물질이니 특별한 주의를 필요로 한다고 통지할 의무가 있었다고 할 수 없다.

60) 인코텀즈 2000에서 분류한 13가지 무역거래조건 중 CIF, CFR, CPT, CIP 무역거래조건이 이에 해당된다.

61) 임동철(2003), p.22.

수하인은 해상운송인이 송하인으로부터 받는 수출화물을 검사하여, 수출화물이 선적요청서의 기재내용과 일치한다고 확인한 다음에 선하증권을 발행하였기 때문에 수입항에 도착한 수출화물에 하자가 발생하였다면 해상운송인은 수하인에게 손해를 배상할 책임을 부담해야 한다.[62]

송하인이 선하증권을 선하증권에 명시된 수하인에게 정당하게 배서하여 양도하고 수하인이 선하증권을 운송인에게 제시하면 피배서인(被背書人)이 이 선하증권에 대하여 아무런 권리도 가지고 있지 않음을 알고 있는 경우를 제외하고는 그에게 화물을 인도할 의무가 있다. 만일 수하인이 화물의 소유자임이 명백히 밝혀졌더라도 선하증권을 운송인에게 제시하지 않는 한 운송인은 역시 소유자에 대하여 물품의 인도를 거부할 권리가 있다. 해상운송인의 손해배상책임은 해상운송인이 송하인이 제시한 수출화물을 확인할 수 있어야 가능하며, 확인이 불가능한 경우에는 해상운송인에게 손해배상책임을 물을 수 없다는 것이다.

(2) 입증책임

송하인이 운송인으로부터 받은 빈 컨테이너에 수출화물을 적입하여 운송하는 경우에 운송인은 부지문언을 선하증권에 기재하여 발행한다. 이런 경우 운송인에게 금반언을 적용할 수 없다. 따라서 선하증권에 기재된 수량과 실제 선적된 수량과 상당한 차이가 있다 하더라도 부지문언이 기재된 선하증권은 운송인이 화물을 수령했다는 추정적 증거로 받아들여지지 않으며[63] 수량부족으로 운송인에게 손해배상을 청구하는 선의의 선하증권의 소지인은 선적된 정확한 수량을 입증해야 하는 거증책임을 져야 한다.

즉 선의의 선하증권의 수하인은 수입항에 도착된 화물이 부지문언이 기재된 선하증권의 내용과 다르기 때문에 운송인에게 손해배상을 청구할 경우 수하인에게 화물을 운송인에게 인도할 당시의 수량에 대한 거증책임을 부담시킴으로써 운송인의 책임을 면하게 하였다.[64] 따라서 부지문언이 기재된 선하증권을 선

62) 고면규(1999), p.105.
63) S.C. Boyd(1996), p.119.
64) 박희수(1988), p.101.

의로 소지한 수하인은 도착된 화물이 부지문언이 기재된 선하증권의 기재내용과 상이한 경우 송하인이 컨테이너에 수출화물을 선하증권의 기재내용과 일치되게 적입했다는 것을 입증하지 못하면 운송인에게 손해배상을 청구할 수 없다.[65] 해상운송인이 송하인에게 제공한 컨테이너에 송하인이 수출화물을 적입하기 때문에 수출화물의 내용과 상태가 송하인이 제시한 선적요청서에 기재된 내용과 일치하는지 확인할 방법이 없어서 비록 해상운송인이 송하인에게 선하증권을 발행했더라도 도착한 상품의 하자에 관하여 수하인은 해상운송인에게 손해배상을 청구할 수 없다는 것이다.

(3) 송하인의 보증책임에 대한 수하인의 책임

선하증권은 유통성의 특성을 가지고 있는 유가증권이므로 선하증권에 내용을 기재하는 모든 관계 당사자는 선하증권의 기재내용에 대해서 절대적으로 신뢰한다. 그러나 이러한 선하증권의 특성을 이용하여 선의의 제3자에게 손실을 발생시키면 이는 중대한 사기행위가 되며 그에 상응하는 벌을 받아야 마땅할 것이다.

선하증권의 특성을 악용하는 것을 방지하기 위하여 선적 시 운송인은 송하인에게 운송화물의 상세한 내용을 밝힐 것을 요구하고 있으며, 만일 송하인이 정확하지 않는 내용을 신고하여 운송인이 피해를 입게 되면 이에 대해서 송하인은 전적으로 책임을 져야 한다는 조항을 두고 있다.[66]

본 조항에서 명시된 '송하인의 범위를 어떻게 해석할 것인가'이다.[67] 송하인을 운송계약의 당사자로 한정해 볼 것인가 아니면 선하증권의 발행과 양도에 관련해 모든 당사자로 볼 것인가에 관련하여 "Shipper"는 단순히 또 협의로 화물을 선적해 보내는 사람만을 의미하는 것이 아니라 "송하인, 선하증권상에 표시된 수하인, 그리고 배서에 의해서 권리를 갖고 있는 모든 사람"과 같이 광의로 해석하여 이들 중 어느 누가 고의나 과실로 재산이나 인명에 손상을 끼치면 송하인

65) Yoram Shachar(1974), p.209.

66) 임석민(2003), p.389. 헤이그-비스비 규칙, 함부르크 규칙 제17조

67) Raoul Colinvaux, Carver(1971), p.350.

은 면책될 수 없으며, 또 헤이그 규칙 제3조 5항에서 명시된 송하인의 보증책임을 충실히 이행하여야 하는데 그 중 하나라도 이행하지 않으면 역시 면책되지 못한다고 보았다.[68]

선하증권의 양도를 받는 수하인도 양도받는 그 행위가 권리뿐만 아니라 송하인의 모든 책임과 의무도 동시에 이양받는다고 송하인의 범위를 광의로 해석하고 있는 것으로 볼 때 수하인과 선의의 선하증권의 소지인도 송하인과 마찬가지로 운송인에게 선하증권에 기재된 모든 내용을 보증하는 것이 되므로 운송인으로부터 아무런 보상을 받을 수 없다는 결과가 되어버리는 문제점이 발생하지만[69] 송하인의 범위에 수하인도 포함시켜 해석하고 있다는 점을 수하인은 알아야 한다.

(4) 화물의 하자담보책임

무역거래에서 수출입매매계약이 중심이 되고 동시에 운송계약, 보험계약 등 기타 많은 계약에 의하여 뒷받침되고 있다. 무역은 서로 다른 국가에 거주하는 상인 간에 이루어지는 거래로서 송하인은 수출대금회수에 수하인은 자기가 원하는 상품을 입수하는데 관심이 집중되어 있다. 특히 수하인은 외국에 있는 수입상품의 품질과 선적을 매번 확인하기가 어렵기 때문에 송하인과 운송인간에 체결된 운송계약의 약정을 믿고 무역거래를 수행하여 왔다.

송하인과 운송인이 약정한 운송계약의 내용에 따라 수하인의 이익이 심각하게 훼손될 가능성이 있다. 수하인이 목적항에서 운송인으로부터 인수한 화물의 종류와 수량이 운송인이 발행한 부지문언이 기재된 선하증권의 기재내용과 차이가 발생할 경우 선의의 선하증권을 취득한 수하인은 운송인으로부터 운송물을 수령할 당시의 손괴사실을 입증하여야 한다고 판결함으로써 수하인은 매우 위험한 처지에 놓일 수 있다.

68) Mocatta, Mustill & Boyd(1974), p.438 "the shipper mean the shipper or any consignee of goods named in the bill of lading or any endorsee there of to whom the property in the goods shall pass".

69) 박대위, 전게서, p.289.

선하증권의 부지문언은 선의의 수하인이 이미 수출입매매계약을 체결할 당시에 목적지에 도착한 화물의 수량이 선하증권에 기재된 것과 다를 수 있다는 것을 알고 있었다는 것을 의미한다는 것이다. 송하인과 수하인이 수출입매매계약에서 화물을 FCL로 선적하기로 합의한 것은 이미 수하인은 선하증권에 부지문언이 기재되고 이러한 선하증권의 부지문언은 송하인이 화물을 컨테이너에 적입하기 때문에 목적지에 도착한 화물의 수량과 중량이 부지문언이 기재된 선하증권의 기재내용과 상이할 수 있다는 것을 알고 있다고 본다.

따라서 수하인은 부지문언이 기재된 선하증권이 갖고 있는 거래위험을 정확히 인식하여야 한다. 부지문언이 기재된 선하증권은 송하인이 컨테이너에 수출화물을 적입하여 컨테이너에 적입된 화물의 수량과 명세에 대해서 송하인 이외의 어느 누구도 알 수 없기 때문에 오직 송하인만이 컨테이너에 적입된 수출화물의 수량과 명세에 대해서 책임을 부담한다는 것이다.

송하인이 컨테이너에 수출입매매계약에서 합의한 화물과 다른 저질화물을 적입하거나 또는 합의한 수량보다 적은 수량을 적입하여도 이것을 저지시킬 수 있는 당사자가 없으며 그렇게 하여도 서류상에 아무런 하자가 없기 때문에 수하인은 감당하기 어려운 거래위험에 노출될 수 있다는 점이다. 신용장거래에서 신용장거래 당사자가 특별히 부지문언이 기재된 선하증권을 금지하지 않는 한 무지문언이 기재된 선하증권도 정당한 서류로 인정하고 있다.[70] 따라서 수하인은 수입상품의 하자담보책임에 대해서 수출입매매계약에 의거 송하인에게 제기할 수 있는데 송하인이 악의로 사기를 칠 경우 송하인에게 손해배상책임을 물을 수 없고 또한 선하증권을 발행한 운송인에게도 손해배상책임을 물을 수 없는 위험에 처할 수 있다는 것을 꼭 알아야 한다.

(5) 해상적하보험의 효력

CIF, CIP 무역거래조건에서 해상보험계약체결의 의무는 송하인에게 있다. 송하인이 해상보험계약을 체결함에 있어서 보험계약자 또는 피보험자는 중요한

70) 신용장통일규칙 제31조

사항을 고지해야 하고, 그에 관하여 부실한 고지를 해서는 안 된다. 상법 제651조에서 보험계약당시에 보험계약자 또는 피보험자가 고의 또는 중대한 과실로 인하여 중요한 사항을 고지하지 아니하거나 부실한 고지를 할 때에는 보험자는 그 사실을 알게 된 날로부터 1개월 이내, 계약을 체결한 날로부터 3년 내에 한하여 보험계약을 해지할 수 있다고 규정하였다.

보험자는 보험계약을 체결할 때 보험목적물의 손실발생 가능성을 측정하여 이것을 토대로 보험계약 체결 여부를 결정하고 적정한 보험료를 산정한다. 보험자가 보험계약의 체결 여부를 결정하고 합리적인 보험료를 산정하기 위해서는 보험계약자 또는 피보험자가 보험목적물에 대해서 구체적인 사항을 보험자에게 알려주어야 한다.[71] 구체적인 사항은 보험자가 보험계약을 체결할 당시에 보험료를 확정하거나 보험계약의 인수 여부를 결정하는 데 영향을 미칠 수 있는 사항을 의미하는 것으로 보험계약자가 적하보험청약서를 작성하여 보험자에게 통지하고 보험자는 적하보험청약서에 기재된 사항을 근거로 적하보험 인수 여부를 결정한다.[72]

적하보험청약서에는 화물의 종류, 수량, 선적항, 하역항, 선박명, 국적, 선령 등을 기재하도록 되어 있다. 송하인이 수하인을 위해서 적하보험 계약을 체결하는데 송하인이 고지의무를 신의성실의 원칙에 따라 이행하지 못하면 송하인이 체결한 해상적하보험계약은 무효가 되어 수하인은 보험자로부터 보험금을 받지 못할 수도 있다. 송하인이 고지한 수출화물과 수량이 송하인이 컨테이너에 적입한 화물과 수량 간에 큰 차이가 발생하면 송하인이 고지의무를 위반하게 되어 송하인이 체결한 해상적하보험 계약은 무효가 되어 수하인은 해상위험으로부터 보호받지 못한다.

71) 박용섭(1983), pp.121-124.
72) 구종순(2004), p.89.

3. 운송인

운송인은 송하인이 인도한 컨테이너를 확인하여 인수하여야 한다. 운송인의 컨테이너 확인 의무는 어디까지로 볼 것인가이다. 송하인이 화물을 컨테이너에 적입하고 봉인한 컨테이너의 운송을 운송인이 인수한 경우에는 송하인은 운송인에게 컨테이너에 화물을 안전하고 적합하게 적입하고, 봉인했음을. 그리고 컨테이너와 내용물이 선하증권상에 기재된 취급방법과 운송에 적합하다는 것을 담보한 것이다.

따라서 운송인은 컨테이너가 봉인된 상태로 외관을 확인하여 운송에 적합한지를 확인하는 것으로 충분하다. 운송인은 컨테이너 내부의 화물상태와 그 명세에 관하여는 송하인이 통보한 내용에 따라 알 수 있기 때문에 송하인이 통지한 내용으로부터 추정되는 특별한 사정이 없는 한 컨테이너를 개봉하여 화물의 상태 및 명세를 확인할 의무가 없다.

운송인이 선하증권에 부지문언을 기재하여 선하증권을 발행할 수 있는 경우는 운송인이 선하증권에 기재된 내용을 정확하게 확인할 수 있는 합리적인 방법을 가지고 있지 않을 때에 한해서 인정된다. 즉 송하인이 제시한 화물에 대한 수량이나 중량을 확인할 적당한 방법이 있었느냐 없었느냐에 따라 운송인의 책임을 결정한다.

Article 27

Clean Transport Document

A bank will only accept a clean transport document. A clean transport document is one bearing no clause or notation expressly declaring a defective condition of the goods or their packaging. The word "clean" need not appear on a transport document even if a credit has a requirement for that transport document to be "clean on board".

[제 27 조 **무사고 운송선적서류**]

은행은 무사고 운송선적서류만 수리한다. 무사고 운송선적서류라 함은 화물 또는 그 포장에 하자가 있는 상태임을 명시하는 부가 조항이나 단서가 기재되어 있지 않는 선적서류를 말한다. "무사고"란 문언은 신용장이 무사고 본선적재를 나타내는 운송선적서류를 요구하고 있다 하더라도 운송선적서류에 기재할 필요가 없다.

해 설

운송인이 운송될 상품을 검사하고 동 상품에 이상이 없으면 **무사고 선하증권(clean transport document)**을 발행하며 상품과 포장에 문제가 있을 때 **사고부선하증권(foul transport document)**을 발행한다.

이러한 사고부선하증권은 은행이 수리하지 않으며 중고 포장재료 사용, 낡은 포장재료 사용, 수리된 포장재료 사용 등의 문언이 표기된 선하증권은 사고부선하증권이 아니다. 또한 운송서류에 "clean on board"의 표기를 요구하였지만 제시된 운송서류에 이러한 표기가 없는 경우 동 운송서류는 "clean on board"가 있는 것으로 간주하여 수리해야 한다.

Article 28

Insurance Document and Coverage

a. An insurance document, such as an insurance policy, an insurance certificate or a declaration under an open cover, must appear to be issued and signed by an insurance company, an underwriter or their agents or proxy.

b. Where the insurance document indicates it has been issued in more than one original, all originals must be presented.

c. Cover notes will not be accepted.

d. An insurance policy is acceptable in lieu of an insurance certificate or a declaration under an open cover.

e. The date of the insurance document must be no later than the date of shipment, unless it appears from the insurance document that the cover is effective no later than the date of shipment.

f. i. The insurance document must indicate the amount of insurance coverage and be in the same currency as the credit.

ii. A requirement in the credit for insurance coverage to be for a percentage of the value of the goods, of the invoice value or similar is deemed to be the minimum amount of coverage required.

If there is no indication in the credit of the insurance coverage required, the minimum amount of insurance coverage must be 110% of the CIF or CIP value of the goods. However, when the CIF or CIP value cannot be determined from the documents, the minimum amount of insurance coverage must be 110% of the amount for which honour or negotiation is requested, or 110% of the gross value of the goods as shown on the invoice, whichever is greater.

iii. The insurance document must indicate that risks are covered at least between the place of taking in charge or shipment as stated in the credit and the place of discharge or final destination a stated in the credit.

g. A credit should stipulate the insurance required and, if any, the additional risks to be covered. An insurance document will be accepted without regard to any risks that are not covered, if the credit uses imprecise terms such as "usual risks" or "customary risks".

h. Where a credit requires insurance against "all risks" and an insurance document is presented containing any "all risks" notation or clause, whether or not bearing the heading "all risks", the insurance document will be accepted without regard to any risks stated to be excluded.

i. An insurance document may contain reference to any exclusion clause.

j. An insurance document may indicate that the cover is subject to a franchise or excess(deductible).

[제 28 조 보험선적서류와 담보]

a. 포괄예정보험에 의거 발행된 보험증권, 보험증명서, 확정통지서와 같은 보험서류는 보험회사 보험업자 또는 그 대리인, 또는 대리권 자에 의해서 발행되고 서명된 것이어야 한다.

b. 보험선적서류가 2통 이상의 원본으로 발급되었음을 표시하고 있는 경우에 모든 원본선적서류가 제시되어야 한다.

c. 보험인수증은 수리하지 않는다.

d. 보험증권은 포괄예정보험에 의한 보험증명서 또는 확정통지서를 대신하여 수리할 수 있다.

e. 보험서류의 날짜는 선적일 이전에 효력이 있다고 명시되어 있지 않는 한 보험서류의 날짜는 선적일 이전이 되어야 한다.

f. i. 보험서류는 담보금액을 표시하여야 하고 신용장에 표시된 통화와 동일한 통화로 표시하여야 한다.

ii. 신용장에 보험담보는 상품가액, 송장가액의 %(퍼센티지)로 또는 이와 유사하게 표시된 경우에는 요구된 담보범위의 최소금액으로 간주한다. 신용장에 요구된 보험담보범위의 표기가 없는 경우 최소 보험담보 금액은 CIF 또는 CIP 상품 가격의 110%로 한다. 그러나 CIF 또는 CIP 가격이 서류로 결정될 수 없는 경우에 최소 보험담보 금액은 신용장에서 인수와 지급 또는 매입이 요구되는 금액의 110% 또는 총 송장금액의 110% 중에서 더 큰 금액이 된다.

iii. 보험서류는 상품인수자 또는 신용장에 명시된 선적장소와 양륙지 또는 신용장에 명시된 최종목적지 사이에서 위험이 담보되는 지역을 표시하고 있어야 한다.

g. 신용장에 요구되는 보험 및 부보 되어야 할 그 밖의 추가 위험이 있다면 그러한 위험도 명기되어야 한다. 보험서류는 신용장에 "통상의 위험" 또는 "관례적 위험"과 같은 불명확한 용어가 기재되어 있으면 부보 되지 않은 어떠한 위험에 관계없이 수리된다.

h. 신용장이 "전위험"에 대한 보험이라고 규정하고 있는 경우에 "전위험"이라는 표제의 유무에 관계없이 "전위험"이라는 표시 또는 약관이 포함되어 있는 보험서류가 제시되면, 보험서류는 어떤 위험이 부보 되지 않은 것과 관계없이 수리된다.

i. 보험서류에 어떤 예외 조항이 표시될 수 있다.

j. 보험서류에 부보가 면책비율 또는 초과공제 면책비율의 적용을 받는다고 표시할 수 있다.

해 설

a. 보험서류의 발행과 서명

우리나라의 무역규모가 4,800억불을 넘게 된 오늘 아직도 수출입화물은 대부분 해상운송에 의해서 이루어지고 있으며 이러한 해상운송은 해상보험에 의해서 뒷받침 되었다. 해상보험이 없이 해상운송은 발전할 수가 없다. 보험증권과 선하증권은 신용장거래에서 매우 중요한 서류이므로 발행인과 형식을 상세히 규정하여 신용장거래 당사자 간에 발생할 수 있는 분쟁을 피하도록 하였다.

보험서류가 **보험증권**(insurance policy), **보험증명서**(insurance certificate), **확정통지서**(declaration)중에서 어디에 속하는지 반드시 명시되어 있어야 하고 보험회사, 보험업자 또는 그 대리인, 또는 대리권 자가 발행하여 서명하여야 한다.

보험증권, 보험증명서, 확정통지서를 서명하거나 발행할 수 있는 자는 보험회사, 보험인수업자 또는 그 대리인 및 대리권자로 명시하였으며 대리권자는 UCP 600에서 새롭게 추가되었다. UCP 500에서는 보험회사, 보험인수업자, 그들의 대리인에 의해서 서명 발급된 보험서류만 유효한 것으로 하였었으나 UCP 600에서는 보험회사, 보험인수업자, 그들의 대리인과 대리권자로 고쳐서 대리권자도 정당한 발급인에 포함시켰다. 보험회사와 보험인수업자의 대리권자가 보험회사와 보험인수업자를 표시하고 서명하여 발행한 보험서류가 발행되어 이용되었으나 은행은 그 동안 그들의 대리권자가 발행한 보험서류를 수리하지 않아서 보험회사와 마찰이 발행하였다. UCP 600에서는 보험업계의 건의를 받아 들여 보험서류 발행인에 그들의 대리권자를 포함시켰다.

b, c. 보험서류의 원본과 부보각서

보험서류는 원본으로 2통 이상 발행될 수 있으며 보험중개인이 발행한 **부보각서**(cover note)는 신용장에서 허용하지 않는 한 수리할 수 없다. 보험회사와 그의 대리인과 아무런 법적관계가 없는 중개인은 보험계약자를 보험회사에 소개시켜 주는 역할을 하며 그런 과정에서 중개인이 발급한 부보각서는 보험서류로 인정하지 않는다. 중개인이 발급한 부보각서는 보험회사와 법률적관계가 없어서 보험사고가 발행하면 보험계약자는 충분한 배상을 받지 못할 수도 있다. 중개인이 부보각서를 발행하여 보험회사에 제출하면 보험회사가 보험증권을 발행한다. 부보각서가 발급되는 시간과 보험증권이 발급되는 시간 사이에 시차가 발행할 수 있으며 보험사고가 이러한 시차 사이에 발생하면 누가 책임을 져야 하는지 분명하지 않아서 책임소재가 불분명한 부보각서는 처음부터 수리하지 않는다고 못 박았다.

d. 보험증명서 대신에 보험증권의 제시

신용장에 보험증명서 또는 **보험확인서(declaration)**를 요구하였는데 보험증권을 제시하면 은행은 제시된 보험증권을 수리해야 한다. 그 이유는 보험증권이 보험증명서 또는 보험확인서보다 더 완벽한 보험서류이기 때문이다.

보험확인서는 선박회사가 특정상품이 선적되었다는 문언이 기재된 서류를 발행하고 동 서류에 보험회사가 포괄보험증권 하에서 개개보험이 확정되었음을 배서한 서류를 의미한다.

e. 보험서류의 발행일

적하보험은 해상사고에 대비하기 위하여 보험에 든다. 보험은 화물이 선박에 적재된 시점에서 효력이 시작되어야 해상운송에서 발생할 수 있는 해상운송위험을 담보한다. 보험효력 발생시기와 해상운송의 시작시점이 동일하여야 된다. 해상운송시점보다 보험효력 발생시점이 늦게 시작되면 해상운송의 일부 구간은 무보험 상태로 운송될 수 있고 이러한 무보험 운송구간에서 해상사고가 발행하면 보험회사는 책임을 지지 않는다.

CIF와 CIP 무역거래 조건에서 수출상이 수출상품에 대한 적하보험을 부보해야 할 의무가 있으며 수출상이 부보한 적하보험의 담보시기는 CIF의 경우 수출상품이 선적항에서 선박의 난간을 통과한 때에 시작되고 CIP의 경우에는 선적지에서 수출상품이 운송인에게 인도된 때에 시작된다. 따라서 수출상이 제시한 보험증권 또는 보험증명서의 발행일자는 수출상품이 본선의 난간을 통과한 날짜와 운송인에게 인도된 날짜가 동일해야 수출상품은 수출상이 부보한 적하보험에서 보호를 받을 수 있다.

따라서 수출상이 제시한 보험증권 또는 보험증명서 발행일자가 수출상품의 선적일보다 늦게 기재되어 있으면 은행은 이러한 보험증권 또는 보험증명서를 수리하지 않는다. 그러나 보험증권에 보험자의 담보책임이 늦어도 상품의 선적 또는 발송일로부터 시작된다고 표시된 경우에는 보험서류의 발급일이 선적일보다 늦더라도 실질적으로 보험의 보호를 받고 있지만 은행이 보험서류를 거절할 수 있다는 모순이 발생하여 이렇게 보험증권에 기재되어 있으면 보험서류의 발급일이 선적서류 발행일보다 늦더라도 유효한 보험서류로 간주한다.

f. 보험서류의 통화와 담보금액, 담보범위

신용장에 명시된 통화와 보험서류에 기재된 통화가 다른 경우 환위험(exchange risk)이 발생하기 때문에 피보험자인의 이익을 보호하기 위하여 보험서류에 기재된 통화와 신용장에 명시된 통화는 일치하도록 규정하였다.

해상보험은 해상위험의 발생으로 생긴 손해를 배상해 주는 계약이기 때문에 보험계약을 체결할 때 보험자와 보험계약자는 손해보상의 범위와 방법을 합의하여 결정한다. 보험가액(insurable value)은 보험목적물의 실제 가치로 보험사고가 발생하면 피보험자가 입을 수 있는 최대손해액을 말하고, 보험금액(insured amount)은 피보험자가 실제로 보험에 든 금액을 말하는데 보험사고가 발생하면 보험회사가 피보험자에게 지급하는 최대의 보상금이다. 보험자와 보험계약자는 담보금액을 상품가격 또는 송장가격의 퍼센티지로 나타낼 수 있다. ISBP 191에서

UCP는 어떠한 최대백분율에 관하여 규정하지 아니한다고 명시하여 담보가액을 상품가격 또는 송장가격의 130%로 기재할 수 있다고 보았다. 보험자와 보험계약자는 담보금액을 상품가격 또는 송장가격의 130%로 기재할 수 있지만 보험자는 요구된 담보범위의 최저금액으로 지급한다고 명시하여 담보금액을 높게 기재하여도 피보험자가 보험자로부터 배상받을 수 있는 금액은 최저담보금액이 된다.

따라서 **보험계약자**는 불필요하게 보험료를 높게 지불하는 결과가 된다. 초과보험은 선의의 경우를 제외하고는 인정하지 않고 있다. 보험금액이 보험가액을 초과하는 경우가 초과보험이며 보험사고가 발생하면 피보험자는 손해액 이상으로 보상을 받기 때문에 부당이득을 취하게 된다. 신용장에 요구한 보험담보의 표기가 없는 경우 최소 보험담보 금액은 CIF 또는 CIP 상품가격의 110%로 한다. 그러나 CIF 또는 CIP 가격이 서류로 결정될 수 없는 경우에 최소 보험담보 금액은 신용장에서 인수와 지급 또는 매입이 요구되는 금액의 110% 또는 총 송장금액의 110% 중에서 더 큰 금액이 된다.

적하보험은 상품의 특성과 운송용구, 특정거래 등에 따라 매우 다양하기 때문에 신용장에 반드시 적하보험에 부보할 적하보험의 종류를 반드시 명시해야 한다. 적하보험은 협회 적하보험 A약관, B약관, C약관, 협회 적하보험, 전쟁약관, 협회 적하보험 동맹파업 약관, 상품특성에 따라 별도로 부보 해야 하는 특별약관이 있다.

g. “usual risks” or “customary risks”

보험에 들어야 할 추가 위험이 있는 경우에는 그러한 추가 위험을 기재하고 있어야 하고 신용장에 “**통상의 위험**” 또는 “**관례적 위험**”과 같은 불명확한 용어가 기재되어 있으면 부보되지 않은 어떠한 위험에 관계없이 은행은 보험서류를 수리한다. 통상적인 위험과 관례상의 위험은 어떠한 위험을 나타내고 있는지 정확하지 않다. 수익자가 개설의뢰인을 위하여 보험에 들 경우에는 보험료가 가장 적게 들어가는 보험조건으로 보험에 들려고 한다. 애매모호한 보험조건은 결국에 개설의뢰인이 피해를 보기 때문에 금지시켜야 되나 보험조건을 명확하게 정의하지 못하는 경우에는 이러한 용어가 사용되고 있는 것이 현실이기 때문에 이러한 보험서류가 제시되어도 은행은 이의 없이 수락하도록 하였다. 적하보험의 종류는 정확하게 기재해야 되며, 불확실하거나 애매모호하게 작성된 보험서류에 대해 은행은 책임 없이 수리한다. 따라서 개설의뢰인은 적하보험의 종류에 대해 완전하고 정확한 지시를 해야 하며 불확실하거나 애매모호한 지시를 함으로써 야기되는 모든 위험에 대해 개설의뢰인은 모든 책임을 져야 한다.

h. 전위험 담보의 범위

보험에서 전위험 담보는 가장 광범위한 영역을 포함한다. 모든 위험을 담보한다는 의미로 볼 수 있다. 그러나 전위험담보는 모든 위험을 담보하는 것이 아니다.

적하보험에서 전위험담보조건(clause A)을 보면 제 1조 본 조건은 제 4, 5, 6, 7조의 면책조항을 제외한 모든 위험에 대해서 담보한다고 명시하고 있다. 협회적하보험약관 A 조건에서 제 4항 **일반면책약관**(general exclusion clause), 제 5항 **불내항성 및 부적합성 면책약관**(unseaworthiness and unfitness exclusion clause), 제 6항 **전쟁면책약관**(war exclusion clause), 제 7항 **동맹파업면책약관**(strikes exclusion clause) 등은 담보되지 않으며 곡물 유채류의 경우 A조건에서도 **부족한, 습손, 열손**(shortage, sweat & heating) 위험은 제외되며 유리 정밀기계의 경우 **파손**(breakage)**위험**은 담보되지 않아 이들 위험은 추가보험료를 지불해야만 담보된다.

신용장에 적하보험부보조건이 "insurance against all risks"로 기재된 경우, 은행은 이러한 보험서류에 "all risks"로 기재되어 있으며 "all risks"의 문구로 표제하거나 표제하지 않거나 관계없이 또 일부위험이 제외되었다고 표시하고 있어도 동 보험서류를 아무런 책임 없이 수리한다.

i, j. 보험서류의 예외조항, 면책비율과 초과공제 면책비율

보험서류에 어떤 예외조항이 표시될 수 있다는 것은 UCP 500에 없는 내용이다. 보험서류에 어떤 예외조항이 표시되어 있더라도 이 예외조항이 보험서류의 법적효력을 무효화시키는 것이 아니면 인정한다는 것이다. 신용장에 특별히 금지하지 않는 한 **공제면책비율**(deductible franchise) 또는 **비공제면책비율**(non-deductible franchise)이 기재되어 있는 보험서류도 은행은 수리해야 한다.

공제면책비율은 보험회사가 일정한 손실에 대해 보상하지 않는 조건을 의미하는 것으로 보통 3% 또는 5%의 비율이 결정되며 3%나 5% 미만의 손실에 대해서 보험회사가 손해배상을 하지 않고 3%와 5% 이상이 된 손해에 대해서 3%와 5%의 손해를 포함해서 발생된 모든 손해를 보상하며 deductible의 조건은 보상액에서 3%와 5%를 차감한 금액을 보상한다. 은행은 신용장에 적하보험부보조건이 면책비율부적용조건(irrespective of percentage)으로 기재되어 있으면 공제면책비율과 비공제면책비율이 기재된 보험서류를 수리하지 않는다. **면책비율부적용조건**은 보험회사가 발생한 손실에 대해 전액 보상하는 것을 의미한다.

Article 29

Extension of Expiry Date or Last Day for Presentation

a. If the expiry date of a credit or the last day for presentation falls on a day when the bank to which presentation is to be made is closed for reasons other than those referred to in article 36, the expiry date or the last day for presentation, as the case may be, will be extended to the first following banking day.

b. If presentation is made on the first following banking day, a nominated bank must provide the issuing bank or confirming bank with a statement on its covering schedule that the presentation was made within the time limits extended in accordance with sub-article 29 (a).

c. The latest date for shipment will not be extended as a result of sub-article 29 (a).

[제 29 조 유효기일의 연장과 선적서류제시를 위한 최종일]

a. 신용장의 유효기일과 선적서류제시를 위한 최종일이 제 36조에 언급된 사항 이외의 사유로 인해 선적서류를 제시하여야 할 은행의 휴업일이 될 경우에는 유효기일 또는 경우에 따라서, 선적서류제시를 위한 최종일은 다음 첫 은행영업일까지 연장된다.

b. 선적서류제시가 다음 첫 은행영업일에 이루어지면 지정은행은 적송장에 선적서류제시가 제 29조 a항에 따라 연장된 시한 내에 제시되었다는 내용을 개설은행과 확인은행에 제공해야 한다.

c. 최종선적일은 제 29조 a항의 결과로 연장되지 않는다.

해 설

a. 유효기일과 선적서류 제시의 최종일이 은행휴업일인 경우

국경일을 공휴일로 정하는 것은 국가마다 다르다. 서로 다른 국가에 있는 지정은행과 개설은행사이에 공휴일이 서로 다를 수 있다. 수익자가 유효기일 마지막 날에 선적서류를 지정은행에게 제시하였지만 그 날이 공휴일이어서 은행이 문을 닫았다. 수익자는 하는 수 없이 다음날 선적서류를 지정은행에게 제시하였는데 지정은행이 선적서류의 인수를 거절하거나 지정은행이 선적서류를 인수하여 개설은행에게 송부하였는데 개설은행이 유효기일 내에 제시하지 못했다는 이유로 선적서류의 수리를 거절하면 수익자는 너무 억울할 것이다.

수익자가 공휴일을 정하는 것이 아니라 국가가 정하는 것이기 때문에 수익자의 입장에서는 불가항력적인 것이다. 따라서 신용장의 유효기일과 서류제시기일의 마지막 날이 공휴일이면 유효기일과 서류제시기일은 자동으로 다음날 첫 은행영업일까지 연장된다.

b. 유효기일과 서류제시기일의 연장에 대한 지정은행의 통지의무

지정은행은 수익자가 제시한 선적서류를 개설은행에게 송부할 때 매입장을 함께 보내는데 그 매입장에 유효기일과 서류제시기일의 마지막 날이 공휴일이어서 다음 첫 은행영업일까지 연장되었다는 내용을 기재하여 개설은행에게 통지해 주도록 하여 지정은행과 개설은행간의 유효기일과 서류제시기일을 놓고 다투지 않도록 하였다.

c. 최종 선적일

선적일의 마지막 날이 공휴일인 경우 최종 선적일은 연장되지 않는다. 따라서 수익자는 최종선적기일이 공휴일이지만 선적작업을 하는지 확인하여 선적작업을 하지 않을 경우 공휴일을 피하여 선적을 하여야 한다. 최종 선적기일을 신용장에서 엄하게 다루는 것은 여러 가지 이유가 있겠지만 선주들의 이익을 보호하는 것으로 볼 수 있다. 수천억의 자금이 투입되어야 선박을 살 수 있고 선박을 운영하는 데 엄청난 자금이 소요된다. 선주는 이러한 비용을 상쇄하고 돈을 벌기 위해서 선박을 365일 가동하고 있다. 국경일 마다 선박을 멈추면 막대한 손실이 발생하여 선박은 공휴일에 관계없이 정해진 항구를 떠난다. 따라서 최종선적일은 공휴일로 연장되지 않기 때문에 화주들은 최종선적일을 꼭 지켜야 한다.

Article 30

Tolerance in Credit Amount, Quantity and Unit Prices

a. The words "about" or "approximately" used in connection with the amount of the credit or the quantity or the unit price stated in the credit are to be construed as allowing a tolerance not to exceed 10% more or 10% less than the amount, the quantity or the unit price to which they refer.

b. A tolerance not to exceed 5% more or 5% less than the quantity of the goods is allowed, provided the credit does not stipulate the quantity in terms of a stipulated number of packing units or individual items and the total amount of the drawings does not exceed the amount of the credit.

c. Even where partial shipments are not allowed, a tolerance not to exceed 5% less than the amount of the credit is allowed, provided that the quantity of the goods, if stated in the credit, is shipped in full and a unit price, if stated in the credit, is not reduced or that sub-article 30 (b) is applicable. This tolerance does not apply when the credit stipulates a specific tolerance or uses the expressions referred to in sub-article 30 (a).

[제 30 조 신용장의 금액 / 수량 / 단가의 과부족]

a. 신용장에 명시된 신용장 금액, 수량 또는 단가와 관련하여 사용된 "about", "approximately"의 문언은 언급된 금액, 수량 또는 단가보다 상하 10%를 초과하지 아니하는 과부족을 허용하는 것으로 해석된다.

b. 상품수량보다 상하 5%를 초과하지 않는 과부족은 신용장이 수량을 포장단위 또는 개개품목의 개수로 명시하지 않고 총환어음금액이 신용장금액을 초과하지 않을 경우에 허용된다.

c. 분할선적이 허용되지 않은 경우에 신용장 금액보다 5%를 초과하지 않는 과부족은 신용장이 화물의 수량을 명시하고 있을 경우에는 그러한 화물의 수량은 전량 선적되어야 하고 신용장이 단가를 명시하고 있는 경우에는 그러한 가격은 감액되지 않고 제 30조 b항이 적용될 수 있으면 허용된다. 본 과부족은 신용장에 특별히 과부족이 표시되었거나 제 30조 a항에서 언급된 표현이 사용되었을 때는 적용되지 않는다.

해 설

a. "about", "approximately"

수량을 정확하게 파악할 수 있는 상품이 있는가 하면 수량을 정확하게 파악할 수 없는 상품도 있다. 붓을 만드는데 쓰이는 가는 털 50만개를 거래하는 경우 본 제품 50만개를 제공하기란 여간 어려운 일이 아니다. 상품의 거래 단위 수량이 워낙 커서 정확하게 거래수량을 계산하는 것은 불필요한 비용이 발생하여 거래 당사자 간에 실익이 없다.

이와 같은 상품의 거래에 신용장의 금액, 상품수량 또는 단가 앞에 "about"이나 "approximately"를 삽입하여 금액, 단가, 수량의 10%가 과부족 되는 것을 허용한다. 이와 같은 10%의 상·하 편차는 반드시 "about"이나 "approximately"란 용어가 사용된 부분에 한해서 효력을 가지므로 상품수량 앞에 "about"가 표시되었으나 신용장 금액에는 이러한 표시가 없으면 상품수량의 10% 상·하 편차는 허용되나 신용장 금액의 10% 상·하 편차는 허용되지 않는다. 이러한 원칙은 신용장의 금액과 단가, 수량에 한해서 적용되며 신용장의 유효기일과 선적기일에는 적용되지 않는다.

b. 5%의 과부족 허용

신용장에 명시된 곡물이나 광산물의 수량을 정확하게 선적할 수 없다. 옥수수 50만톤을 거래하는 경우 선적시점에서 50만톤을 선적하였지만 운송과정에서 온도변화로 또는 일부손실로 중량이 감소하거나 증가할 수 있다. 이런 경우 왜 정확하게 중량을 지키지 못했느냐고 수익자에게 책임을 물으면 수익자는 너무 억울할 것이고, 개설의뢰인이 수량의 과부족을 이유로 상품인수를 거절한다면 상품의 거래는 크게 침체될 것이다. 조금한 수량의 편차는 거래당사자의 이익을 크게 훼손하지 않는다. 따라서 신용장에 특별히 과부족을 금지하는 내용이 없는 한 선적상품의 +, - 5%의 과부족은 허용된다. 선적상품이 신용장에서 명시된 수량보다 초과된 경우 환어음금액과 신용장금액, 상업송장금액을 동일하게 기재하고 초과분에 한해서는 추심방식으로 대금을 회수하는 것이 실무상 안전하다.

이러한 과부족의 허용조항은 포장단위나 개개 품목으로 셀 수 있는 경우에는 적용되지 않는다. 즉 과부족 허용조항은 포장단위나 개개 품목으로 셀 수 없는 곡물, 원유, 광산물과 같은 Bulk Cargo의 경우에 적용된다.

c. 분할선적이 금지된 신용장 거래의 5% 과부족

분할선적을 금지하는 신용장에서 수익자가 신용장에 기재된 포장단위나 개별품목의 수량 또는 단가와 동일하게 선적한 경우 UCP 500은 수익자가 어음금액을 5% 감액하여 발행할 수 있도록 하였으나 UCP 600은 30조(b)가 적용되는 경우에는 어음금액을 5% 감액하여 발행할 수 있도록 변경하였다.

CFR 또는 CIF의 무역거래조건에서 수출입매매계약은 체결하기 전에 적하보험료와 운송비용을 알 수 없는 경우가 있을 수 있고 이런 경우 수출입매매계약에 적하보험료와 운송비용을 추정하여 기재하고 동 조건에 따라 신용장을 개설하기 때문에 신용장에 기재된 수량이 전량 선적되고, 단가가 신용장에 명시된 것과 일치하더라도 적하보험료와 운송비용의 차이로 상업송장에 기재된 금액과 신용장에 명시된 금액간의 차이가 불가피하게 발생할 수 있고 이 경우 5% 이내의 감액발행이 인정된다.

본 과부족은 신용장에 특별히 과부족이 표시되었거나 제 30조 a항에서 언급된 표현이 사용되었을 때는 적용되지 않는다.

Article 31

Partial Drawings or Shipments

a. Partial drawings or shipments are allowed.

b. A presentation consisting of more than one set of transport documents evidencing shipment commencing on the same means of conveyance and for the same journey, provided they indicate the same destination, will not be regarded as covering a partial shipment, even if they indicate different dates of shipment or different ports of loading, places of taking in charge or dispatch. If the presentation consists of more than one set of transport documents, the latest date of shipment as evidenced on any of the sets of transport documents will be regarded a the date of shipment.

A presentation consisting of one or more sets of transport documents evidencing shipment on more than one means of conveyance within the same mode of transport will be regarded as covering a partial shipment, even if the means of conveyance leave on the same day for the same destination.

c. A shipment made by courier or by post will not be regarded as a partial shipment if the courier receipts, post receipts or certificates of posting appear to have been stamped or signed by the same courier or postal service at the same place and date and for the same destination.

[제 31 조 분할어음발행과 분할선적]

a. 분할어음발행과 분할선적은 허용된다.

b. 선적이 동일한 항로를 따라 동일한 운송 수단으로 이루어졌음을 입증하는 2통 이상의 운송서류 제시는 운송서류가 동일한 목적지를 표시하고 있으면, 비록 운송서류가 다른 선적일자 또는 다른 선적항, 인수지 또는 적송지를 표시하고 있을지라도 분할선적으로 간주하지 않는다. 2통 이상의 운송서류가 제시된 경우 여러 운송서류 중에서 입증된 최종선적일이 선적일로 간주된다.

선적이 동일한 운송수단으로 두 가지 이상의 운송방식으로 이루어졌음을 입증하는 1통 또는 2통 이상 운송서류의 제시는 비록 운송수단이 동일한 목적지를 향해 동일한 날짜에 출발했다 하더라도 분할선적으로 간주된다.

c. 특급배달 또는 우편에 의한 선적은 특급배달 수취증, 우편수취증, 우편증명서가 동일한 장소와 날짜, 동일한 목적지를 나타내며, 동일한 특급배달 또는 우편 서비스업체가 날인 또는 서명했음을 나타내고 있더라도 분할선적으로 간주하지 않는다.

해 설

a. 분할어음과 분할선적

신용장에 분할선적에 관해서 아무런 언급이 없으면 분할선적이 가능한 것으로 간주되지 때문에 개설의뢰인은 분할선적 금지여부를 신용장에 정확히 기재해야 한다.

b. 동일항로, 동일운송수단에 수차례의 선적

신용장이 분할선적을 금지하더라도 동일항로, 동일운송수단에 수 차례의 선적은 분할선적으로 간주하지 않는다.

정기선운송은 정해진 항로를 주기적으로 항해하기 때문에 수출상이 부산항을 떠나는 지정선박에 선적을 다 못한 경우 미 선적 수출상품을 비행기로 운송하여 홍콩에 있는 지정선박에 선적하여 계약상품 전량이 지정된 항구에 도착하면 이것은 분할선적으로 간주하지 않는다. 왜냐하면 수입상은 계약상품을 전량 인수하였기 때문이다. 수입상이 분할선적을 금지하는 것은 선적할 때 별도로 상품이 선적되는 것을 방지하기 위해서가 아니라 상품의 도착이 다른 경우를 방지하기 위해서 이런 분할선적 금지조항을 요구하게 된 것이다. 수익자는 선적이 동일한 항로를 따라 동일한 운송 수단으로 이루어졌음을 입증하는 2통 이상의 운송서류를 제시하고 운송서류가 동일한 목적지를 표시하고 있으면, 비록 운송서류가 다른 선적일자 또는 다른 선적항, 인수지 또는 적송지를 표시하고 있을지라도 분할선적으로 간주하지 않고, 2통 이상의 운송서류가 제시된 경우 여러 운송서류 중에서 입증된 최종선적일이 선적일로 간주한다. 그러나 UCP 600은 선적이 동일한 운송수단으로 두 가지 이상의 운송방식으로 이루어졌음을 입증하는 1통 또는 2통 이상 운송서류의 제시는 비록 운송수단이 동일한 목적지를 향해 동일한 날짜에 출발했다 하더라도 분할선적으로 간주한다고 하여 동일한 항로를 따라 운송되는 동일한 운송수단의 경우에 한해서 분할선적이 아니라는 점을 명확히 분할선적을 둘러싼 분쟁을 방지하려고 하였다.

c. 특급배달 또는 우편에 의한 선적

특급배달 또는 우편으로 발송하는 소포의 경우 포장단위가 각기 다를 수도 있고 포장단위 별로 명세서가 작성되므로 여러 장의 수취증이 발급될 수 있다. 우편 또는 특급배달에 의한 여러 번의 선적에 관하여 신용장에 발송지로 기재되어 있는 장소에서 같은 일자로 소인 등이 표시되어 있으면 분할선적으로 간주하지 않는다.

Article 32

Instalment Drawings or Shipments

If a drawing or shipment by instalments within given periods is stipulated in the credit and any instalment is not drawn or shipped within the period allowed for that instalment, the credit ceases to be available for that and any subsequent instalment.

[제 32 조 할부어음발행과 할부선적]

신용장에 일정기간 내의 할부에 의한 어음발행 또는 선적이 명시된 경우에 어느 할부부분이 당해 할부를 위하여 허용된 기간 내에 어음발행 또는 선적되지 아니하면, 당해 할부부분은 물론 그 이후의 모든 할부부분에 대해서 신용장은 무효가 된다.

해 설

개설의뢰인이 상품을 일시에 인수하면 상품이 판매되기까지 보관하는데 드는 비용이 발생하여 판매될 수 있는 물량을 주기적으로 수익자로부터 공급받으려고 한다. 개설의뢰인이 매월 의류 5천벌을 판매한다면 수익자로부터 매월 5천벌의 의류를 받아 보관비용을 최소화시켜 판매를 하는 경우를 할부선적이라고 한다. 수입할 경우에 할부선적은 정해진 기간에 수량을 선적하는 것을 의미하기 때문에 분할선적과는 다르다.

이러한 할부선적과 할부어음발행조건은 수입상의 이익을 보호하기 위해 만들어졌기 때문에 수출상은 정확히 할부선적기간을 엄수해야 하며, 이 중 어느 한 기간의 선적기일을 이행하지 못하면 해당 선적 뿐만 아니라 그 이후의 모든 할부선적에 대해서도 신용장은 무효가 되어 대금결재를 받지 못한다.

Article 33
Hours of Presentation

A bank has no obligation to accept a presentation outside of its banking hours.

[제 33 조 선적서류제시기간]

은행은 영업시간 이외에 제시된 선적서류를 수리할 의무를 지지 않는다.

해 설

수익자는 선적서류를 은행영업시간에 제시하여야 하며 은행은 은행영업시간 이외의 시간에 제시된 선적서류를 인수하지 않는다. 은행의 영업시간은 국가마다 다르다. 우리나라의 경우 은행은 오전 9시 30분에 문을 열고 오후 4시 30분에 문을 닫는다. 따라서 수익자는 선적서류를 오전 9시 30분에서 오후 4시 30분까지 은행에 제시하여야 하며 유효기일과 서류제시기일의 마지막 날도 오전 9시 30분에서 오후 4시 30분까지를 말하며 자정 12시를 의미하지 않는다.

은행은 은행영업시간 이외에 제시되는 서류를 수리할 의무가 없으며 신용장 유효기일과 서류제시기일의 만료시간은 은행영업 마감시간을 말하며 은행영업시간이 지난 만료일 자정까지를 의미하는 것은 아니다.

Article 34

Disclaimer on Effectiveness of Documents

A bank assumes no liability or responsibility for the form, sufficiency, accuracy, genuineness, falsification or legal effect of any document, or for the general or particular conditions stipulated in a document or superimposed thereon; nor does it assume any liability or responsibility for the description, quantity, weight, quality, condition, packing, delivery, value or existence of the goods, services or other performance represented by any document, or for the good faith or acts or omissions, solvency, performance or standing of the consignor, the carrier, the forwarder, the consignee or the insurer of the goods or any other person.

[제 34 조 선적서류의 유효성에 대한 면책]

은행은 모든 선적서류의 형식, 충분성, 정확성, 진정성, 위조 또는 법적효력에 대하여, 또는 선적서류에 명시 또는 부기된 일반조건 또는 특수조건에 관하여 하등의 책임이나 의무를 부담하지 않으며, 또한 선적서류에 표시되어 있는 상품, 서비스 또는 기타 의무이행의 표지, 수량, 중량, 품질, 상태, 포장, 인도, 가격 실존 여부에 대해서나 또는 상품의 송하인, 운송인, 운송주선인, 수하인 또는 보험자 기타 모든 관계자의 성실성 행위 또는 부작위, 지급능력, 이행 또는 신용상태에 관하여도 하등의 책임이나 의무를 부담하지 않는다.

해 설

본 조항은 서류심사에 관련된 은행의 면책사항을 서류자체에 대한 사항, 서류의 기재사항, 서류작성자에 대한 행위 등으로 구분하여 규정한 것이다.

지구촌에 약 30억의 인구가 살고 있다. 인구수 만큼 다양한 상품들이 거래되고 있으며 은행은 이러한 상품들을 다 알고 있어야 한다고 주장하는 것은 무리가 있다. 개설은행은 개설의뢰인을 대신하여 선적서류를 충분히 심사할 의무가 있으나 그 많은 상품에 대해서 전문적으로 다 알 수 없다. 은행이 5일 이내에 제시된 선적서류를 상세히 심사하여 신용장의 조건, 적용 가능한 본 규칙의 조항, 국제표준은행관행과 일치하는지 서류만을 수리하기란 거의 불가능할 뿐만 아니라 그에 대한 책임을 부담하는 대가로 은행이 받는 비용이 너무 적다. 따라서 은행은 제시된 선적서류의 형식과 문면상 신용장의 조건, 적용 가능한 본 규칙의 조항, 국제표준은행관행과 일치하는지 심사하여 선적서류를 인수하면 그외 제34조에서 규정된 모든 것으로부터 면책된다.

은행은 이러한 면책을 보장받기 위하여 수입거래 신청을 받을 때 수입거래에 따른 모든 사항을 규제하는 수입거래 약정서를 개설의뢰인으로부터 받는다. 수업거래약정서에 기재된 은행의 면책조항을 살펴보면 다음과 같다. 은행 또는 환거래은행 등은 신용장 조건에 따른 수입환어음 또는 선적서류의 매입, 지급, 인수 등을 함에 있어서 서류가 문면상 신용장 조건과 일치하는지를 확인하기 위하여 상당한 주의를 가지고 모든 서류를 점검하여야 한다. 다만 은행 또는 환거래은행 등은 서류에 관한 다음 각 호에 대하여는 아무런 의무나 책임을 지지 아니한다.

1. 선적서류의 형식, 충분성, 정확성, 진정성, 위조, 변조 또는 법적 효력
2. 선적서류상에 표시되어 있는 상품의 명세, 수량, 중량, 품질, 상태, 포장, 인도, 가격 또는 실재 여부

3. 상품의 매도인, 송하인, 운송인, 보험자, 기타 관련자의 성실성, 작위 또는 부작위, 지급능력, 이행능력 및 신용상태 등

은행이 개설의뢰인으로부터 이와 같은 면책조항이 포함된 수입거래약정서를 받았다고 해서 모든 경우에 다 면책되는 것은 아니다. 제시된 선적서류가 신용장에서 요구한 일반적인 형식을 충족시켰는지, 개설의뢰인이 요구한 선적서류가 모두 제시되었는지, 상업송장에 기재된 상품명세서와 수량 단가 금액 등이 신용장에서 기재된 것과 동일한지 제시된 선적서류만 보고 판단하여 잘못된 경우에는 인수거절을 한다.

a. 서류 자체에 대한 면책

i. 형식

은행은 선적서류에 개재된 내용이 법적으로 효력이 있는지를 심사하는 것이 아니라 선적서류의 정상적 상태만을 심사하는 것으로 족하다.

ii. 충분성

제시된 선적서류에 개설의뢰인이 요구한 내용이 기재되어 있지 않았더라도 신용장에서 이러한 내용을 요구하지 않는 이상 제시된 선적서류를 은행은 아무런 책임 없이 수리한다.

iii. 정확성

제시된 선적서류에 금액·단가·수량 등이 기재되어 있는데 이러한 기재내용이 정확하게 계산되어 기재 되었는지 심사할 의무는 없고 다만 기재내용이 신용장에 명시된 내용과 일치되는지 심사만 한다.

iv. 진정서, 위조 및 법적효력

은행은 제시된 선적서류의 진정성과 위조 또는 법적 효력에 대해서 알지 못하고 선적서류의 유효성을 의심할 만한 사유가 없다고 판단하여 선적서류를 수리하면 개설의뢰인은 개설은행에게 대금을 지급하여야 한다. 은행이 제시된 선적서류를 수리한 후에 선적서류가 위조된 경우에 은행이 선적서류의 위조에 가담한 경우와 사전에 선적서류가 위조되었다는 것을 인지한 경우를 제외하고 은행은 책임을 지지 않는다.

v. 서류에 부기된 일반조건 또는 특수조건

선하증권과 보험증권은 뒷면에 일반면책약관과 전면에 특수면책약관을 찍어서 발행되기도 하는데 은행은 이들 서류에 기재된 일반조건 및 특수조건에 대해서 책임을 지지 않는다. 이와 같은 일반조건과 특수조건은 그 업계에서 관행으로 정착되어 개설의뢰인의 이익을 침해하지 않아야 되며, 그 업계에서 누구나 인정할 수 없는 일반조건과 특수조건이 개설의뢰인의 이익을 침해하는 경우에는 은행은 선적서류의 수리를 거절할 수 있다. 선하증권에는 환적약관 갑판적재약관이 기재되어 발행하고 있는데 이것은 해상운송업계의 일반적인 관행이다. 또한 보험증권은 보험자가 면책되는 특수조건을 명시하여 발행되고 있으며 이것 또한 보험업계의 관행으로 인정되고 있다.

b. 서류에 기재되어 있는 상품의 품질상태에 대한 면책

은행은 선적서류에 기재된 수량, 중량, 품질, 상태, 포장, 인도, 가격이 사실대로 존재하는지에 관하여 하등의 책임을 지지 않는다. 선적서류의 작성은 은행이 하는 것이 아니라 제3자가 하기 때문에 제3자가 선적서류를 작성할 때 은행이 일일이 관여하여 제대로 작성하는지를 지켜볼 수 없다. 선적서류에 기재된 상품이 실제로 선적되어 존재하는지도 심사할 의무도 없고 단지 선적서류에 기재된 내용이 신용장에서 요구한 것과 일치하는지를 심사할 뿐이다. 선적서류의 상품명세서에 신발이라고 명시되었지만 쓰레기가 실제로 선적되어도 선적서류에 명시된 내용을 가지고 판단하는 은행은 신발 대신에 쓰레기가 선적되었는지 알 수 없기 때문에 책임을 질 수 없다.

c. 서류의 작성 발행자에 대한 면책

은행은 선적서류의 발행자가 성실한지, 신용도가 양호한지, 재무적인 능력이 있는지를 심사하는 것이 아니기 때문에 이에 대해서 면책된다. 선적서류의 발행자는 신용장 거래의 당사자가 아니기 때문에 서류발행자가 제시한 신적서류가 신용장에서 요구한 조건을 충족시키고 있는지를 심사하면 되지 서류발행자의 배경을 일일이 다 조사하여야 할 책임을 부담하지 않는다. 선적서류와 보험증권을 발행한 운송회사와 보험회사가 파산하면 그들이 발행한 운송서류와 보험증권을 매입한 은행은 그들의 파산에 대해서 하등의 책임을 지지 않는다.

Article 35

Disclaimer on Transmission and Translation

A bank assumes no liability or responsibility for the consequences arising out of delay, loss in transit, mutilation or other errors arising in the transmission of any messages or delivery of letters or documents, when such messages, letters or documents are transmitted or sent according to the requirements stipulated in the credit, or when the bank may have taken the initiative in the choice of the delivery service in the absence of such instructions in the credit.

If a nominated bank determines that a presentation is complying and forwards the documents to the issuing bank or confirming bank, whether or not the nominated bank has honoured or negotiated bank, an issuing bank or confirming bank must honour or negotiate, or reimburse that nominated bank, even when the documents have been lost in transit between the nominated bank and the issuing bank or confirming bank, or between the confirming bank and issuing bank.

A bank assumes no liability or responsibility for errors in translation or interpretation of technical terms and may transmit credit terms without translationg them.

[제 35 조 선적서류전달에 대한 면책]

은행은 송달중의 지연, 분실, 훼손으로 발생하는 결과 또는 이와 같은 통보, 서장 또는 선적서류가 신용장에 명기된 조건에 따라 송달될 때 또는 은행이 신용장에 이와 같은 지시사항이 없어서 자의에 의해서 전달 서비스를 선택할 수도 있을 때 모든 통보, 서장 또는 선적서류의 송달에서 발생하는 기타의 오류에 대해서 하등의 책임과 의무를 부담하지 않는다.

지정은행이 제시된 선적서류가 신용장의 조건과 일치한다고 결정하여 선적서류를 개설은행 또는 확인은행에게 제시하면, 지정은행이 인수와 지급 및 매입을 하든지 안하든지에 관계없이 개설은행과 확인은행은 선적서류가 지정은행과 개설은행 또는 확인은행, 또는 확인은행과 개설은행간의 송달과정에서 분실되었다 하더라도 본 지정은행에게 인수와 지급 및 매입 또는 상환을 해야만 한다.

은행은 전문용어의 번역 또는 해석상의 오류에 대하여 하등의 책임과 의무를 부담하지 않으며, 신용장의 조건을 번역하지 않고 신용장을 전달할 수 있다.

해 설

개설은행이 개설의뢰인의 요청과 지시에 따라 신용장을 개설하여 수익자에게 통지하고 수익자는 환어음과 제반서류를 작성하여 은행을 통해 개설은행에게 송부하게 되는데 이러한 서류의 송부과정에서 발생하는 서류의 내용 훼손, 분실 또는 지연, 전신 통신과정에서의 지연, 훼손에 대해서 책임을 지지 않은 것으로 UCP 500에서는 규정하였으나 UCP 600에서는 지정은행이 개설은행이나 확인은행에게 선적서류를 송부하는 과정에서 선적서류가 분실된 경우 또는 선적서류가 확인은행에서 개설은행으로 송부되는 과정에서 분실된 경우 지정은행이 인수와 지급, 매입한 것에 관계없이 개설은행은 책임을 지도록 하였다.

UCP 600의 내용을 납득하기 어렵다. 지정은행에 대한 개설은행의 의무는 선적서류를 개설은행에게 제시하여 제시된 선적서류가 신용장의 요구조건과 일치하면 발생하는 것이지 지정은행이 선적서류를 심사하고 인수와 지급, 매입을 할 때 발생하는 것이 아니다. 즉 개설은행의 지급확약은 지정은행이 서류를 인수하고 수출대금을 수익자에게 지급할 시점에서 발생하는 것이 아니라 개설은행이 지정은행으로부터 환어음과 서류를 접수한 시점에서 발생하기 때문이다.

개설은행은 선적서류를 받아 보지 않고는 선적서류가 신용장의 요구조건과 일치하는지 알 길이 없고 판단할 수도 없다. 개설은행의 귀책사유가 아닌 사유로 개설은행에게 책임을 지우는 것은 잘못된 것으로 보인다. 지정은행은 수익자가 제시한 선적서류를 매입하여 개설은행에게 송부하는 과정에서 발생할 수 있는 분실에 대비하여 수입거래약정서에 모든 책임은 수익자가 진다고 명시하여 개설은행의 지급확약은 매입은행이 서류를 인수하고 수출대금을 수익자에게 지급할 시점에서 발생하는 것이 아니라 개설은행이 매입은행으로부터 환어음과 서류를 접수한 시점에서 발생하기 때문이다. 지정은행이 수리한 선적서류가 지정은행에서 확인은행과 개설은행으로 또 확인은행에서 개설은행으로 송부되는 과정에 분실되었다는 이유로 선적서류가 신용장의 요구조건과 일치하는지 확인하지 않고 개설은행은 무조건 책임을 져야 한다고 하면 개설은행은 너무 억울할 것이다. 개설은행은 개설의뢰인이 요구한 신용장을 개설의뢰인이나 수익자에게 발송함으로써 개설은행의 의무를 이행하는 것이다. 서류를 송부하는 당사자가 개설은행의 영향권에 있는 경우 서류의 송부과정에서 서류가 분실되거나 지연 또는 훼손 되었다면 개설은행은 이에 대한 책임을 부담해야 한다.

은행은 전문용어나 기술적인 용어의 번역상 오류에 대해서 면책된다. 지급, 연지급, 인수, 매입은행이 제시된 신용장을 잘못 해석하여 수출대금을 지급하는 경우에 지급, 연지급, 인수, 매입은행이 해석을 잘못하였어도 이들은 개설은행으로부터 보상 받을 권리가 유보되고 개설은행은 또한 개설의뢰인에 대하여 책임은 지지 않는다. 반대로 개설은행과 지급, 연지급, 인수, 매입은행이 신용장 내용의 해석을 다르게 하여 개설은행이 지급, 연지급, 인수, 매입은행에게 대급지급을 거절하면 이들 은행은 수익자에게 수출대금의 반환을 요구할 수 있다.

확인은행에서 매입이 제한된 신용장거래에서 확인은행이 제시된 선적서류를 심사하여 개설은행에 제시하였으나 개설은행과 확인은행과의 용어를 서로 다르게 해석하여 발생한 분쟁에서 누구의 손을 들어줘야 되는지에 관하여 살펴보면 개설은행이 최종적인 책임을 져야 한다. 개설은행은 정확한 신용장을 개설할 의무가 있으며 전문용어를 다르게 해석함으로써 발생되는 위험은 개설의뢰인이 부담하여야 하며, 개설은행이 1차적으로 이에 대한 책임을 지고 2차적으로 개설의뢰인에게 그에 대한 책임을 물어야 한다. 확인은행이 선적서류를 다르게 해석하여 선적서류를 수리하고 수출대금을 수익자나 지정은행에게 지급하면 확인은행은 그들에게 상환권을 행사할 수 없다.

Article 36

Force Majeure

A bank assumes no liability or responsibility for the consequences arising out of the interruption of its business by Acts of God, riots, civil commotions, insurrections, wars, acts of terrorism, or by any strikes or lockouts or any other causes beyond its control.

A bank will not, upon resumption of its business, honour or negotiate under a credit which expired during such interruption of its business.

[제 36 조 불가항력]

은행은 천재, 폭동, 소요, 전쟁, 테러행위 또는 동맹파업 및 직장폐쇄, 기타 불가항력으로 인한 은행업무의 중단으로 발생한 결과에 대하여 하등의 책임이나 의무를 지지 않는다.

은행은 영업이 재개되어도 은행업무가 중단된 기간 중에 유효기간이 경과된 신용장에 대해서 인수와 지급 또는 매입을 하지 않는다.

해 설

UCP 600은 불가항력에 테러행위를 포함하여 은행은 천재지변 등 불가항력 또는 동맹파업, 직장폐쇄, 테러행위로 인해 은행이 영업을 하지 못함으로써 발생되는 결과에 대해 하등의 책임을 부담하지 않는다고 규정하였고 또한 불가항력 기간에 신용장의 유효기일이 종료되면 신용장은 그것으로 그 유효성이 끝나게 되기 때문에 은행은 불가항력 기간에 유효기일이 종료된 서류를 매입할 수 없다고 규정하였다.

본 조항은 수익자에게 매우 불리한 조항이다. 불가항력은 누구의 잘못으로 발생하는 것이 아니라 어느 누구의 잘못 없이 발생하는 것으로 은행은 이러한 불가항력의 결과에 대해서 하등의 책임을 지지 않는다. 수익자가 잘못하여 불가항력이 발생한 것이 아님에도 불가항력 기간에 신용장의 유효기일이 종료되면 불가항력이 해결된 이후에 자동으로 연장되지 않고 신용장거래는 신용장 유효기일의 종료와 함께 종결되는 것으로 규정하였다. 본 조항은 불가항력의 결과에 대해서 수익자가 책임을 지도록 하였다.

본 조항은 불가항력을 “any other causes beyond its control”로 표현하여 발생할 수 있는 불가항력을 모두 포함하는 것으로 규정하였다. 지정은행이 선적서류를 매입하기 전에 개설은행에서 불가항력의 사태가 발생하면 지정은행은 불가항력을 이유로 선적서류의 인수를 거부할 수 있지만 확인은행은 선적서류의 인수를 거절할 수 없다. 신용장에 지급, 연지급, 매입이 지정된 지정은행에서 불가항력의 사태가 발생하면 수익자는 선적서류를 확인은행이나 개설은행에 제시하여 매입을 의뢰할 수 있다. 신용장의 개설지 또는 결제지에서 불가항력의 사태가 발생하였을 경우에 지급, 연지급, 인수 또는 매입은행은 서류의 지급, 연지급, 인수 또는 매입을 거절할 수 있으나 확인은행은 그렇게 할 수 없다.

Article 37

Disclaimer for Acts of an Instructed Party

a. A bank utilizing the services of another bank for the purpose of giving effect to the instructions of the applicant does so for the account and at the risk of the applicant.

b. An issuing bank or advising bank assumes no liability or responsibility should the instructions it transmits to another bank not be carried out, even if it has taken the initiative in the choice of that other bank.

c. A bank instructing another bank to perform services is liable for any commissions, fees, costs or expenses ("charges") incurred by that bank in connection with its instructions.

If a credit stipulates that charges are for the account of the beneficiary and charges cannot be collected or deducted from proceeds, the issuing bank remains liable for payment of charges.

A credit or amendment should not stipulate that the advising to a beneficiary is conditional upon the receipt by the advising bank or second advising bank or second advising bank of its charges.

d. The applicant shall be bound by and liable to indemnify a bank against all obligations and responsibilities imposed by foreign laws and usages.

[제 37 조 피지시 은행의 행위에 대한 면책]

a. 은행이 신용장 개설의뢰인의 지시를 이행할 목적으로 다른 은행의 서비스를 이용하는 경우에는 개설의뢰인 비용과 위험부담으로 한다.

b. 개설은행 또는 통지은행은 이러한 타 은행을 비록 자의에 의해서 선택하였고 또 개설은행과 통지은행이 다른 은행에게 전달한 지시가 이행되지 아니하더라도 그에 대해서 하등의 책임이나 의무를 지지 아니한다.

c. 다른 은행에게 서비스를 이행할 것을 지시하는 당사자는 그 지시와 관련해서 지시받은 당사자가 부담한 수수료, 요금, 비용 및 지출금(비용)에 대해서도 책임을 진다

신용장에 비용이 수익자의 부담으로 명시되어 있다 하더라도, 비용이 그로부터 징수 또는 공제될 수 없는 경우에는 개설은행은 비용 지불에 대한 책임을 진다.

신용장과 조건 변경된 신용장에 수익자에 대한 통지는 통지 은행과 제 2의 통지은행이 통지서를 받자마자 비용이 발생하는 조건임을 기재하지 말아야 한다.

d. 신용장 개설의뢰인은 외국의 법률 및 관습에 의하여 부과되는 모든 책임과 의무에 대해서 은행에 기속되며 또한 이로 인해 발생하는 결과에 대해서 이를 보상할 책임을 진다.

해설

a. 개설은행 이외의 은행비용의 부담

개설은행은 개설의뢰인의 지시와 요청에 따라 신용장을 개설하여 수익자에게 전달하고 수익자가 제시한 서류를 근거로 수출대금을 지급하게 된다. 이와 같이 개설은행이 신용장을 개설하고 최종적으로 수출대금을 지급하는 과정에 개설은행 이외의 제3의 은행들이 신용장거래에 참여하게 되며 이들 은행들이 신용장거래에서 그들의 의무를 이해함으로써 발생되는 모든 비용과 위험 부담은 개설은행이 부담하는 것이 아니라 개설의뢰인이 부담해야 한다.

b. 지정은행의 지시불이행에 따른 책임면제

개설은행의 면책은 의무를 해태한 중간은행들을 개설은행이 직접 선택하였거나 개설의뢰인이 선택하였거나를 불문하고 개설의뢰인이 부담해야 한다. 왜냐하면 개설의뢰인의 요구와 지시가 없었다면 그러한 지시가 없었을 것이고 또 그런 문제가 발생하지 않았을 것이기 때문이다. 그러나 개설은행이 자기의 의무를 태만히 함으로써 발생하는 손실에 대해서 개설은행은 면책될 수 없다.

c. 지정은행의 이용비용 부담

신용장거래를 성사시키기 위하여 다른 은행에게 지시를 한 당사자는 그러한 지시를 받는 당사자가 그러한 지시를 이행하는 과정에서 발생한 비용에 대해서 책임을 지며 그러한 비용을 수익자가 부담하는 경우에 수익자가 그러한 비용을 지급하지 못하면 개설은행이 최종적으로 책임을 진다.

d. 외국의 법률 및 관습에 따른 책임

개설의뢰인은 상관습과 법률, 제도가 다른 외국과의 거래에서 발생하는 위험을 부담해야 한다. 개설의뢰인과 개설은행 간에 체결된 수입거래약정서에 이러한 모든 비용과 위험은 전적으로 개설의뢰인이 부담해야 된다고 명시되어 있다.

Article 38

Transferable Credits

a. A bank is under no obligation to transfer a credit except to the extent and in the manner expressly consented to by that bank.

b. For the purpose of this article :

Transferable credit means a credit that specifically states it is "transferable" and that may be made available in whole or in part to another beneficiary ("second beneficiary") at the request of the beneficiary ("first beneficiary").

Transferring bank means a nominated bank that transfers the credit or, in a freely available credit, a bank that is specifically authorized by the issuing bank to transfer and that transfers the credit. An issuing bank may be a transferring bank.

Transferred credit means a credit that has been made available by the transferring bank to a second beneficiary.

c. Unless otherwise agreed at the time of transfer, all charges (such as commissions, fees, costs or expenses) incurred in respect of a transfer must be paid by the first beneficiary.

d. A credit may be transferred in part to more than one second beneficiary provided partial drawings or shipments are allowed.

A transferred credit cannot be transferred at the request of a second beneficiary to any subsequent beneficiary.

e. Any request for transfer must indicate if and under what conditions amendments may be advised to the second beneficiary. The transferred credit must clearly indicate those conditions.

f. If a credit is transferred to more than one second beneficiary, rejection of an amendment by one or more second beneficiary does not invalidate the acceptance by any other second beneficiary, with respect to which the transferred credit will be amended accordingly. For any second beneficiary that rejected the amendment, the transferred credit will remain unamended.

g. The transferred credit must accurately reflect the terms and conditions of the credit, including confirmation, if any, with the exception of:

- the amount of the credit,
- any unit price stated therein,
- the expiry date,
- the period for presentation, or
- the latest shipment date or given period for shipment,

any or all of which may be reduced or curtailed.

The percentage for which insurance cover must be effected may be increased to provide the amount of cover stipulated in the credit or these articles.

The name of the first beneficiary may be substituted for that of the applicant in the credit, but if the name of the applicant is specifically required by the credit to appear in any document other than the invoice, such requirement must be fulfilled.

h. The first beneficiary has the right to substitute its own invoice and draft, if any, for those of a second beneficiary for an amount not in excess of that stipulated in the credit, and upon such substitution the first beneficiary can draw under the credit for the difference, if any, between its invoice and the invoice of a second beneficiary.

i. If the first beneficiary is to present its own invoice and draft, if any, but fails to do so on first demand, or if the invoices presented by the first beneficiary create discrepancies that did not exist in the second beneficiary's documents and the first beneficiary fails to correct them on first demand, the transferring bank has the right to present the documents, as received from the second beneficiary to the issuing bank, without further responsibility to the first beneficiary.

j. The first beneficiary may, in its request for transfer, indicate that honour or negotiation is to be effected to a second beneficiary at the place to which the credit has been transferred, up to and including the expiry date of the credit. This is without prejudice to the right of the first beneficiary in accordance with sub-article 38 (h).

k. Presentation of documents by or on behalf of a second beneficiary must be made to the transferring bank.

[제 38 조 양도가능신용장]

a. 은행은 그 은행이 명백히 동의한 범위와 방법을 제외하고 신용장을 양도할 의무를 지지 않는다.

b. 본 조항의 목적상 양도가능신용장은 특별히 신용장은 "양도가능"하다고 기재되어 수익자에게 신용장의 전부 또는 일부를 이용할 수 있는 신용장을 말한다. 양도은행은 신용장을 양도하는 지정은행을 말하고 자유신용장의 경우에는 개설은행이 특별하게 양도수권을 부여한 은행이 신용장을 양도한다. 개설은행은 양도은행이 될 수 있다. 양도가능신용장은 제 2 수익자가 양도은행을 이용할 수 있도록 되어 있는 신용장을 말한다.

c. 양도시점에서 동의한 경우를 제외하고 신용장 양도로 인하여 발생된 모든 비용(수수료, 요금, 비용, 지출금)은 제 1 수익자가 지불한다.

d. 신용장은 분할어음발행과 분할선적이 허용된 경우에 2명 이상의 제 2 수익자에게 일부 양도될 수 있다. 양도된 신용장은 제 2 수익자의 요청에 따라 다른 수익자에게 양도될 수 없다.

e. 모든 양도요청에 제 2 수익자에게 통지될 수 있는 조건변경의 내용이 기재되어 있어야 한다. 양도된 신용장은 정확하게 이와 같은 조건을 명시하고 있어야 한다.

f. 신용장이 2명 이상의 제수익자에게 양도된 경우에 1인 또는 그 이상의 제 2 수익자가 신용장 조건변경을 거절하더라도 양도된 신용장이 변경되어지는 다른 제 2 수익자에 의한 수락을 무효화시키지 않는다. 조건변경을 거절한 제 2 수익자에 대해서 양도된 신용장은 조건변경 없이 존속한다.

g. 양도신용장은 다음의 조건을 제외하고 확인(있는 경우)을 포함해서 신용장의 제 조건을 정확하게 표시하여야 한다.

- 신용장의 금액
- 신용장에 명시된 단가
- 유효기일
- 선적서류 제시 기일 또는
- 최종선적일 또는 허용된 선적기간

이 중의 일부 또는 전부는 감소 또는 단축될 수 있다.

보험에 부보되어야 할 백분율은 신용장 또는 본 규칙에 명시된 보험금액을 제공할 수 있을 만큼 증액될 수 있다. 제 1 수익자의 명의는 신용장에 표기된 신용장 개설의뢰인의 명의 대신에 사용될 수 있다. 그러나 신용장이 특별히 개설의뢰인의 명의가 송장 이외의 모든 서류에 표시되길 요구하고 있을 경우에는 그러한 요구조건은 충족되어야 한다.

h. 제 1 수익자는 신용장에 명시된 원 금액을 초과하지 않는 금액에 대해서 자신의 송장과(있을 경우) 환어음을 제 2 수익자의 것과 대체하여 사용할 수 있는 권리를 가진다. 그리고 이와 같이 송장과 환어음을 대체할 경우에는 제 1 수익자는 자신의 송장과 제 2 수익자의 송장 사이에 차액이 있을 경우 이에 대해서 신용장에 의거 환어음을 발행할 수 있다.

i. 제 1 수익자가 자신의 상업송장과(있는 경우) 환어음을 제시하도록 되어 있으나 최초 요구시 이를 이행하지 않을 경우 또는 제 1 수익자가 제시한 상업송장에 제 2 수익자의 선적서류에 없는 하자가 있어서 제 1 수익자가 최초 요구시 이를 수정하지 못하는 경우, 양도은행은 제 1 수익자에 더 이상의 책임 없이 제 2 수익자로부터 받은 선적서류를 개설은행에게 인도할 권리를 갖는다.

j. 양도 요청시, 제 1 수익자는 인수와 지급 또는 매입은 신용장이 양도되어진 그 곳에서 신용장의 유효기일을 포함하는 날짜까지 제 2 수익자에게 이행되도록 명시할 수 있다. 이러한 경우 제 38조 h항에 따라 제 1 수익자의 권리는 침해받지 아니한다.

k. 제 2 수익자의 선적서류의 제시는 양도은행에서 이루어져야 한다.

해설

a. 은행의 신용장 양도의무

UCP 500에서 양도은행은 그 은행이 명백히 동의한 범위와 방법을 제외하고 신용장을 양도할 의무를 지지 않으며 **양도은행**은 지급, 연지급, 인수 및 매입은행과 자유매입신용장의 경우 양도지정은행이 된다고 규정하였다. 개설은행과 확인은행이 양도은행에 포함되는지에 관하여 분쟁이[73] 발생하였고 이 문제에 대해서 UCP 500의 규정은 명확하지 않았다.

이 문제를 해결하기 위해서 UCP 600에서는 양도은행을 은행으로 수정하였다. 따라서 개설은행뿐만 아니라 모든 은행은 그 은행이 명백히 동의한 범위와 방법을 제외하고 신용장을 양도할 의무를 지지 않는다고 규정하여 제1수익자의 양도요청을 은행이 거부하면 제1수익자는 신용장을 양도할 수 없는 입장에 놓이게 되었다. 신용장이 양도가 안 되는 책임은 은행에게 있는 것이 아니라 수익자에게 있다는 것이다.

은행이 수익자의 양도요청을 거부할 수 있는 사항을 크게 두 부문으로 살펴볼 수 있다.

첫째, 양도가능신용장을 개설한 은행의 대외신인도가 낮은 경우를 들 수 있다. 양도은행이 지급, 인수 또는 매입은행인 경우 양도은행과 양도가능신용장 개설은행과의 법적관계는 위임 또는 대리인 관계가 성립되어 개설은행의 대금지급확약을 믿고 수출상에게 서류와 상환으로 수출대금을 지급하게 된다. 이러한 은행들이 완전히 위임 또는 대리인 역할을 수행하면 개설은행에게 대금의 상환을 요구할 수 있다. 이와 같이 대금지급확약을 한 개설은행의 대외 신인도가 떨어지면 양도은행은 수출상에게 서류와 상환으로 수출대금의 지급을

73) 이제현, 노동환 "신용장통일규칙 제48조의 해석과 적용에 관한 연구", 한국수출보험학회지, 제3권 제1호, 한국수출보험학회, 2002, 11. pp.107~128.

거부하고 수익자의 신용장 양도요청도 거부할 것이다.

둘째, 개설된 양도가능신용장 내용에 하자가 있는 경우이다. 신용장 내용이 수출입매매계약에서 명시한 내용과 상이하게 발행되거나 또는 수출상이 이행하기 불가능한 조항이 포함된 조건부 신용장이 발행된 경우이다. 신용장 내용은 수출입거래 당사자인 수출상과 수입상이 합의하여 결정된다. 수입상은 자기 이익을 위해 수출상이 이행하기 어렵거나 그 이행에 있어서 실수하거나 무시하기 쉬운 함정을 파놓고 시황이 불리해 지면 함정에 빠진 수출상에게 서류인수를 거부하거나 상품가격의 하락만큼 수출대금을 할인해 줄 것을 요구하는 일이 비일비재하게 국제무역거래에서 일어나고 있다.

조건부신용장은 선적유보나 매입유보 문언이 있는 신용장, 국제 양도된 신용장으로 양도은행이 개설은행으로부터 대금수령 후 지급하는 조건 등 특정조건이 충족되어야 신용장으로써 효력이 인정되는 것을 말하며 이러한 조건부신용장은 신용장으로써의 독특한 가치가 없다. 이와 같이 신용장에 독소조항을 포함시키는 것은 수입상이 수입국의 시황이 변화됨에 따라 손해가 발생되면 그 손해를 수출상에게 전가시키기 위한 술책이다.

수익자는 개설은행의 신용도를 철저히 파악하고 통지받은 신용장에 신용장의 양도에 걸림돌이 될 수 있는 독소조항이 있는지 확인하여 신용장이 양도될 수 있는 신용장을 받도록 해야 하며 그러한 책임은 은행에게 있는 것이 아니라 수익자에게 있다는 점을 UCP 600에서 재차 강조하였다.

b. 양도가능신용장의 정의와 양도은행

양도가능신용장의 용어는 “transferable”이며 이외의 어떠한 표현도 양도가능신용장의 용어로 간주하지 않는다. 따라서 양도가능신용장은 신용장에 반드시 “transferable”이라는 용어가 기재되어 있어야 양도가능신용장으로 간주하며 양도신용장은 제2수익자가 양도은행을 이용할 수 있도록 되어 있는 신용장을 말한다고 새롭게 내용을 추가하였다.

수출입매매계약에서 수출상과 수입상이 합의하여 대금결제방식으로 양도가능신용장을 이용할 것을 결정하게 된다. 양도가능신용장은 수출입매매계약의 당사자인 수출상이 아닌 제3자가 수출입매매계약의 상품을 생산하고 제반서류를 제시하여 수출대금을 회수하기 때문에 개설의뢰인과 개설은행과 확인은행은 더 많은 위험을 부담하게 되어 UCP 600에서 신용장의 양도를 요청할 수 있는 자를 제1수익자로 한정하였고 양도은행의 자격은 지정은행과 개설은행으로 규정하여 양도은행에 개설은행을 포함시켰고 자유매입신용장의 경우 양도지정은행이 된다.

c. 수익자의 양도비용 부담

신용장 양도에 따른 제반 비용은 원칙적으로 제1수익자가 부담해야 되며 양도시점에서 다른 당사자가 동 비용을 부담하기로 약정한 경우 그러한 내용이 양도가능신용장에 명시되고, 양도은행이 동의하고, 지정된 당사자가 동 비용을 지불해야 만이 양도은행이 신용장을 양도할 수 있다.

d. 양도횟수의 제한

신용장의 양도는 1회에 한해서 가능하면 분할선적이 허용된 경우 복수의 제2수익자에게 양도가 가능하다고 규정하였고 UCP 500에 있는 "제1수익자에게 재양도(retransfer)되는 경우 이러한 양도는 본 규정에서 정한 재양도 금지규정에 적용되지 않는다."는 규정이 UCP 600에서는 "양도된 신용장은 제2수익자의 요청에 따라 다른 수익자에게 양도될 수 없다."로 변경되었지만 UCP 600에서도 제2수익자가 제1수익자에게 신용장을 재양도 할 수 있는 것으로 본다.

신용장에 분할선적이 허용된 경우 제1수익자는 제2수익자들에게 동시에 분할양도는 할 수 있으며, 복수의 제2수익자에게 이루어진 여러 번의 분할양도는 한 번 양도된 것으로 간주하며 총 분할된 금액은 신용장에 명시된 금액과 동일하여야 한다.

신용장의 양도 횟수를 1회로 제한한 것은 개설의뢰인의 이익을 보호하기 위한 것이다. 개설의뢰인은 수익자가 생산한 상품을 수입하길 원하지만 개설의뢰인은 수익자의 상황과 신용을 고려하여 수익자가 아닌 제3자가 생산한 상품을 수입하겠다고 결정한 것이다. 그러나 알지도 못하는 제2의 수익자가 신용장을 제3자에 양도하면 개설의뢰인은 매우 불안한 위치에 있게 된다. 신용장이 일반채권과 같이 연속적으로 양도되지 못하게 개설의뢰인이 입게 될 피해를 방지하고자 양도를 1회로 제한하였다.

e. 신용장 조건변경서의 통지

신용장의 양도요청서에 신용장이 양도된 후에 신용장의 조건변경이 있으면 조건변경된 내용을 제2수익자에게 어디까지 통지해야 되는지 그 범위와 내용을 명확히 명시하도록 하였다. 제1수익자가 신용장을 제2수익자에게 양도할 때 추후에 신용장의 내용이 변경될 경우 그 변경내용을 제2수익자에게 통지할 것인지 명시하고 통지한다면 통지내용을 명확히 명시하도록 했다.

제1수익자는 추후에 변경된 신용장 내용을 제2수익자가 아는 것을 원치 않을 수 있다. 제1수익자가 자기가 원하지 않는 내용 즉, 자기에게 불리한 내용의 조건변경은 양도은행이 제1수익자의 동의 없이 직접 제2수익자에게 통보하는 것을 방지하기 위해서 양도은행이 그렇게 하지 못하도록 할 것인가에 대해서 신용장의 양도를 요청할 때 이 점을 분명히 밝히도록 한 것이다.

만일 신용장의 조건변경을 제2수익자에게 통지하고 싶지 않으면 그러한 내용을 신용장이 양도될 때 양도요청서에 기재하여 양도은행이 이러한 내용을 알고 사전에 제2수익자에게 주지시켜 그러한 양해 하에 신용장이 양도된다는 것을 알려 주어야 한다.

f. 양도신용장의 조건변경

복수의 제 2 수익자에게 신용장이 양도되고 신용장의 조건이 변경된 경우 복수의 제 2 수익자는 독립적으로 신용장조건변경의 수락 여부를 결정할 수 있으며 한 당사자가 신용장조건변경을 거부한다고 해서 다른 당사자가 신용장조건변경을 수락하는 데 어떠한 영향을 주지 않는다.

신용장이 다수의 제 2 수익자에게 양도되고 신용장 조건이 변경되면 변경된 신용장 조건을 다수의 제 2 수익자가 동 내용을 수락해야 되는지 아니면 일부는 수락하고 일부는 거부할 수 있는지에 대한 사항을 정확히 명시하였다. 즉 제 2 수익자는 자유의사에 따라 신용장 조건변경을 수락할 수 있으며 수락하지 않는 경우에 원신용장이 유효하고 신용장의 수락행위는 신용장의 조건변경을 인정하지 않는 제 2 수익자에 대해 하등의 영향을 받지 않는다. 따라서 신용장의 조건변경효력은 제 2 수익자가 변경된 신용장을 인수하겠다는 의사가 통지은행에 접수된 시점에서 발생한다.[74]

양도가능신용장에서 다수의 제 2 수익자는 그들이 양도받은 부분에 대해서 서류를 매입할 수 있는 권리가 주어지며 이러한 개별적인 제 2 수익자에게 부여된 권리는 타인의 행위에 의해서 하등의 영향을 받지 않음을 명확히 했다.

g. 양도신용장 요구내용의 변경과 수정

신용장의 양도는 원 신용장에 명시된 내용과 일치하게 양도되어야 하지만 제 1 수익자를 보호하기 위해 다음과 같은 예외규정을 두어 제 1 수익자의 입장을 반영하였다. 첫째, 양도신용장의 금액이나 단가가 원신용장 금액이나 단가보다 적을 수 있다. 제 1 수익자가 중개상인으로써 시세차익을 원하는 경우 원신용장의 단가와 금액을 줄여서 양도하고 그 차액을 제 1 수익자가 가져갈 수 있도록 한 것이다. 둘째, 신용장의 유효기일, 서류제시기간의 최종일 및 선적일

74) 대한상공회의소. ICC 한국위원회, ICC 국제무역정보, 2000, 11, pp.152~154.

은 원신용장에 기재된 이들 기일보다 단축될 수 있다. 셋째, 보험을 원신용장에 명시된 금액으로 부보할 수 있도록 증액할 수 있다.

수출입상이 무역을 하는 것은 돈을 벌기 위해서 한다. 수출상과 수입상이 직접거래를 하는 경우도 있고 수출상과 수입상을 중개하여 시세차익을 이익으로 가져가는 중개상도 있다. 수출거래가 성사되기까지는 많은 노력과 비용이 발생한다. 중개상이 수출상과 수입상을 중개하여 수출거래를 성사시키기까지 중개상은 많은 노력과 비용을 지출하였고 이러한 비용은 수출거래가 계속 이어짐에 따라 발생하는 이익으로 충당할 것이다. 수출상과 수입상은 가능한 한 중개상을 배제하고 직접 거래하여 비용을 줄이려고 할 것이고 중개상은 계속해서 자기를 통하여 거래가 이루어지도록 원할 것이다. 중개상의 원하는 대로 되기 위해서는 수출상과 수입상이 수출거래에서 제시된 문서를 통하여 누가 누구인지를 모르면 가능하다. 따라서 중개상인 제1수익자가 신용장을 수출상품의 제조자인 제2수익자에게 양도할 때 신용장에 기재된 수입상인 개설의뢰인의 상호와 주소 및 연락처를 제1수익자로 변경하여 신용장을 양도할 수 있고 제2수익자가 작성한 선적서류를 제1수익자가 받아서 선적서류에 기재된 제2수익자를 제1수익자로 변경하여 선적서류를 작성하여 개설은행에 제시할 수 있도록 하였다.

h. 상업송장과 환어음 대체

제1수익자는 제2수익자가 제시한 상업송장과 환어음을 자기 것으로 대체할 수 있다. 제1수익자는 신용장을 양도할 때 원신용장에 기재된 금액보다 적게 명시하여 발행하기 때문에 제2수익자가 발행한 상업송장과 환어음을 받아서 원신용장에 명시된 금액으로 다시 상업송장과 환어음을 발행하여 개설은행에 제시할 수 있도록 하였다.

i. 제 1 수익자가 선적서류를 제때에 대체하지 못하는 경우

제 1 수익자가 양도은행에서 제 2 수익자가 제시한 상업송장과 환어음을 대체하기로 된 경우에 양도은행의 상업송장과 환어음의 대체요청에 제 1 수익자가 응하지 못하는 경우 또는 제 1 수익자가 양도은행에 제시한 선적서류와 제 2 수익자가 제시한 선적서류가 상이하여 양도은행이 이를 시정할 것을 제 1 수익자에게 요청하였으나 제 1 수익자가 제때에 이를 이행하지 못하는 경우에는 양도은행은 제 1 수익자로부터 받은 서류를 그대로 개설은행에 송부한다. 수익자는 양도은행이 요구한 내용을 지정된 기간에 이행하여야 하고 이를 이행하지 못함으로써 발생한 모든 책임은 제 1 수익자에게 있다는 점을 분명히 하였다.

j, k. 양도신용장거래의 선적서류 매입장소와 제 2 수익자의 선적서류제시장소

오늘날 많은 기업들은 국경을 초월하여 경쟁우위가 있는 지역에서 상품을 생산하고 있다. 따라서 수출계약이 체결된 국가와 수출상품을 생산하는 국가가 다를 수 있고, 이런 경우 양도가능신용장이 사용된다. 제 1 수익자와 제 2 수익자가 다른 국가에 거주하고 있는 경우 양도가능신용장의 거래에서 선적서류의 매입장소와 제시장소가 어디인가를 결정하는 것이 중요하게 되었다. 선적서류의 매입장소와 제시장소가 제 1 수익자가 있는 곳에서 이루어져야 한다고 보면 제 2 수익자는 빨리 선적서류를 준비하여 신용장 유효기일이내에 선적서류가 제 1 수익자가 있는 국가로 보내야 되기 때문에 시간에 쫓기게 되어 상당한 어려움을 겪게 된다.

제 1 수익자는 제 2 수익자의 편의를 위해 신용장이 양도될 때 양도은행에게 신용장이 양도된 장소에서 인수와 지급 및 매입이 이루어지도록 지시할 권리를 갖도록 하였다. 제 2 수익자는 선적서류를 원신용장에 명시된 유효기일까지 양도은행에 제시하도록 규정하여 시간적 압박에서 벗어날 수 있도록 하였다. 제 2 수익자가 원신용장 유효기일의 마지막 날에 서류를 제시하면 제 1 수익자는 제시된 서류를 자기가 작성한 서류로 대체시킬 시간이 없기 때문에 본 조항에서는 원신용장의 유효기일이 경과한 후에도 제1수익자는 송장대체나 추가 어음의 발행을 할 수 있도록 하여 원신용장의 발행어음이나 개설의뢰인도 접수한 서류 중에 제1수익자의 송장 또는 어음작성일자가 원신용장의 유효기일 후의 것이라도 신용장의 양도가 이루어졌다는 것이 명백한 경우에는 이들 서류를 거절할 수 없도록 하였다.

Article 39

Assignment of Proceeds

The fact that a credit is not stated to be transferable shall not affect the right of the beneficiary to assign any proceeds to which it may be or may become entitled under the credit, in accordance with the provisions of applicable law. This article relates only to the assignment of proceeds and not to the assignment of the right to perform under the credit.

[제 39 조 **대금의양도**]

신용장이 양도 가능한 것으로 명시되어 있지 않다는 사실로 인하여 수익자가 해당법률의 규정에 따라 신용장하에서 수권되거나 수권될 수 있는 신용장 대금을 양도할 수 있는 권리에는 아무런 영향을 받지 않는다. 본 조항은 대금의 양도에만 관한 것이며 신용장 자체의 실행 권리(實行權利)의 양도에 관한 것은 아니다.

해설

매입신용장의 거래에서 수익자는 개설은행이나 제3의 은행을 지급인으로 어음을 발행하여 선적서류와 함께 지정은행에 제시하여 지정은행이 인수하면 지정은행은 선의의 어음소지인이 된다. 수익자가 자기가 발행한 어음을 배서하여 양도할 수 있고, 이렇게 배서된 어음은 신용장거래 당사자가 아닌 다른 채권자에게 양도될 수 있다.

수익자가 발행한 어음을 배서에 의해서 양도받은 제3자가 선적서류와 함께 지정은행에게 제시하면 지정은행은 제시된 선적서류가 신용장의 요구조건과 일치하면 수출대금을 지급한다. 어음의 양도는 신용장의 양도와 다른 법률적 성격을 가지고 있다. 어음의 양수인은 신용장거래에서 발생한 수출대금에 대한 채권을 양도받는 것이고 선적서류를 작성할 의무는 없다. 신용장거래의 당사자인 수익자만이 선적서류를 작성할 의무가 있다. 수익자가 어음과 선적서류를 양수인에게 양도하고 양수인이 이들 선적서류를 지정은행에 제시하면 제시된 선적서류가 신용장의 요구조건과 일치하여야 양수인은 어음대금을 받을 수 있다.

신용장의 양도는 신용장거래에서 발생한 양도인인 제1수익자의 의무와 권리가 양수인인 제2수익자에게 양도되어 양수인은 선적서류를 작성하고 환어음을 발행하여 은행으로부터 수출대금을 받을 권리를 가지고 있다. 반면에 어음의 양도는 선적서류를 작성할 당사자와 은행으로부터 대금을 받을 당사자가 서로 다르다.

UCP 600과 eUCP Version 1.1의
조문별 해설

II

eUCP Version 1.1의 조문별 해설

eUCP

1. eUCP의 주요내용

UCP 600이 등장함에 따라 eUCP(Version 1.0)가 eUCP(Version 1.1)로 변경되어 내용이 일부 수정되었다. eUCP는 UCP를 보충하는 규정으로써 신용장거래에 있어 서류제시 등에 관해 전자서류를 사용하는 경우 이에 대한 내용을 규정하고 있다. Version 1.1은 UCP 600에서 변경된 용어와 서류제시방법을 반영하기 위해서 그에 관련된 내용을 수정하였다. 전반적으로 보면 eUCP는 신용장에서 전자서류를 이용하여 서류를 제시할 수 있도록 하는 경우(eUCP 신용장을 사용하는 경우)에 적용되며, 그 내용은 주로 전자서류의 제시와 검토, 서류인수의 거절 사유 등에 관련된 내용을 규정하고 있다. 한 가지 미흡한 것은 eUCP 신용장과 관련된 서류만을 그 내용으로 하고 있지, 신용장 자체가 전자서류의 형식을 이용하여 발행될 수 있도록 하는 내용에 관한 규정이 전혀 없다는 것이다. 이에 대한 보완이 이루어져야 할 것으로 생각된다. 그럼 UCP와 비교하여 eUCP가 어떻게 전자서류에 대해 규정하고 있는지 살펴보도록 한다.

(1) eUCP의 적용범위와 UCP와의 관계

① eUCP의 적용범위

eUCP는 전자서류 또는 종이서류와 전자서류를 동시에 제시할 경우 이를 이용하기 위하여 기존의 UCP를 보완하는 내용으로서 전자신용장 자체의 형식에 관한 내용보다는 기존의 신용장거래에서 전자방식으로 서류를 제시할 수 있도록 허용하는 경우에[75] 적용되는 것으로 eUCP는 신용장에 eUCP가 적용된다고 기재되어 있는 경우에 UCP를 보완하여 적용된다.[76]

75) 제e1조 a.

전자신용장거래의 당사자인 수출상과 수입상이 전자신용장에 eUCP가 적용된다고 합의하여 동 내용을 기재한 경우에 적용된다. 또한 전자신용장거래의 당사자들은 신용장에 eUCP 규칙과 더불어 적용 가능한 eUCP의 판(Version)을 기재해야 되고 eUCP의 판은 신용장이 발행된 시기에 효력이 있는 것이어야 하며 eUCP가 변경된 경우에는 변경된 시점에 효력이 있는 eUCP판이 적용된다.[77] 따라서 전자신용장거래 당사자들은 전자신용장을 이용하기 위해서는 발행된 신용장에 eUCP의 준거문언과 eUCP의 적용가능한 판을 기재해야만 된다.

Article e1 : Scope of the eUCP

a. The Supplement to the Uniform Customs and Practice for Documentary Credits for Electronic presentation ("eUCP") supplements the Uniform Customs and Practice for Documentary Credits (2007 Revision ICC Publication No. 600) ("UCP") in order to accommodate presentation of electronic records alone or in combination with paper documents.

b. The eUCP shall apply as a supplement to the UCP where the Credit indicates that it is subject to eUCP.

c. This version is Version 1.1. A Credit must indicate the applicable version of the eUCP. If it does not do so, it is subject to the version in effect on the date the Credit is issued or, if made subject to eUCP by an amendment accepted by the Beneficiary, on the date of that amendment.

76) 제e1조 b.
77) 제e1조 c.

② eUCP와 UCP와의 관계

eUCP가 적용되는 신용장은 신용장에 UCP가 적용된다고 기재를 하지 않아도 UCP가 적용되며[78] eUCP와 UCP가 적용된 결과가 다른 경우에 eUCP가 우선적으로 적용된다고 규정하였다.[79] 이는 기존의 UCP가 전자서류 제시에 대한 내용을 수용하고 있지만 불충분하기 때문에 eUCP를 통해 불충분한 서류를 보완하고 그 적용결과가 상충되는 경우에 이에 대한 명확한 우선순위를 부여하고 있다.

eUCP 신용장이 수익자가 종이서류와 전자서류를 선택하여 제시하도록 허용하고 수익자가 종이서류만을 제시하기로 결정한 경우 UCP만이 서류제시에 적용되며 eUCP 신용장에서 단지 종이서류의 제시만 허용되는 경우 UCP만 단지 적용된다.[80]

Article e2 : Relationship of the eUCP to the UCP

a. A Credit subject to the eUCP ("eUCP Credit") is also subject to the UCP without express incorporation of the UCP.

b. Where the eUCP applies, its provisions shall prevail to the extent that they would produce a result different from the application of the UCP.

c. If an eUCP Credit allows the Beneficiary to choose between presentation of paper documents or electronic records and it chooses to present only paper documents, the UCP alone shall apply to that presentation. If only paper documents are permitted under an eUCP Credit, the UCP alone shall apply.

78) 제e2조 a.
79) 제e2조 b.
80) 제e2조 c.

③ 용어정의

전자신용장거래의 혼돈과 혼란을 방지하기 위하여 UCP에서 적용된 용어와 eUCP에서 적용한 용어를 명확히 구분하였다. eUCP 신용장거래에서 제시된 전자서류에 UCP를 적용하기 위하여 UCP에서 사용한 용어를 다음과 같이 정의하였다.[81]

"**문면상으로 보이는**(apperars on its face)" 용어는 전자서류에 기재된 내용을 심사할 때 적용된다고 규정하였다. 따라서 동 용어는 전자서류에 기재되어 있는 문언을 읽어보고 전자신용장의 조건과 일치하는지 여부를 판단하는 것으로 해석한다는 것이다. 발행된 전자서류에 "The vessel is below 15 years of age."라고 기재되어 있으면 이 기재된 내용이 전자신용장에서 요구한 조건과 일치하는지 여부를 심사하는 것이지 그 선박의 선령이 실제로 15년 이하인지를 확인하는 것은 아니다.

"서류(documents)"라는 용어는 전자서류를 포함하는 것으로 정의하고 있고 전자서류를 제시하기 위한 장소(place for presentation)는 **전자주소**(electronic address)를 의미한다고 정의하였다. 또한 **서명**(sigin)의 용어는 전자서명을 포함한다고 규정하였다.

서류상의 "**부기된**(super imposed)", "**표기**(notation)" 또는 소인이 **찍힌**(Stamped)의 용어는 보완적인 특성이 전자서류에서 명백한 자료내용을 의미한다고 규정하고 있다.

eUCP에서 사용된 용어는 다음과 같이 정의하고 있다.[82] **전자서류**(electronic record)은 전자수단에 의해서 생성되고, 만들어지고, 발송되고, 전송되고, 수취되거나 저장된 자료를 의미하며 발송자의 정확한 신원확인과 전자서류에 포함된 자료의 분명한 출처, 그리고 전자서류

81) 제e3조 a.
82) 제e3조 b.

가 완전하고 변경되지 않은 상태로 있는지 등의 여부에 관하여 확인될 수 있어야 하고 eUCP 신용장의 제 조건과 일치하는지 심사할 수 있어야 만이 유효한 전자서류로 간주한다고 규정하였다.

"**전자서명**(electronic signature)"은 전자서류에 첨부되거나 이와 논리적으로 관련되고 어떠한 사람을 확인하기 위하여 그리고 전자서류에 어떤 사람의 확인을 나타내기 위하여 어떠한 사람에 의하여 실행되거나 채택된 자료처리를 의미한다고 정의하였다.

"**서식**(format)"은 전자서류가 표시되거나 전자서류가 언급된 자료의 구성을 의미하는 것으로 정하였고, "**종이서류**(paper document)"는 기존의 종이서식으로 된 서류를 의미하며 "**수취된**(received)"은 전자서류가 정보시스템에 의해서 받을 수 있는 서식으로 적용가능한 수취인의 정보시스템에 입력되는 시점을 의미하며 어떤 수신확인도 eUCP 신용장에 의거하여 전자서류의 수리나 거절을 의미하지 않는다고 정의하였다.

Article e3: Definition

a. Where the following terms are used in the UCP, for the purposes of applying the UCP to an electronic record presented under an eUCP Credit, the term:

i. "**appears on its face**" and the like shall apply to examination of the date content of an electronic record.

ii. "**document**" shall include an electronic record.

iii. "**place for presentation**" of electronic records means an electronic address.

iv. "**sign**" and the like shall include an electronic signature.

v. "**superimposed**", "**notation**" or "**stamped**" means data content whose supplementary character is apparent in an electronic record.

b. The following terms used in the eUCP shall have the following meanings:

i. "**electronic record**" means

- data created, generated, sent, communicated, received, or stored by electronic means
- that is capable of being authenticated as to the apparent identity of a sender and the apparent source the data contained in it, and as to whether it has remained complete and unaltered, and
- is capable of being examined for compliance with the terms and conditions of the eUCP Credit.

ii. "**electronic signature**" means a data process attached to or logically associated with an electronic record and executed or adopted by a person in order to identify that person and to indicate that person's authentication of the electronic record.

iii. "**format**" means the data organization in which the electronic record is expressed or to which it refers.

iv. "**paper document**" means a document in a traditional paper form.

v. "**received**" means the time when an electronic record enters the information system of the applicable recipient in a form capable of being accepted by that system. Any acknowledgement of receipt does not imply acceptance or refusal of the electronic record under an eUCP Credit.

(2) 전자서류의 제시와 심사

① 서식

eUCP 신용장은 전자서류가 제시되는 전자서식을 명시해야 하며 전자서류에 전자서식이 그렇게 명시되지 않는 경우 전자서류는 어떤 전자서식으로 제시될 수 있다고 규정하고 있다.[83] 이것은 각 은행이 사용하고 있는 전자서식이 서로 다르기 때문에 한 은행에서는 사용 가능한 전자서류의 서식이라 할지라도 다른 은행에서는 호환이 되지 않는 경우가 있기 때문에 이에 대한 분쟁의 소지를 미연에 방지하기 위한 것으로 보인다.

Article e4 : Format

An eUCP Credit must specify the formats in which electronic records are to be presented. If the format of the electronic record is not so specified, it may be presented in any format.

② 서류의 제시

ⓐ 서류제시의 장소

eUCP에서는 종이서류(paper document)로 제출하는 경우와 전자서류(electronic records)로 제시하는 경우를 모두 인정하고 있으며 두 경우 모두 제시장소를 명시하도록 규정하고 있다. 종이서류의 경우에는 UCP에서 명시된 것처럼 물리적인 장소를 명시하면 되고 전자서류의 경우에는 eUCP 제3조 a. iii에서 규정하고 있는 것처럼 전자주소를 표기하면 된다.[84]

83) 제 e4조.
84) 제 e5조 a.

ⓑ 서류제시의 완료통지

전자서류는 한꺼번에 제시될 필요는 없고 여러 번에 걸쳐 나누어 제시될 수 있도록 규정하고 있다.[85] 또한 이와 관련하여 한꺼번에 제시하도록 하지 않고 수회에 걸쳐 제시할 수 있도록 함으로써 은행의 입장에서는 언제 전자서류의 제시가 완료되었는지에 대한 정의가 있어야 하는데 이러한 전자서류의 제시완료를 서류를 제시하는 당사자, 즉 수익자가 은행에 **서류제시의 완료통지**(the notice of completeness)를 하도록 하여 이에 대한 분쟁의 소지를 미연에 방지하도록 했다.[86] 이러한 서류제시의 완료통지는 서면 혹은 전자서류를 이용하여 할 수 있다.

이와 같은 내용은 UCP와는 정반대되는 내용이다. UCP 하에서는 수익자가 신용장에서 요구하고 있는 서류를 은행에 제시하는 즉시 서류제시가 완료되고 은행은 이렇게 제시된 서류를 검토하여 서류인수 혹은 거절의 의사를 통보하여야 한다. 즉, UCP 하에서는 수익자가 신용장에서 요구하는 서류를 한꺼번에 제시해야지 그렇지 않은 경우에는 무조건 하자 사항이 되는 것이다. 이런 측면에 있어서 수익자의 입장에서는 paper document를 이용하는 것보다 더 융통성을 보일 수 있다. 즉, 서류제시의 완료통지를 하지 않으면 서류제시 만료일 전에는 언제라도 은행으로부터 서류인수거절통보를 받지 않고 서류를 보완 혹은 추가할 수 있는 여유를 가질 수 있기 때문이다. 만일 수익자가 서류제시의 완료통지를 하지 않으면 서류제시가 이루어지지 않은 것으로 간주하여 부도사유가 된다.

전자신용장거래에서 전자서류와 종이서류가 각각 제시될 경우 전자신용장이 확인되어야 하고 전자신용장이 확인되지 않으면 서류제시가 이루어지지 않은 것으로 간주한다.[87]

85) 제 e5조 b.
86) 제 e5조 c.
87) 제 e5조 d

ⓒ 전자서류의 확인(identification)

eUCP에서는 전자서류가 제시되었다 하더라도 제시된 전자서류를 확인(identification)할 수 없으면 비록 제시되었다고 하더라도 수령하지 않은 것으로 간주한다. 이것은 종이서류와는 달리 전자신용장의 경우에는 기술적인 조작만을 통해서 전자서류를 위조할 수 있는 가능성이 높기 때문에 전자서류의 진위성을 확인할 수 없는 전자서류는 아예 수령되지 않은 서류로 간주하여 사실상 은행으로 하여금 검사의 의무를 면제시켜 주고 있는 것이다. 이와 유사하게 UCP 제 34조에서는 은행에 대해 제시된 서류의 유효성에 대한 면책을 규정하고 있다. 즉, 은행은 제시된 서류의 형식, 충분성, 정확성, 진정성, 위조 또는 법적 효력 등에 관해서 아무런 책임이 없다. 그러나 이 조항은 서류 자체에 대한 효력의 문제이지 은행이 이러한 서류를 검사하지 않아도 된다는 것은 아니다. 다시 말하면 은행은 서류의 진정성 등에 대한 충분한 의심이 가지 않는 이상 제시된 서류를 검사할 의무를 진다. 즉, 종이서류의 경우에는 제시된 서류의 진위성을 의심할 만한 여지가 없고 신용장에서 요구하고 있는 조건과 일치하면 이의 인수를 거절할 수 없는 것이다. 반면에 전자신용장의 경우에는 전자서류에 대한 identification을 할 수 없는 경우에는 아예 서류가 수령되지 않은 것으로 간주하여 설령 은행이 이러한 서류에 대해 검사를 하지 않고 서류인수를 거절한다고 해도 수익자의 입장에서는 이에 대해 은행에 항변할 수 없도록 하고 있다.

ⓓ 서류제시기일 또는 유효기일의 자동 연장

만일 전자서류가 제시될 때에 은행이 영업을 하고 있지만, 은행의 시스템이 작동하지 않아 전자서류를 수령할 수 없는 경우에는 은행이 영업을 하지 않는 것으로 간주하고 은행이 전자서류를 수령할 수 있는 날의 첫 영업일까지 유효기일이나 서류제시기일이 자동적으로 연장된다.[88] 이 조항은 UCP 제36조에서 규정하고 있는 불가항력 조항과 모순되는 것처럼 보인다. 즉, 제36조에서는 불가항력의 조항에 은행 내의 파업이나 직장폐쇄 등을 포함하여 이에 대한 은행의 면책을 허용하고 이 기간 동안에 신용장의 유효기일이 만료된 경우에는 신용장의 조건변경을 하지 않는 이상 유효기일이 자동 연장되지 않고 그대로 신용장이 만료되는 것이다. 이와 같은 내용을 기초로 하여 보면, 은행의 전산시스템의 장애는 은행 내의 문제로 은행의 불가항력조항으로 포함하여 신용장의 유효기일의 자동연장을 허용하는 eUCP 제5조 e항은 UCP 제36조와 모순되는 것처럼 생각될 수 있는 것이다. 그러나 UCP 제36조는 은행의 파업이 비록 은행 내의 문제이긴 하지만, 은행의 파업은 갑작스럽게 이루어지는 것이 아니라 충분한 시간을 두고 이루어지며, 은행이 아닌 제3자도 인지할 수 있는 경우가 많으므로 이런 상황에서 은행의 파업 등이 예상되는 상황에서도 동 은행을 이용하겠다는 신용장 당사자의 결정에 대해서 은행에 그 책임을 부담시키는 것은 무리가 있고 이는 당연히 동 은행을 이용하겠다는 신용장 당사자에게 그 책임을 지우려는 취지인 것이다. 그러나 은행의 파업이 아니라 은행은 영업을 하고 있지만 내부의 전산시스템의 오류는 누구도 예상할 수 없는 갑작스러운 사건이기 때문에 이러한 전산시스템의 오류는 은행의 입장에서도 불가항력이 되는 것이다.

따라서 이러한 경우까지 은행을 면책시켜 주는 것, 즉 신용장의 유효기일의 연장을 인정해 주지 않는 것은 수익자에게 일방적으로 불리한 것이기 때문에 이에 대한 배려가 이루어진 것으로 보인다.

UCP 조항을 잘 살펴보면 eUCP 제5조 e항의 내용은 UCP의 내용과도 논리적으로 모순되지는 않는다. UCP 제36조에서 규정하고 있는

88) 제 e5조.

이외의 사유로 인해 은행의 휴업일이 된 경우에는 신용장의 유효기일이 은행의 첫 영업개시일 까지 자동연장 된다고 규정하고 있다. 이 조항을 고려해 보면 eUCP 제5조 e항은 UCP 제29조와 모순되지 않는다. 즉, eUCP 제5조 e항에서는 은행이 비록 영업을 하고 있지만, 은행의 전산시스템이 오류를 보인 경우에는 은행이 영업을 하지 않는, 즉 휴업을 하는 것으로 간주한다(Bank will be deemed to be closed)고 하였다. 이것은 UCP 제29조와 제36조에서 규정하고 있는 이외의 사유로 인한 은행의 휴업으로 간주될 수 있어서, 은행의 전산시스템의 오류로 인해 신용장의 서류제시기일이나 유효기일이 자동 연장되는 것은 UCP 제29조와 논리적으로 일치하는 것이라고 할 수 있다. 그리고 전자서류의 제시가 모두 이루어지고 서류제시의 완료통지만 이루어지지 않고 있는 상황에서 은행의 전산시스템이 오류를 보인 경우에는 서류제시의 완료통지를 서면으로 대체할 수 있도록 하고 있다. 이것은 eUCP상에서 전자서류의 제시에 대한 완료의 통지에 관한 규정을 신설함으로써 새로 만든 규정으로 볼 수 있다.

ⓔ 전자서류의 진위증명

eUCP 제5조 f항에서 보면 제시된 전자문서의 진위확인이 안된 경우 전자서류가 제시되지 않은 것으로 간주한다. 전자서류의 진위를 판명할 수 없는 경우에 (cannot be authenticated)는 서류의 제시가 완료되지 않은 것으로 간주하여 UCP 제34조에서 규정하고 있는 은행의 면책과 상반되는 규정으로 볼 수 있다.

Article e5 : Presentation

a. An eUCP Credit allowing presentation of :

i. electronic records must state a place for presentation of the electronic records.

ii. both electronic records and paper documents must also state a place for presentation of the paper documents.

b. Electronic records may be presented separately and need not be presented at the same time.

c. If an eUCP Credit allows for presentation of one or more electronic records, the Beneficiary is responsible for providing a notice to the Bank to which presentation is made signifying when the presentation is complete. The notice of completeness may be given as an electronic record or paper document and must identify the eUCP Credit to which it relates. Presentation is deemed not to have been made if the Beneficiary's notice is not received.

d. i. Each presentation of an electronic record and the presentation of paper documents under an eUCP Credit must identify the eUCP Credit under which it is presented.

ii. A presentation not so identified may be treated as not received.

e. If the Bank to which presentation is to be made is open but its system is unable to receive a transmitted electronic record on the stipulated expiry date and/or the last day of the period of time after the date of shipment for presentation, as the case may be, the Bank will be deemed to be closed and the date for presentation and/or the expiry date shall be extended to the first following banking day on which such Bank is able to receive an electronic record. If the only electronic record remaining to be presented is the notice of completeness, it may be given by telecommunications or by paper document and will be deemed timely, provided that it is sent before the bank is able to receive an electronic record.

f. An electronic record that cannot be authenticated is deemed not to have been presented.

(3) 서류의 검토

① hyperlink의 검토

eUCP에서의 서류검사 의무는 전자서류와 연관된 외부의 hyperlink의 내용까지 검사하는 것으로 확대되었다. 전자서류가 외부시스템에 대한 hyperlink를 포함하거나 전자서류가 외부시스템에 대한 참조에 의해서 검사될 수 있다는 것을 표기한 경우 hyperlink나 참조된 시스템에서의 전자서류는 검사되어야 하는 전자서류로 간주되어야 하고 그 표기된 시스템이 검사 시에 요구된 전자서류에 대한 접속을 제공하지 못하는 것은 전자서류의 불일치로 간주한다.

지정은행의 전자서류제시는 전자서류의 명백한 진정성을 검사한 것으로 인정한다. 은행은 전자서류를 검사하는 데 있어서 전자서류에 포함되어 있는 hyperlink 까지도 검사해야 한다. UCP에서는 은행은 수익자가 제시해야 하는 서류만을 가지고 신용장의 제조건과 일치하는가를 검사하는 것과는 달리, 전자서류의 경우 전자서류 자체뿐만 아니라 전자서류에 포함되어 있는 외부의 hyperlink의 내용까지도 신용장의 제조건과 일치하는지를 검사해야 하는 의무가 추가되었다. 즉, 이것은 전자서류 뿐만 아니라 전자서류에 포함되어 있는 hyperlink의 내용까지도 신용장의 제 서류에 포함되게 되어 이와 같은 hyperlink의 내용이 신용장의 제조건과 일치하지 않거나 hyperlink에 접속할 수 없는 경우에는 모든 서류상의 하자로 인정하여 서류인수를 거부할 수 있다고 규정하고 있다.

② 전자서류의 서식

은행은 제시되어야 하는 전자서류의 서식을 명시해야 한다. 개설은행 또는 확인은행은 전자신용장에서 명시된 전자서식에 따라 발행된 전자서류를 검사해야 할 의무가 있으며 만약 이 전자서식이 명시되지 않은 경우에 제시된 전자서류의 서식대로 서류를 검사해야 하며 제시

된 서식으로는 검사할 수 없는 경우라고 하더라도 서류인수를 거절할 사유가 되지 못한다.[89]

Article e6 : Examination

a. If an electronic record contains a hyperlink to an external system or presentation indicates that the electronic record may be examined by reference to an external system, the electronic record at the hyperlink or the referenced system shall be deemed to be the electronic record to be examined. The failure of the indicated system to provide access to the required electronic record at the time of examination shall constitute a discrepancy.

b. The forwarding of electronic records by a nominated bank pursuant to its nomination signifies that it has satisfied itself as to the apparent authenticity of electronic records.

c. The inability of the issuing bank, or confirming bank, if any, to examine an electronic record in a format required by the eUCP Credit or, if no format is required, to examine it in the format presented is not a basis for refusal.

③ 서류인수의 거절

서류검토를 위한 기간은 수익자로부터 서류제시 완료통지를 받은 날로부터 다음 은행영업일에 시작되고 서류제시 또는 완료통지를 위한 기간이 연장되는 경우 서류검토기간은 제시가 이루어져야 하는 은행이 서류제시 완료통지를 받을 수 있는 첫 번째 은행영업일에 시작된다.[90]

서류인수를 거절한 은행은 서류인수의 거절을 통보받은 당사자로부터 서류인수의 거절을 통보한지 30일(30 calenda days)이 지난 후에도 당해 서류의 처분에 대한 통지가 없는 경우에 은행은 아무런 책임없이 당해 전자서류를 임의대로 처분할 수 있다.[91] 이 조항은 UCP와

89) 제 6e조 c.
90) 제 e7조 a.

매우 다른 것으로 UCP 제 14조 d항 ii에서는 은행이 서류의 인수를 거절하는 경우에 이를 서류제시 자에게 통보하고 해당 당사자로부터 당해 서류의 처분에 대한 지시를 기다려야 한다는 내용을 규정하고 있지만 일정한 기간을 정한 후에 이러한 기간이 지난 후에 은행이 아무런 책임 없이 서류를 임의대로 처분할 수 있다는 내용은 규정하고 있지 않다. 이것은 수익자가 제시한 서류가 은행의 전자시스템에서 일정량의 용량을 차지하게 되기 때문에 많은 전자신용장과 전자서류를 취급하는 은행의 입장에서 과다한 전자서류를 자신의 전산시스템에 보관하고 있는 것은 은행의 전산시스템에 과부하를 줄 수 있다는 우려에서 동 조항이 만들어진 것으로 볼 수 있다.

Article e7 : Notice of Refusal

a. i. The time period for the examination of documents commences on the banking day following the banking day on which the beneficiary's notice of completeness is received.

ii. If the time for presentation of documents or the notice of completeness is extended, the time for the examination of documents commences on the first following banking day on which such the bank is able to receive the notice of completeness.

b. If an issuing bank, the confirming bank, if any, or a nominated bank acting on its nomination, provides a notice of refusal of a presentation which includes electronic records and does not receive instructions from the party to which notice of refusal is given within 30 calendar days from the date the notice of refusal is given for the disposition of the electronic records, the bank shall return any paper documents not preciously returned to the presenter but may dispose of the electronic records in any manner deemed appropriate without any responsibility.

91) 제e7조 b

(4) 원본과 사본

eUCP에서는 전자신용장에 원본과 사본을 모두 복본으로 제시하도록 명시되어 있더라도 하나의 전자서류원본만을 제시하면 된다고 규정하고 있다.[92] 종이서류로 신용장거래가 이루어지는 경우에는 원본서류와 사본서류를 명확하게 구분하고 원본 또는 사본을 복본으로 요구하는 경우에는 신용장의 조건에 일치하게 원본 또는 사본의 통수를 제시해야 한다.

UCP 제17조 e항에서 복본의 서류를 요구하고 있는 신용장의 경우에는 원본 1부와 나머지를 사본으로 제시함으로써 충족된다고 규정하고 있다. 즉, 규정된 수만큼의 복본을 제시해야 신용장의 조건을 충족하게 되지만 eUCP 하에서는 비록 복본의 서류를 요구하고 있다고 하더라도 한통의 전자서류원본만을 제시하면 신용장의 제 조건을 충족시킨다고 규정하고 있다.

이는 eUCP상에서 전자서류로 서류거래가 이루어지는 경우라면 원본과 사본의 구별을 하지 않고 동일하게 취급한다는 것을 추정할 수 있다. UCP 제 17조 c항과 b항에서는 원본서류와 사본서류를 규정하고 있지 않고, 또한 원본과 사본의 구별이 없음을 볼 때 원본 전자서류가 사본 전자서류의 역할까지도 겸하고 있다고 볼 것이다. 이는 전자서류의 특성상 전자서류의 복사가 용이하다는 점을 감안하여 원본이 사본까지 대체할 수 있다고 규정한 것처럼 보인다.

Article e8 : Originals and Copies

Any requirement of the UCP or an eUCP Credit for presentation of one or more originals or copies of an electronic record is satisfied by the presentation of one electronic record.

92) 제 e8조.

① 서류발행일과 선적일

전자서류에 있어서 전자서류에 당해 서류의 발행일이 명시되어 있지 않은 경우에는 전자서류의 발송일을 전자서류의 발행일로 간주하며 수취일자는 다른 일자가 명시되지 않은 경우 서류의 발송일로 한다고 규정하고 있다.[93)]

Article e9 : Date of Issuance

Unless an electronic record contains a specific date of issuance, the date on which it appears to have been sent by the issuer is deemed to be the date of issuance. The date of receipt will be deemed to be the date it was sent if no other date is apparent.

운송을 입증하는 전자운송서류에 선적 또는 적송일자가 명시되지 않은 경우 전자서류의 발행일을 선적 또는 적송일로 간주한다고 규정하고 있다.[94)] 또한 전자서류에 별도의 선적 또는 적송일자를 증명하는 부기일자가 있는 경우 이러한 부기일자가 선적 또는 적송일로 간주하며 부기일자에 추가 기재된 내용은 별도로 서명이나 확인이 필요 없다고 규정하였다. 여기서 부기된 일자는 수취식 선하증권의 경우에는 반드시 화물이 실제로 본선에 적재된 날짜를 부기하고 이렇게 부기된 일자를 선적일로 간주하도록 규정하고 있는데 이와 같은 규정을 전자운송서류에도 동일하게 적용하고 있는 것으로 보인다.

93) 제 e9조.
94) 제 e10조.

Article e10 : Transport

If an electronic record evidencing transport does not indicate a date of shipment or dispatch, the date of issuance of the electronic record will be deemed to be the date of shipment or dispatch. However, if the electronic record bears a notation that evidences the date of shipment or dispatch, the date of the notation will be deemed to be the date of shipment or dispatch. A notation showing additional data content need not be separately signed or otherwise authenticated.

② eUCP에 따라 전자서류제시를 위한 책임의 추가적인 면책

전자서류의 외견상 진정성을 검사함으로써 은행은 전자서류의 수취, 진정성 그리고 확인을 위해 상업적으로 수용할 수 있는 자료처리를 사용함으로써 수취한 전자서류에 명확히 명시된 경우를 제외하고 발송자의 신원, 정보의 출처, 그 완전성과 무변조성에 대한 책임을 부담하지 않는다고 규정하고 있다.[95)]

(5) 전자서류의 훼손

이 조항은 UCP에서는 없는 조항으로 제시된 전자서류가 훼손된 경우에 은행이 취할 조치에 대해서 규정한 내용이다.

① 전자서류 재제시의 요구

개설은행이나 확인은행 또는 다른 지정된 은행이 제시된 전자서류가 훼손된 경우에는 해당은행은 서류 제시자에게 당해 전자서류의 재제시를 요구할 수 있다(may request)고 규정하고 있다.[96)]

95) 제 e12조.
96) 제 e12조 a.

② 서류 재제시 시 서류검사기일의 연장

eUCP 제12조 a항에 의해 은행이 재제시를 요구한 경우에는 서류검사기일의 시작일이 서류가 다시 제시된 일자가 된다. 이러한 경우 확인은행이 아닌 지정은행(Nominated Bank)인 경우에는 반드시 이러한 사실을 개설은행과 확인은행(확인은행이 있는 경우)에 통지해야 한다. 또한 서류의 재제시를 요구하였으나 당해 서류가 30일 (30 calenda days)이 지나도 재제시되지 않는 경우에는 서류제시가 이루어지지 않은 것으로 간주된다. 어떠한 경우에는 제 마감일 등은 연장되지 않는다.

UCP 제14조 a항에서는 은행의 서류검사기일을 5영업일로 제한하고 있으며, 동기일내에 은행은 서류검사를 완료해야 하며 5영업일 이내에 서류인수 혹은 서류인수 거절의 통지를 완료해야 한다. 그런데 UCP 상에서는 수익자가 제시된 서류가 은행에 접수된 다음날로부터 서류검사일자가 시작되며 서류의 훼손의 사유로 은행의 서류검사를 중지하고 다시 제시를 요구할 수 없으며, 이런 경우에는 당연히 서류상의 하자로 인정하여 은행은 당해 서류제시자에게 서류인수를 거절할 수 있을 것이다.

그러나 eUCP 제11조에 의하면 만일 제시된 전자서류가 훼손된 경우에는 은행은 당해 전자서류를 다시 제시하도록 요청할 수 있으며, 만일 재제시를 요청한 경우에는 은행의 서류검사는 중지되고 서류제시가 다시 완료된 시점에서부터 서류검사는 다시 시작된다. 그러나 어떠한 경우에도 신용장의 조건을 변경하지 않는 이상 신용장과 관련된 서류의 제시기일이 연장되는 것은 아니다.

Article e11 : Corruption of an Electronic Record after Presentation

a. If an electronic record that has been received by the issuing bank, confirming bank or another nominated bank appears to have been corrupted, the bank may inform the presenter and may request that the electronic record be re-presented.

b. If the bank requests that an electronic record be represented :

i. the time for examination is suspended and resumes when the presenter re-presents the electronic record ; and

ii. if the nominated bank is not the confirming Bank, it must provide the issuing bank and any confirming bank with notice of the request for re-presentation and inform it of the suspension; but

iii. if the same electronic record is not re-presented within thirty(30) calendar days, the bank may treat the electronic record as not presented, and

iv. any deadlines are not extended.

Article e12 : Additional Disclaimer of Liability for Presentation of Electronic Records under eUCP

By satisfying itself as to the apparent authenticity of an electronic record, Banks assume no liability for the identity of the sender, source of the information, or its complete and unaltered character other than that which is apparent in the electronic record received by the use of a commercially acceptable data process for the receipt, authentication, and identification of electronic records.

2. eUCP의 문제점과 보완사항

(1) 종이서류의 전자화에 따른 문제점

신용장거래는 상품이나 용역 또는 의무이행의 거래가 아니라 서류상의 거래이다. 즉 거래의 목적이 상품이나 용역 또는 의무이행이 아니라 서류인 것이다. 신용장거래의 당사자인 수출상, 수입상, 개설은행, 확인은행(있을 경우) 등은 서류만을 근거로 수출대금의 지급 여부를 결정할 수 있으며 거래상품이나 용역 또는 의무이행을 근거로 수출대금지급을 결정할 수 없다. 이와 같이 신용장거래에서 중요한 역할을 하고 있는 서류는 국제적으로 정형화되거나 신용장거래에 참여한 은행이 임의로 만드는 것이 아니라 수출상과 수입상이 수출입매매계약에서 합의함으로써 만들어지기 때문에 이러한 다양한 서류를 전자화시키는 데 많은 어려움이 예상된다.

신용장거래에서 필수서류에 속하는 환어음, 선하증권, 상업송장, 포장명세서, 원산지증명서 등은 전자화가 가능하지만 수출입상의 합의와 제품별, 지역별 상관습이 상이함으로써 발생하는 선박회사의 증명서, 선적증명서, 선장이 발행한 증명서, 수출상의 증명서 등은 전자화가 불가능하다. 전자신용장이 활성화되기 위해서는 업종별, 지역별 상관습에 맞게 전자서류를 정형화시키는 방안을 강구해야 된다. 신용장거래에서 사용되고 있는 서류를 전자식으로 구성하여 수출입상이 이러한 전자식서류를 선택하여 사용할 수 있도록 해야 된다.

(2) 선하증권의 전자화에 따른 문제점

① 유통성의 문제

신용장이란 무역거래의 대금지불과 상품수입을 원활히 하기 위하여 수입상의 요청과 지시에 따라 수입상의 거래은행이 수출상 또는 그의 지시인으로 하여금 일정기간 및 일정조건 아래 선적서류를 담보로 하여 개설은행 또는 개설은행이 지정하는 제3의 은행을 지급인으로 하는 화환어음을 발행하도록 하여 이 어음이 제시될 때에는 지급, 인수 또는 매입할 것을 어음발행인(수출상) 또는 어음수취인(어음 매입은행)에 대해서 약정하는 증서이다.

여기서 중요한 선적서류는 선하증권이다. 선하증권은 선주와 화주간의 운송계약에 의해 선주가 발행하는 일종의 유가증권으로서 선주가 화주로부터 화물운송을 위탁받은 사실과 화물을 목적지까지 운송하여 이를 선하증권의 소지자에게 인도할 것을 약속하는 증권이다. 이와 같이 선하증권은 화물에 대한 권리를 주장할 수 있는 권리증권의 특성을 갖고 있기 때문에 신용장거래에서 필수운송서류로 사용되고 있다. 화물을 대표하는 유가증권으로서 배서 또는 인도에 의해 소유권이 이전되는 유통증권의 특성을 갖고 있기 때문에 수출상은 신용장에서 명시된 제반 서류를 매입은행에게 매입을 의뢰하고 매입은행은 제시된 서류를 검토한 후 수출상에게 매입대금을 지급하면 화물에 대한 소유권은 수출상이 선하증권을 배서함으로서 매입은행에게 이전되고 매입은행이 동 서류를 개설은행에 송부하고 개설은행이 송부된 서류를 검토한 후 수출대금을 매입은행에게 송금하면 화물에 대한 소유권은 개설은행에게 이전된다. 또한 개설은행이 동 서류를 수입상에게 송부하고 수입상이 수입대금을 개설은행에게 지급하고 동 서류를 인수하면 화물에 소유권은 수입상에게 양도된다.

선하증권은 통상 3통의 원본이 발행되어 3통 전부 개설은행에게 송부되도록 되어 있다. 따라서 신용장거래의 당사자인 매입은행, 개설은행, 확인은행, 개설의뢰인은 제시된 서류가 신용장의 제 조건과 일치하지 않기 때문에 서류를 인수할 수 없을 경우 반드시 동 서류를 송부인에게 반환해야 한다. 즉 서류인수를 하지 않을 경우 화물의 소유권은 송부인에게 있다. 개설의뢰인이 제시된 서류가 신용장의 제 조건과 일치하지 않기 때문에 서류인수를 거부하면 동 선적서류는 반드시 수출상에게 반환되어야 하며 동 선적서류를 반환하지 못하는 경우에 개설의뢰인은 수출대금지급에 전적으로 책임을 부담해야 한다.

따라서 이와 같이 상징적인 기능을 갖고 있는 서류거래방식을 전자식으로 전환하여 전자서류로 대체시키는 데는 유통성의 문제가 발생하여 선하증권이 갖고 있는 유통증권의 특성이 전자신용장거래에서는 발휘되지 못하게 될 것이다.

② 전자선하증권의 유통성의 한계

선하증권이 전자식으로 발행됨에 따른 유통성 문제를 해결하기 위한 많은 연구들이 있었다.[97] 국제해사위원회는 선하증권을 전자화시킴에 따른 유통성의 문제를 해결하기 위해서 개인키(private key) 개념을 도입하였다. 즉 송하인 또는 개인키의 유효한 소지인이 운송인에게 지시하여 상품에 대한 인도청구권과 운송 상태에 있는 상품에 대한 판매권을 행사할 수 있게 함으로써 유통 가능한 선하증권의 기능을 부여하고자 한 것이다. 이러한 개인키에 의한 전자선하증권의 이전은 반드시 운송인을 통하여 이행된다는 측면에서 발행된 후에는 운송인의 개입 없이 유통되는 서류선하증권과는 상이하게 다르다. 수출입매매계약의 당사자는 수출상과 수입상이며 이러한 매매계약을 이행하기 위해서 존재하는 것이 운송계약이다. 개인키에 의한 전자선하증권의 이전은 수출입매매계약에서 매매계약의 당사자인 수출상과 수입상보다 제3자인 운송인이 수출입매매계약에서 핵심적인 역할을 한다는 점이다.

97) 국제해사위원회(Committee Maritime International; CMI)는 1990년 6월 전자식 선하증권에 관한 CMI 규칙(CMI Rules for Electronics Bill of Lading)을 채택하였다.

수출입매매계약의 당사자는 수출상과 수입상인데 개인키로 전자선하증권의 이전을 이행하면 운송인이 매매계약의 핵심적인 역할을 수행하는 당사자로 되어 수출입매매계약의 이행에 따른 책임과 의무를 부담하게 되는 문제점을 안고 있다. 또한 전자신용장거래에서의 관련 은행이 개인키 방식을 수용하면 개인키의 취득으로 상품에 대한 담보의 문제를 해결할 수 있으므로 관련 은행이 전자선하증권을 수용하는데 어려움이 없는 것처럼 보이지만 실제 운영에 있어서는 개인키의 보안문제, 안정성 확보문제가 해결되지 않으면 관련 은행은 이러한 개인키를 수용하지 않을 것이다.

(3) eUCP의 보완사항

① 서류심사에 관한 보완사항

ⓐ 서류심사기간

신용장거래의 당사자들은 상당한 기간(reasonable) 내에 제시된 서류를 인수할 것인지 아니면 거부할 것인지를 결정해야 한다. 여기서 상당한 기간이 얼마나 되는지 논란이 끊임 없이 발생하여 제6차 개정에서 상당한 기간은 5은행영업일을 의미하는 것으로 규정하였다. 따라서 매입은행, 개설은행 및 확인은행, 개설의뢰인의 서류심사기간은 서류를 접수한 다음날을 기산일로 하여 5은행영업일 이내에 서류인수 여부를 결정해야 하며 5은행영업일에 은행공휴일은 포함되지 않는 것으로 보고 있다.

> A nominated bank acting on its nomination, a confirming bank, if any, and the issuing bank shall each have a maximum of five banking days following the day of presentation to determine if a presentation is complying. This period does not depend on any upcoming expiry date or last day for presentation.

eUCP 규칙 제11조에서 제시된 전자서류가 훼손된 경우에는 은행은 당해 전자서류를 다시 제시하도록 요청할 수 있으며 만일 재 제시를 요청한 경우에는 은행의 서류검사는 중지되고 서류제시가 다시 완료된 시점에서부터 서류검사는 다시 시작된다고 규정하였다. 전자서류가 다시 제시되면 이전의 서류검사기간은 다시 제시된 서류를 검토하는 기간에 포함되어 재 제시된 서류의 검토기일은 이전의 서류검토기간이 제외된 기간이 서류검토기일인지 아니면 처음부터 서류검토기일이 시작되는지 분명하지 않다.

이와 같이 본 전자신용장통일규칙에서는 서류검사기간에 대해서 명확하게 정의를 내리지 않았기 때문에 UCP 600의 제14조 b항이 전자신용장 거래에서의 서류검사기간에 적용되는 것으로 볼 때 서류검토기간이 너무 길다는 점을 지적하지 않을 수 없다. 수출입매매계약의 당사자들이 전자신용장을 이용하는 주된 목적은 신용장거래에서 발생되는 비용과 업무를 단축시켜 수출입거래를 신속하게 처리하고자 함에 있다. 따라서 전자신용장거래에서 전자신용장거래의 당사자인 매입은행, 개설은행, 확인은행, 개설의뢰인이 수익자가 전자방식으로 제시한 전자서류를 신속하게 검사하여 동 전자서류를 인수할 것인지 아니면 거부할 것인지 빨리 결정해야 전자무역거래가 신속하게 진행될 수 있다.

또한 전자신용장에서 명시한 제반서류가 전자식으로 제시되기 때문에 서류심사작업의 자동화가 가능하다. 즉 제반서류가 전자식으로 제시됨으로서 제시된 서류가 신용장에 명시된 요건을 충족시키는지, 제시된 서류가 서로 상호간에 일치되는지에 대한 검사를 자동 점검할 수 있는 프로그램으로 검사하기 때문에 서류심사기간을 단축시킬 수 있다. 전자신용장 거래에서의 전자문서 심사기간을 종이서류 검사기간인 5은행영업일 보다 단축된 기간을 명시할 필요가 있다.

ⓑ 전자서류의 검사범위와 심사기준

eUCP에서의 서류검사 의무는 전자서류와 연관된 외부의 hyperlink의 내용까지 검사하는 것으로 확대되었다. 전자서류가 외부시스템에 대한 hyperlink를 포함하거나 전자서류가 외부시스템에 대한 참조에 의해서 검사될 수 있다는 것을 표기한 경우 hyperlink나 참조된 시스템에서의 전자서류는 검사되어야 하는 전자서류로 간주되어야 하고 그 표기된 시스템이 검사기에 요구된 전자서류에 대한 접속을 제공하지 못하는 것은 전자서류의 불일치로 간주한다.

은행은 전자서류를 검토하는 데 있어서 전자서류 내에 포함되어 있는 하이퍼링크(hyperlink)까지도 검토해야 한다. UCP에서는 은행은 수익자가 제출한 서류만을 갖고 신용장의 제 조건과 일치하는가를 검토하는 것과는 달리 전자서류의 경우 전자서류자체 뿐만 아니라 전자서류에 포함되어 있는 외부의 하이퍼링크의 내용까지도 신용장의 제 조건과 일치하는지를 검토해야 하는 의무가 추가되었다. 즉 이것은 전자서류 뿐만이 아니라 전자서류에 포함되어 있는 하이퍼링크의 내용까지도 신용장에서 요구한 서류에 포함되어 이와 같은 하이퍼링크의 내용이 신용장의 제 조건과 일치하지 않거나 하이퍼링크에 접속할 수 없는 경우에는 모두 서류상의 하자로 인정하여 서류인수를 거부할 수 있다고 규정하였고 동 규정은 UCP에는 없는 조항으로 전자서류의 제출과 관련된 내용을 규정하면서 새로이 생겨난 조항이다.

신용장거래는 상품의 거래가 아니라 서류상의 거래이다. 따라서 신용장거래의 당사자들은 제시된 서류가 신용장의 제 조건과 일치하는지 상당한 주의를 기울여 검사해야 한다. 제시된 서류가 문면상 신용장의 제 조건과 일치하는지 심사기준에는 엄격일치주의(strict compliance)와 실질적 일치주의(substantial compliance)가 있으나 구체적으로 어느 범위까지를 의미하는지 그 기준이 명확하게 제시되지 못하였기 때문에 이러한 모호한 점을 해소하기 위하여 제6차 개정에서는 신용장의 조건·적용가능한 본 규칙의 조항과 국제표준은행관행(international standard banking practice)을 서류심사기준으로 따라야 하도록 규정하였다. 제시된 서류가 상호 일치하지 않으면 결국 신용장 조건대로 제시되지 않은 것으로 간주하도록 되어 있다. 엄격일치주의는 제시된 서류가 신용장에서 명시된 내용과 자구 하나까지도 정확히 일치해야 된다는 것이고 반면에 실질적 일치주의는 제시된 서류가 신용장에서 요구한 내용과 표기는 다르지만 제시된 서류 상호간에 모순이 없고 기재된 내용들이 전체적으로 신용장의 제 조건을 충족시키고 있으면 일단 정당한 서류로 보고 신용장거래의 당사자들은 서류를 인수해야 한다는 것을 의미하는 것으로 심사은행의 재량권을 인정하고 있다.

신용장통일규칙은 엄격일치주의를 반영하여[98] 제출된 서류가 개별로는 신용장 내용과 일치하나 서류 상호간에 모순이 있으면 이것은 신용장의 조건에 부합되지 않은 것으로 간주하여 은행이 이러한 서류의 인수를 거절할 수 있다. 은행은 신용장에서 요구한 서류들만 심사하면 되고 신용장에서 요구하지 않은 서류가 제시되면 이러한 서류를 심사하지 않고 수익자에게 돌려주거나 책임 없이 타 은행으로 발송하여 신용장에서 명시된 서류와 명시되지 않은 서류간의 불일치에 대한 문제에 대해서 무시하기로 하였다.

eUCP 규칙에서는 전자서류 심사기준에 대해서 정확하게 명시되어 있지 않지만 UCP 조항에 구현되어 있는 엄격일치주의를 적용하여 서류를 심사해야 한다. 전자신용장거래에서 가장 중요한 비중을 차지하고 있는 것은 전자서류이며 이 모든 전자서류가 전자방식으로 작성되고 정보통신망을 통해서 송부되기 때문에 정확한 서류작성이 가능하고 제시된 서류를 표준화된 전자 메시지를 통해 서류상의 차이와 사기

98) UCP 제37조 C항.

서류를 쉽게 발견할 수 있기 때문에 전자신용장거래 당사자들의 서류검사 의무와 책임을 상당히 강화시켜야 한다. 따라서 전자신용장거래의 당사자들은 엄격일치주의에 따라 제시된 서류를 심사해야 되며 심사은행에게 서류심의 재량권을 인정해서는 안 된다.

② 규정상의 보완사항

ⓐ 전자신용장의 형식

eUCP는 UCP를 보충하는 규정으로써 신용장거래에 있어 서류제시 등에 관해 전자서류를 사용하는 경우 이에 대한 내용을 규정하고 있는 것으로 신용장거래에서 전자서류를 이용하여 전자서류를 이용하여 전자서류를 제시하는 경우에 적용되며 동 규칙은 주로 전자서류의 제시와 검토, 전자서류인수의 거절사유에 관련된 내용을 규정하고 있다. 신용장의 형식은 국제적으로 통일된 양식이 없기 때문에 서로 다른 양식으로 만들어진 신용장이 사용되어 왔다. 이러한 신용장은 신용장의 개설은행의 거래관습에 따라 다양하게 발행되었으나 전자신용장거래에서는 전자신용장을 국제적으로 규격화시켜 동일한 신용장을 사용할 수 있도록 전자신용장통일규칙에서 전자신용장의 형식을 제시해야 한다. 전자신용장의 형식이 국제적으로 규격화됨에 따라 전자신용장의 내용을 자동으로 검사할 수 있는 검사프로그램의 도입이 가능하다. 따라서 전자신용장통일규칙에서는 신용장 자체가 국제적으로 규격화된 전자서류의 형식을 이용하여 발행될 수 있도록 하는 내용에 관한 규정이 전혀 없기 때문에 이에 대한 보완이 이루어져야 한다.

ⓑ eUCP 제4조

eUCP 제4조에서 전자신용장은 전자서류가 제시된 전자서식을 명시해야 한다고 규정하였다.[99] 여기서 "must specify"는 강제규정으로서 반드시 이행해야 된다고 보아야 한다. 그러나 전자서류의 전자서식이 명시되지 않으면 어떠한 전자서식으로도 제시될 수 있다고 규정되어[100] eUCP 제4조에서는 상호 모순되는 규정이 포함되어 있는 것처럼 보인다. "may be presented"는 강제규정이 아니라 선택사항으로 해석되어야 한다. 따라서 "must specify"와 may be presented는 상호 모순된 내용으로 볼 수 있다.

ⓒ eUCP 제11조 a항

개설은행, 확인은행 또는 다른 지정은행이 접수한 전자서류가 훼손된 것으로 나타났을 경우 해당은행은 서류제시 자에게 전자서의 훼손을 알릴 수 있고 전자문서의 재 제시를 요구할 수 있다고 규정하였다.[101] "may inform, may request"는 은행의 강제규정이 아니라 은행의 선택사항으로 볼 수 있다. 따라서 제시된 서류가 훼손되었다면 은행은 반드시 재제시를 요구해야 된다고 "must inform, must request"로 규정하고 있지 않아서 제시된 서류가 훼손되었을 경우 은행이 재제시를 요구하지 않았다면 이것은 누가 책임을 부담해야 되는지 명확하지 않다. 따라서 관련은행들이 조금만 주의를 기울이면 이러한 전자서류상의 하자를 쉽게 찾을 수 있기 때문에 전자서류의 훼손을 수출상에게 통지하게 함으로써 전자수출거래를 활성화시킬 수 있도록 규정을 보다 명확하게 정의할 필요가 있다. 또한 전자서류훼손의 범위를 정확하게 명시하여야 한다.

99) An eUCP Credit must specify the formats in which electronic records are to be presented.

100) If the format of the electronic record is not so specified, it may be presented in any format.

101) If an electronic record that has been received by the Issuing Bank, Confirming Bank, or another Nominated Bank appears to have been corrupted, the Bank may inform the presenter and may request that the electronic record be re-presented.

ⓓ eUCP 제11조 b항

전자서류가 훼손된 경우 동 서류가 30일 이내에 동일한 전자서류가 재 제시되지 않을 경우 은행은 전자서류가 제시되지 않은 것으로 처리하고 어떠한 최종기일도 연장되지 않는다고 규정하였다.[102] 본 조항에 의하면 은행의 서류검사기간은 서류제시가 다시 완료된 기일에 시작되지만 어떠한 최종기한은 연장되지 않는다고 명시하여 은행의 서류검사기간을 산정하는 기산일을 명시하였다. 신용장의 유효기일과 서류제시기일은 연장되지 않기 때문에 훼손된 서류는 반드시 신용장의 유효기일과 서류제시기일 내에 재제시되어야 되며 동 기일 내에 제시된 서류를 은행이 검사할 경우 은행의 서류검사기간은 재제시된 서류를 접수한 날부터 서류검사기간은 시작된다는 것이다. 즉 신용장의 유효기일과 서류제시기일 내에 훼손된 서류가 전자신용장에 명시된 제시장소에 제 제시되어야만 은행의 서류검토기일이 연장된다. 이러한 동 규정에 비추어 볼 때 서류의 재제시기간을 30일로 규정한 것은 불합리한 규정으로 볼 수 있다. 신용장의 유효기일과 서류제시기일이 경과한 후에 제시된 서류는 은행은 검토할 의무가 없으며 동 기일을 경과하여 제시된 서류는 신용장거래에서 무효로 간주한다. 즉 은행은 신용장 유효기일과 서류제시기일 내에 제시된 서류에 대해서 검토할 의무가 있다. 따라서 30일로 규정된 서류의 재제시기간을 신용장유효기일과 서류제시기일로 변경해야 한다.

102) If the same electronic record is not re presented within thirty(30) calender days, the Bank may treat the electronic record as not presented, and iv. any deadlines are not extended.

참고문헌

국내문헌

강원진, "국제상업회의소의 UCP 600 완성초안에 제시된 주요 내용의 검토", 「국제상학」 제 21권 2호, 한국국제상학회, 2006. pp. 3~20.

구종순, "한국기업의 수출위험관리에 관한 실증적 연구", 박사학위논문, 고려대학교, 1990.

구종순, 「무역실무」, 박영사, 2006.

구종순, 「해상보험」, 박영사, 2000.

구종순, 박광서, "한일기업의 수출위험관리에 관한 비교 연구", 무역학회지, 제 19권 1호, 1994.

김기선, "신용장거래관습에 있어 국제표준은행의 본질적 해석에 관한 연구", 「국제상학」, 한국국제상학회, 제 11권, 1996.

김기선, "신용장거래관습에 있어 효율과 형평의 구현방식에 대한 규범적 접근", 「무역상무연구」, 한국무역상무연구회, 제 11권, 1998.

김종칠, "UCP 600의 주요내용과 문제점에 대한 연구", 「국제상학」, 제 21권 2호, 한국국제상학회, 2006. pp. 21~44.

노동환, "신용장 거래에서 매입은행의 국제표준 은행관행 적용에 관한 연구", 박사학위논문, 서강대학교, 1998.

대한상공회의소, "인코텀즈 2000", 1999.

대한상공회의소 ICC 한국위원회, "ICC 국제무역정보", 1998~2000.

박대위, 「신용장」, 제 3개 정판, 법문사, 1994.

박세운, 김영락, 방두완, "서류심사에 대한 제6차 개정 신용장통일규칙 연구", 「국제상학」, 제 21권 4호, 한국국제상학회, 2006. pp. 103~121.

백대림, "신용장통일규칙에서의 운송서류 관련규정; 축조해설과 적용 사례 III", 「중재」, 제182호, 1987. 3. p. 9.

서백현, "신용장통일규칙 운송서류조항의 변화에 관한 비판적 고찰 – 제5차 개정신용장통일규칙을 중심으로", 박사학위논문, 서강대학교, 1997.

서백현, "제6차 신용장통일규칙 항구간 운송선하증권조항의 해석", 관세학회지, 제7권 제4호, 한국관세학회, 2006. p. 136.

이제현, "신용장거래의 무역사기유형분석과 예방에 관한 연구", 무역학회지, 제27권 제1호, 한국무역학회, 2002. 2.

이제현, "양도가능신용장거래의 물품하자담보책임에 관한 연구", 무역학회지, 제27권 제1호, 한국무역학회, 2002. 2.

이제현, "신용장통일규칙 제48조의 해석과 적용에 관한 연구", 수출보험학회지, 제3권 제1호, 한국수출보험학회, 2002. 11.

이제현, "전자신용장거래 당사자 간의 법률관계에 관한 연구", 전자상거래학회지, 제5권, 한국전자상거래학회, 2004. 6.

이제현, "연지급신용장 거래당사자간의 법률관계에 관한 연구", 「국제상학」, 제19권 제 3호, 한국국제상학회, 2004. 9.

이제현, "선하증권의 부지문언이 송하인, 수하인, 운송인에게 미치는 영향에 관한 연구", 「해운물류연구」, 제46호, 한국해운물류학회, 2005. 9.

이제현, 구종순, "포페이팅(Forfeiting) 금융비용의 관세과세가격 결정에 관한 연구", 무역학회지, 제31권 제5호, 한국무역학회, 2006. 11.

이제현, 「전자무역실무」, 도서출판 두남, 2004.

이제현, 「전자무역」, 도서출판 두남, 2006.

이제현, 「무역학원론」, 교우사, 2006.

이용근, 최유섭, "UCP 600상의 서류심사관행에 관한 연구", 「국제상학」, 제 21권 4호, 한국국제상학회, 2006. pp. 85~102.

채동헌, "제 6차 개정 신용장통일규칙(UCP 600)에 따른 법률관계", 「월간금융」, 1~2월호, 전국은행연합회, 2007.

최정호, "S사의 신용장거래에 의한 무역사기사건", 「경영논총」, 제 5권, 서강대학교, 1994.

최정호, 이제현, "한국기업의 수출위험관리와 수출보험활용에 관한 실증연구", 「경영논총」, 제 11권, 서강대학교, 2000.

최정호, 이제현, "신용장거래의 무역사기유형분석과 예방에 관한 연구", 「경영논총」, 제 12권, 서강대학교, 2001.

최정호, "전자무역서류 활성화를 위한 eUCP에 관한 연구", 무역학회지, 제 28권 제 1호, 한국무역학회, 2003. 2.

최정호, 「신용장실무론」, 박영사, 2002.

최정호, 「무역결제론」, 박영사, 2006.

한재필, "UCP 600을 위한 주요개정내용에 관한 연구", 「국제상학」, 제 21권 2호, 한국국제상학회, 2006. pp. 45~65.

국외문헌

Bergami Roberto, "Discrepant Documents and Letters of Credit-The Banks' Obligations under UCP500", *Vindobona Journal of International Commercial Law & Arbitration*, Vol. 7, 2003.

Byrne James E., "Overview of Letter of Credit Law & Practice in 2005", *2006 Annual Survey of Letter of Credit Law & Practice*, The Institute of International Banking law & Practice, Inc., 2006.

Chaimer, Kim, "A representative of a carrier looks at the draft UCP", Documentary Credit Insight 12-3, 2006. pp. 13~14.

Christensen, Kim, "End the fuss about transport documents issued by forwarders", Documentary Credit Insight 11-3, 2005. pp. 11~12.

DOLE Richard F., Jr., "Applicant Ad Hoc Waver of Discrepancies in the Documents Presented under Letters of Credit", *2006 Annual Survey of Letter of Credit Law & Practice*, Institute of International Banking Law & Practice, Inc., 2006.

Ellinger, E. P., "The UCP-500 : Considering A New Revision", *2006 Annual Survey of letter of Credit law & Practice*, Institute of International Banking Law & Practice, Inc., 2006.

Erdemol, Haluk, "Making the new UCP trader friendly", Documentary Credit Insight 11-2, 2005. p.23.

Ford, Mark, "The transport sector view UCP 600", Documentary Credit Insight 11-3, 2005. pp. 2~3.

Foutts Robert L., UCP 600 Update, JP MorganChase Treasury Services, November 2, 2006.

Herl, Heinz, "Addresses, Agent and Transport Docoment", Documentary Credit Insight 12-1, 2006. p. 8.

ICC Publication No. 511, UCP 500 & 400 Compared, p. 66.

ICC Publication No. 371, Decisions(1975-1979) of the ICC Banking Commission, R.29, 30, pp. 47~50.

ICC Publication No. 459, Case Studies on Documentary Credit(Vol. I), Case No. 85.

ICC Publication No. 469, Opinions of The ICC Banking Commission (1987-1988), R.161, p. 56.

ICC Pulication No, 459, Case Studies on Documentary Credits (Vol. I), Case No. 950.

ICC, Documentary credits know-how can now be tapped online, 2000; (ICC, http://www.iccwbo.org/iccbhba/index.html).

ICC, *First Complete Draft of UCP 600-Cover Note to National Committees, Comments to Draft Articles*, ICC Banking Commission, 2005.

ICC, *International Standard Banking Practice for the Examination of Documents under Documentary Credits (ISBP)*, ICC Pub No. 645, 2003.

ICC, *More Case Studies on Documentary Credits*, ICC Publishing SA, 1991.

ICC, *Second Complete Draft of UCP 600-Cover Note to National Committees, Comments to Draft Articles*, ICC Banking Commission, 2006.

ICC, UCP 600 & UCP 500 Compared, Part II. Detailed Comparison for Each Article, UCP 600, Article 16 Comment. 2006.

Klein, Carter H., Letter of Credit Law Development, prepared for CBA Commercial & Financial Transactions Committee, Jenner & Block, January 19, 2006.

Kozolchyk, Boris, "The unwarranted comeback of the FIATA bill of lading", Documentary Credit Insight 11-3, April, 1992, pp. 198~199.

Kozolchyk, Boris, "Evolution and present state of the ocean bill of lading from a banking law perspective", *Journal of Maritime Law and Commerce*, Vol. 23, No. 2, April 1992, pp. 198~199.

Kreitman Roger, "UCP 600 : The End in sight?", *Letter of Credit Law Developments*. Prepared for CBA Commercial & Financial Transactions Committee and Klein Carter H. Jenner & Block LLP. 2006.

Muller, Rene, "Confronting the key issues in the UCP revision", Documentary Credit Insight 11-4, 2005. pp. 5~6.

Lee, T. O., "A call for consistency with transport convention", Documentary Credit Insight 12-3, 2006. pp. 15~16.

Reynolds, Frank, "A trader's view", Documentary Credit Insight 12-4, 2006. pp. 11~13.

Song, Chang-Soon Thomas, "Calls for a practical reading of UCP where a shipped bill of lading has two dates", Documentary Credit Insight 6-4, 2006. p. 15.

Taneja, Pradeep, "UCP 600: A document restoring the credibility of L/Cs", pradeep-taneja@yahoo.co.in

Article 1
Application of UCP

The Uniform Customs and Practice for Documentary Credits, 2007 Revision, ICC Publication NO. 600 ("UCP") are rules that apply to any documentary credit ("credit") (including, to the extent to which they may be applicable, any standby letter of credit) when the text of the credit expressly indicates that it is subject to these rules. They are binding on all parties thereto unless expressly modified or excluded by the credit.

Article 2
Definitions

For the purpose of these rules :

Advising bank means *the bank that advises the credit at the request of the issuing bank.*

Applicant *means the party on whose request the credit is issued.*

Banking day *means a day on which a bank is regularly open at the place at which an act subject to these rules is to be performed.*

Beneficiary *means the party in whose favour a credit is issued.*

Article 2

C.o.n.t.i.n.u.e.d

Complying presentation *means a presentation that is in accordance with the terms and conditions of the credit, the applicable provisions of these rules and international standard banking practice.*

Confirmation *means a definite undertaking of the confirming bank, in addition to that of the issuing bank, to honour or negotiate a complying presentation.*

Confirming bank *means the bank that adds its confirmation to a credit upon the issuing bank's authorization or request.*

Credit *means any arrangement, however named or described, that is irrevocable and thereby constitutes a definite undertaking of the issuing bank to honour a complying presentation.*

Honour *means :*

a. to pay at sight if the credit is available by sight payment.

b. to incur a deferred payment undertaking and pay at maturity if the credit is available by deferred payment.

c. to accept a bill of exchange("draft") drawn by the beneficiary and pay at maturity if the credit is available by acceptance.

Issuing bank *means the bank that issues a credit at the request of an applicant or on its own behalf.*

Negotiation *means the purchase by the nominated bank of drafts (drawn on a bank other than the nominated bank) and/or documents under a complying presentation, by either advancing or agreeing to advance funds to the beneficiary.*

Nominated bank *means the bank authorized in the credit to honour or negotiate or, in the case of a freely available credit, any bank.*

Presentation *means either the act of delivering documents under a credit to the issuing bank or nominated bank or the documents so delivered.*

Presenter *means a beneficiary, bank or other party that makes a presentation.*

Article 3

Interpretations

For the purpose of these rules :

Where applicable, words in the singular include the plural and in the plural include the singular.

A credit is irrevocable even if there is no indication to that effect.

A document may be signed by handwriting, facsimile signature, perforated signature, stamp, symbol or any other mechanical or electronic method of authentication.

A requirement for a document to be legalized, visaed or certified will be satisfied by any signature, mark, stamp or label on the document which appears to satisfy that requirement.

Branches of a bank in different countries are considered to be another bank.

Terms such as "first class", "well known", "qualified", "independent", "official", "competent" or "local" used to describe the issuer of a document allow any issuer except the beneficiary to issue that document.

Unless required to be used in a document, words such as "prompt", "immediately" or "as soon as possible" will be disregarded.

The expression "on or about" or similar will be interpreted as a stipulation that an event is to occur during a period five calendar days before until five calendar days after the specified date, both start and end dates included.

The words "to", "until", "till", "from" and "between" when used to determine a period of shipment include the date or dates mentioned, and the words "before" and "after" exclude the date mentioned.

The words "from" and "after" when used to determine a maturity date exclude the date mentioned.

The terms "first half" and "second half" of a month shall be construed respectively as the 1st to the 15th, and the 16th to the last day of the month, all dates inclusive.

The terms "beginning", "middle" and "end" of a month shall be construed respectively as the 1st to the 10th, the 11th to the 20th and the 21st to the last day of the month, all dates inclusive.

Article 4

Credits v. Contracts

a. *A credit by its nature is a separate transaction from the sale or other contract on which it may be based. Banks are in no way concerned with or bound by such contract, even if any reference whatsoever to it is included in the credit.*

Consequently, the undertaking of a bank to honour, to negotiate or to fulfil any other obligation under the credit is not subject to claims or defences by the applicant resulting from its relationships with the issuing bank or the beneficiary.

A beneficiary can in no case avail itself of the contractual relationships existing between banks or between the applicant and the issuing bank.

b. *An issuing bank should discourage any attempt by the applicant to include, as an integral part of the credit, copies of the underlying contract, proforma invoice and the like.*

Article 5

Documents v. Goods, Services or Performance

Banks deal with documents and not with goods, services or performance to which the documents may relate.

Article 6

Availability, Expiry Date and Place for Presentation

a. A credit must state the bank with which it is available. A credit available with a nominated bank is also available with the issuing bank. If a credit does not state with which bank it is available, it is only available with the issuing bank. In a freely available credit, any bank is a nominated bank.

b. A credit must state whether it is available by sight payment, deferred payment, acceptance or negotiation.

c. A credit must not be issued available by a draft drawn on the applicant.

d. i. A credit must stipulate an expiry date for presentation. An expiry date stipulated for honour or negotiation will be deemed to be an expiry date for presentation.

ii. The place of the bank with which the credit is available is the place for presentation. A place for presentation other than that of the issuing bank is in addition to the place of the issuing bank. In a freely available credit, any place is a place for presentation.

e. Except as provided in sub-article 29 (a), a presentation by or on behalf of the beneficiary must be made on or before the expiry date.

Article 7
Issuing Bank Undertaking

a. Provided that the stipulated documents are presented to the nominated bank or to the issuing bank and that they constitute a complying presentation, the issuing bank must honour, if the credit is available by :

i. sight payment, deferred payment or acceptance with the issuing bank;

ii. sight payment with a nominated bank and the nominated bank does not pay

iii. deferred payment with a nominated bank and the nominated bank does not incur its deferred payment undertaking or, having incurred its deferred payment undertaking, does not pay at maturity ;

iv. acceptance with a nominated bank and the nominated bank does not accept a draft drawn on it or, having accepted a draft drawn on it, does not pay at maturity ;

v. negotiation with a nominated bank and not negotiated by any nominated bank.

b. An issuing bank is irrevocably bound to honour as of the time it issues the credit.

c. An issuing bank undertakes to reimburse a nominated bank that has honoured or negotiated a complying presentation and forwarded the documents to the issuing bank. Reimbursement for the amount of the presentation under a credit available by acceptance or deferred payment is due at maturity, whether or not the nominated bank prepaid or purchased before maturity. An issuing bank's undertaking to reimburse a nominated bank is independent of the issuing bank's undertaking to the beneficiary.

Article 8

Confirming Bank Undertaking

a. Provided that the stipulated documents are presented to the confirming bank or to any other nominated bank and that they constitute a complying presentation, the confirming bank must :

i. honour, if the credit is available by

a. sight payment, deferred payment or acceptance with the confirming bank ;

b. sight payment with another nominated bank and that nominated bank does not pay ;

c. deferred payment with another nominated bank and that nominated bank does not incur its deferred payment undertaking or, having incurred its deferred payment undertaking, does not pay at maturity ;

d. acceptance with another nominated bank and that nominated bank does not accept a draft drawn on it or, having accepted a draft drawn on it, does not pay at maturity ;

e. negotiation with another nominated bank and not negotiated by any nominated bank.

ii. negotiate, without recourse, if the credit is available by negotiation with the confirming bank and a complying presentation is made to the confirming bank or is made to another nominated bank and is not negotiated by that nominated bank.

b. A confirming bank is irrevocably bound to honour or negotiate as of the time it adds its confirmation to the credit.

c. A confirming bank undertakes to reimburse another nominated bank that has honoured or negotiated a complying presentation and forwarded the documents to the confirming bank. Reimbursement for the mount of the presentation under a credit available by acceptance or deferred payment is due at maturity, whether or not another nominated bank prepaid or purchased before maturity. A confirming bank's undertaking to reimburse another nominated bank is independent of the confirming bank's undertaking to the beneficiary.

d. If a bank is authorized or requested by the issuing bank to confirm a credit but is not prepared to do so, it must inform the issuing bank without delay and may advise the credit without confirmation.

Article 9

Advising of Credits and Amendments

a. A credit and any amendment may be advised to a beneficiary through an advising bank. An advising bank that is not a confirming bank advises the credit and any amendment without any undertaking to honour or negotiate.

b. By advising the credit or amendment, the advising bank signifies that it has satisfied itself as to the apparent authenticity of the credit or amendment and that the advice accurately reflects the terms and conditions of the credit or amendment received.

c. And advising bank may utilize the services of another bank ("second advising bank") to advise the credit and any amendment to the beneficiary. By advising the credit or amendment, the second advising bank signifies that it has satisfied itself as to the apparent authenticity of the advice it has received and that the advice accurately reflects the terms and conditions of the credit or amendment received.

d. A bank utilizing the services of an advising bank or second advising bank to advise a credit must use the same bank to advise any amendment thereto.

e. If a bank is requested to advise a credit or amendment but elects not to do so, it must so inform, without delay, the bank from which the credit, amendment or advice has been received.

f. If a bank is requested to advise a credit or amendment but cannot satisfy itself as to the apparent authenticity of the credit or amendment or advice, it must so inform, without delay, the bank from which the instructions appear to have been received. If the advising bank or second advising bank elects nonetheless to advise the credit or amendment, it must inform the beneficiary or second advising bank that it has not been able to satisfy itself as to the apparent authenticity of the credit or amendment or advice.

Article 10

Amendments

a. Except as otherwise provided by article 38, a credit can neither be amended nor cancelled without the agreement of the issuing bank, the confirming bank, if any, and the beneficiary.

b. An issuing bank is irrevocably bound by an amendment as of the time it issues the amendment. A confirming bank may extend its confirmation to an amendment and will be irrevocably bound as of the time it advises the amendment. A confirming bank may, however, choose to advise an amendment without extending its confirmation and, if so, it must inform the issuing bank without delay and inform the beneficiary in its advice.

c. The terms and conditions of the original credit (or a credit incorporating previously accepted amendments) will remain in force for the beneficiary until the beneficiary communicates its acceptance of the amendment to the bank that advised such amendment. The beneficiary should give notification of acceptance or rejection of an amendment. If the beneficiary fails to give such notification, a presentation that complies with the credit and to any not yet accepted amendment will be deemed to be notification of acceptance by the beneficiary of such amendment. As of that moment the credit will be amended.

d. A bank that advises an amendment must inform the bank from which it received the amendment of any notification of acceptance or rejection.

e. Partial acceptance of an amendment is not allowed and will be deemed to be rejection of the amendment, and the bank that advised the amendment must so inform the bank from which it received the amendment.

f. A provision in an amendment containing wording to the effect that the amendment shall become valid unless rejected by the beneficiary within a certain time shall be disregarded.

Article 11

Teletransmitted and Pre-Advised Credits and Amendments

a. An authenticated teletransmission of a credit or amendment will be deemed to be the operative credit or amendment, and any subsequent mail confirmation shall be disregarded.

If a teletransmission states "full details to follow"(or words of similar effect), or states that the mail confirmation is to be the operative credit or amendment, then the teletransmission will not be deemed to be the operative credit or amendment. The issuing bank must then issue the operative credit or amendment without delay.

b. A preliminary advice of the issuance of a credit or amendment ("pre-advice") shall only be sent if the issuing bank is prepared to issue the operative credit or amendment. An issuing bank that sends a pre-advice is irrevocably committed to issue the operative credit or amendment, without delay, in terms not inconsistent with the pre-advice.

Article 12

Nomination

a. Unless a nominated bank is the confirming bank, an authorization to honour or negotiate does not impose any obligation on that nominated bank to honour or negotiate, except when expressly agreed to by that nominated bank and so communicated to the beneficiary.

b. By nominating a bank to accept a draft or incur a deferred payment undertaking, an issuing bank authorizes that nominated bank to prepay or purchase a draft accepted or a deferred payment undertaking incurred by that nominated bank.

c. Receipt or examination and forwarding of documents by a nominated bank that is not a confirming bank does not make that nominated bank liable to honour or negotiate, nor does it constitute honour or negotiation.

Article 13

Bank-to-Bank Reimbursement Arrangements

a. If a credit states that reimbursement is to be obtained by a nominated bank ("claiming bank") claiming on another party ("reimbursing bank") the credit must states if the reimbursement is subject to the ICC rules for bank-to-bank reimbursements in effect on the date of issuance of the credit.

b. If a credit does not state that reimbursement is subject to the ICC rules for bank-to-bank reimbursements, the following apply :

   i. An issuing bank must provide a reimbursing bank with a reimbursement authorization that conforms with the availability stated in the credit.
   The reimbursement authorization should not be subject to an expiry date.

   ii. A claiming bank shall not be required to supply a reimbursing bank with a certificate of compliance with the terms and conditions of the credit.

   iii. An issuing bank will be responsible for any loss of interest, together with any expenses incurred, if reimbursement is not provided on first demand by a reimbursing bank in accordance with the terms and conditions of the credit.

   iv. A reimbursing bank's charges are for the account of the issuing bank. However, if the charges are for the beneficiary, it is the responsibility of an issuing bank to so indicate in the credit and in the reimbursement authorization. If a reimbursing bank's charges are for the account of the beneficiary, they shall be deducted from the amount due to a claiming bank when reimbursement is made. If no reimbursement is made, the reimbursing bank's charges remain the obligation of the issuing bank.

c. An issuing bank is not relieved from any of its obligations to provide reimbursement if reimbursement is not made by a reimbursing bank on first demand.

Article 14

Standard for Examination of Documents

a. A nominated bank acting on its nomination, a confirming bank, if any, and the issuing bank must examine the presentation to determine, on the basis of the documents alone, whether or not the documents appear on their face to constitute a complying presentation.

b. A nominated bank acting on its nomination, a confirming bank, if any, and the issuing bank shall each have a maximum of five banking days following the day of presentation to determine if a presentation is complying. This period does not depend on any upcoming expiry date or last day for presentation.

c. A presentation including one or more original transport documents must be made by or on behalf of the beneficiary not later than 21 calendar days after the date of shipment as described in these rules, but in any event not later than the expiry date of the credit.

d. Data in document, when read in context with the credit, the document itself and international standard banking practice, need not be identical to, but must not conflict with, data in :

i. that document ;
ii. any other stipulated document ; or
iii. the credit.

e. In documents other than the commercial invoice, the description of the goods, services or performance, if stated, may be in general terms not conflicting with their description in the credit.

f. If a credit requires presentation of a document other than a transport document, insurance document or commercial invoice, without stipulating by whom the document is to be issued or its data content, banks will accept the document as presented if its content appears to fulfil the function of the required document and otherwise complies with sub-article 14(d).

Article 14

C.o.n.t.i.n.u.e.d

g. A document presented but not required by the credit will be disregarded and may be returned to the presenter.

h. If a credit contains a condition without stipulating the document to indicate compliance with the condition, banks will deem such condition as not stated and will disregard it.

i. A document may be dated prior to the issuance date of the credit, but must not be dated later than its presentation date.

j. The addresses of the beneficiary and the applicant in any stipulated document need not be the same as those stated in the credit or in any other stipulated document, but must be within the same country as the respective addresses mentioned in the credit. However, when any address of the applicant is to appear as part of the consignee or notify party details on a transport document, it must be as stated in the credit.

Contact details (telefax, telephone, email and the like) stated as part of the beneficiary's and the applicant's address will be disregarded.

k. The shipper or consignor of the goods indicated on any document need not be the beneficiary of the credit.

l. A transport document may be issued by a party other than the owner of a vessel or other means of transport provided that the transport document meets the requirements of articles 19, 20, 21, 23 or 24 of these rules.

Article 15

Complying presentation

a. When an issuing bank determines that a presentation is complying, it must honour.

b. When a confirming bank determines that a presentation is complying, it must honour or negotiate and forward the documents to the issuing bank.

c. When a nominated bank determines that a presentation is complying and honours or negotiates, it must forward the documents to the confirming bank or issuing bank.

Article 16

Discrepant Documents, Waiver and Notice

a. When a nominated bank acting on its nomination, a confirming bank, if any, or the issuing bank determine that a presentation does not comply, they may refuse to honour or negotiate.

b. When an issuing bank determines that a presentation does not comply, it may in its sole judgement approach the applicant for a waiver of the discrepancies. This does not, however, extend the period mentioned in sub-article 14(b).

c. When a nominated bank acting on its nomination, a confirming bank, if any, or the issuing bank decide to refuse to honour or negotiate, they must give a single notice to that effect to the presenter.

Article 16

C.o.n.t.i.n.u.e.d

The notice must state :

i. that the bank is refusing to honour or negotiate ; and

ii. each discrepancy in respect of which the bank refuses to honour or negotiate ; and

iii. a) that the issuing bank is holding the documents pending further instructions from the presenter ; or

b) that the issuing bank is holding the documents until it receives a waiver from the applicant and agrees to accept it, or receive further instructions from the presenter prior to agreeing to accept a waiver ; or

c) that the bank is returning the documents ; or

d) that the bank is acting in accordance with instructions previously received from the presenter.

d. The notice required in sub-article 16(c) must be given by telecommunication or, if that is not possible, by other expeditious means no later than close of the fifth banking day following the day of presentation.

e. A nominated bank acting on its nomination, a confirming bank, if any, or the issuing bank may, after providing notice required by sub-article 16(c)(iii)(a) or (b), return the documents to the presenter at any time.

f. If an issuing bank or confirming bank fails to act in accordance with the provisions of this article, it shall be precluded from claiming that the documents do not constitute a complying presentation.

g. when an issuing bank refuses to honour or a confirming bank refuses to honour or negotiate and has given notice to that effect in accordance with this article, it shall then be entitled to claim a refund, with interest, of any reimbursement made.

Article 17

Original Documents and Copies

a. At least one original of each document stipulated in the credit must be presented.

b. A bank shall treat as original any document bearing an apparently original signature, mark, stamp, or label of the issuer of the document, unless the document itself indicates that it is not original.

c. Unless a document indicates otherwise, a bank will also accept a document as original if it :

i. appears to be written, typed, perforated or stamped by the document issuer's hand ; or

ii. appears to be on the document issuer's original stationery ; or

iii. states that it is original, unless the statement appears not to apply to the document presented.

d. If a credit requires presentation of copies of documents, presentation of either originals or copies is permitted.

e. If a credit requires presentation of multiple documents by using terms such as "in duplicate", "in two fold" or "in two copies", this will be satisfied by the presentation of at least one original and the remaining number in copies, except when the document itself indicates otherwise.

Article 18

Commercial Invoice

a. A commercial invoice ;

  i. must appear to have been issued by the beneficiary (except as provided in article 38) ;

  ii. must be made out in the name of the applicant (except as provided in article 38(g)) ;

  iii. must be made out in the same currency as the credit ; and need not be signed.

b. A nominated bank acting on its nomination, a confirming bank, if any, or the issuing bank may accept a commercial invoice issued for an amount in excess of the amount permitted by the credit, and their decision will be binding upon all parties, provided the bank in question has not honoured or negotiated for an amount in excess of that permitted by the credit.

c. The description of the goods, services or performance in a commercial invoice must correspond with that appearing in the credit.

Article 19

Transport Document Covering at Least Two Different Modes of Transport

a. A transport document covering at least two different modes of transport (multimodal or combined transport document), however named, must appear to :

  i. indicate the name of the carrier and be signed by :

  - the carrier or a named agent for or on behalf of the carrier, or
  - the master or a named agent for or on behalf of the master.

  Any signature of the carrier, master or agent must be identified as that of the carrier, master or agent.

  Any signature by an agent must indicate whether the agent has signed for or on behalf of the carrier, or for or on behalf of the master.

Article 19

C.o.n.t.i.n.u.e.d

ii. *indicate that the goods have been dispatched, taken in charge or shipped on board by:*

- *pre-printed wording, or*
- *a stamp or notation indicating the date on which the goods have been dispatched, taken in charge or shipped on board.*

The date of issuance of the transport document will be deemed to be the date of dispatch, taking in charge or shipped on board and the date of shipment, unless the transport document indicates, by stamp or notation, a date of dispatch, taking in charge or shipped on board, in which case this date will be deemed to be the date of shipment.

iii. *indicate the place of dispatch, taking in charge or shipment and the place of final destinations stipulated in the credit, even if:*

a. *the transport document states, in addition to that place, another place or dispatch, taking in charge or shipment or another place of final destination, or*

b. *the transport document contains the indications "intended" or similar qualification in relation the vessel or port of loading or port of discharge.*

iv. *be the sole original transport document or, if issued in more than one original, be the full set as indicated on the transport document.*

v. *contain terms and conditions of carriage or make reference to another source containing the terms and conditions of carriage(short form or blank back transport document). Contents of terms and conditions of carriage will not b examined.*

vi. *contain no indication that it is subject to a charter party.*

b. *For the purpose of this article, transhipment means unloading from one means of conveyance and reloading to another means of conveyance (whether or not in different modes of transport) during the carriage from the place of dispatch, taking in charge or shipment to the place of final destination stipulated in the credit.*

c. *Even if the credit prohibits transhipment, a bank will accept a transport document indicating that transhipment will or may take place, provided the entire carriage is covered by one and same transport document.*

Article 20
Bill of Lading

a. A bill of lading, however named, must appear to :

i. Indicate the name of the carrier and be signed by :

- *the carrier or a named agent for or on behalf of the carrier, or*
- *the master or a named agent for or on behalf of the master.*

Any signature by the carrier, master or agent must be identified as that of the carrier, master or agent.

Any signature by an agent must indicate whether the agent has signed for or on behalf of the carrier or for or on behalf of the master.

ii. Indicate that the goods have been shipped on board a named vessel by :

- *pre-printed wording, or*
- *an on board natation indicating the date on which the goods have been shipped on board.*

The date of issuance of the bill of lading will be deemed to be the date of shipment unless the bill of lading contains an on board notation indicating the date of shipment, in which cast the date stated in the on board notation will be deemed to be the date of shipment.

If the bill of lading contains the indication "intended vessel" or similar qualification on relation to the name of the vessel, an on board notation indicating the date of shipment and the name of the actual vessel is required.

iii. indicate shipment from the port of loading to the port of discharge stipulated in the credit.

If the bill of lading does not indicate the port of loading stipulated in the credit as the port of loading, or if it contains the indication "intended" or similar qualification in relation to the port of loading, an on board notation indicating the port of loading as stipulated in the credit, the date of shipment and the name of the vessel is required. This provision also applies even if loading on board or shipment on a named vessel is indicated by pre-printed wording on the bill of lading.

Article 20
C.o.n.t.i.n.u.e.d

iv. *be the sole original bill of lading or, if issued in more than one original, be the full set as indicated on the bill of lading.*

v. *contain terms and conditions of carriage or make reference to another source containing the terms and conditions of carriage (short form or blank back bill of lading). Contents of terms and conditions of carriage will not be examined.*

vi. *Contain no indication that it is subject to a charter party.*

b. *For the purpose of this article, transhipment means unloading from one vessel and reloading to another vessel during the carriage from the port of loading to the port of discharge stipulated in the credit.*

c. *A bank will accept a bill of lading which states that the goods will be transhipped provided :*

i. *the entire carriage from the port of loading to the port of discharge stipulated in the credit is covered by on e and the same bill of lading; and*

ii. *the credit does not prohibit transhipment(unless the goods are shipped in a container, trailer or LASH barge as evidenced by the bill of lading)*

d. *Clauses in a bill of lading stating that the carrier reserves the right to transship will be disregarded.*

Article 21
Non-Negotiable Sea Waybill

a. A non-negotiable sea waybill, however named. must appear to :

i. indicate the name of the carrier and be signed by :

· the carrier or a named agent for or on behalf of the carrier, or

· the master or a named agent for or on behalf of the master

Any signature by the carrier, master or agent must be identified as that of the carrier, master or agent.

Any signature by an agent must indicate whether the agent has signed for or on behalf of the carrier or for or on behalf of the master.

ii. indicate that the goods have been shipped on board a named vessel by :

· pre-printed wording, or

· an on board notation indicating the date on which the goods have been shipped on board.

The date of issuance of the non-negotiable sea waybill will be deemed to be the date of shipment unless the non-negotiable sea waybill contains an on board notation indicating the date of shipment, in which case the date stated in the on board notation will be deemed to be the date of shipment.

If the non-negotiable sea waybill contains the indication : "intended vessel" or similar qualification in relation to the name of the vessel, an on board notation indicating the date of shipment and the name of the actual vessel is required.

iii. indicate shipment from the port of loading to the port of discharge stipulated in the credit.

If the non-negotiable sea waybill does not indicate the port of loading stipulated in the credit as the port of loading, or if contains the indication "intended" or similar qualification in relation to the port of loading, an on board notation indicating the port of loading as stipulated in the credit, the date of shipment and the name of the vessel is required. This provision also applies even if loading on board or shipment on a named vessel is indicated by pre-printed wording on the non-negotiable sea waybill.

Article 21

C.o.n.t.i.n.u.e.d

iv. *be the sole original non-negotiable sea waybill or, if issued in more than one original, be the full set as indicated on the non-negotiable sea waybill.*

v. *contain terms and conditions of carriage or make reference to another source containing the terms and conditions of carriage (short form or blank back non-negotiable sea waybill). Contents of terms and conditions of carriage will not be examined.*

vi. *contain no indication that it is subject to a charter party.*

b. *For the purpose of this article, transhipment means unloading form on vessel and reloading to another vessel during the carriage from the port of loading to the port of discharge stipulated in the credit.*

c. *A bank will accept a non-negotiable sea waybill which stated that the goods will be transhipped provided :*

i. *the entire carriage from the port of loading to the port of discharge stipulated in the credit is covered by one and the same non-negotiable sea way bill ; and*

ii. *the credit does not prohibit transhipment(unless the goods are shipped in a container, trailer of LASH barge as evidenced by the non-negotiable sea waybill).*

d. *Clauses in a non-negotiable sea waybill stating that the carrier reserves the right to tranship will be disregarded.*

Article 22

Charter Party Bill of Lading

a. A charter party bill of lading, however named, which contains an indication that it is subject to a charter party, must appear to :

i. be signed by :

· the master or a named agent for or on behalf of the master, or

· the owner or a named agent for or on behalf of the owner, or

· a charterer or a named agent for or on behalf of a charterer.

Any signature by the master, owner, charterer or agent must be identified as that of the master, owner, charterer of agent.

Any signature by an agent must indicate whether the agent has signed for or on behalf of the master, owner or charterer.

An agent signing for or an behalf of the owner or a charterer must indicate the name of the owner or a charterer.

ii. indicate that the goods have been shipped on board a named vessel by :

· pre-printed wording, or

· an on board notation indicating the date on which the goods have been shipped on board.

The date of issuance of the charter party bill of lading will be deemed to be the date of shipment unless the charter party bill of lading contains an on board notation, in which case the date stated in the on board notation will be deemed to be the date of shipment.

iii. indicate shipment form the port of loading to the port of discharge stipulated in the credit, The port of discharge may also be shown as a range of ports or a geographical area, as stipulated in the credit.

iv. be the sole original charter party bill of lading or, if issued in more than one original. be the full set as indicated on the charter party bill of lading.

b. A bank will not examine cater party contracts even if they are required to be presented by the terms of the credit.

Article 23

Air Transport Document

a. An air transport document, however named, must appear to :

i. indicate the name of the carrier and be signed by :

- *the carrier, or*
- *a named agent for or on behalf of the carrier.*

Any signature by the carrier or agent must be identified as that of the carrier or agent.

Any signature by an agent must indicate whether the agent has signed for or on behalf of the carrier.

ii. indicate that the goods have been accepted for carriage.

iii. indicate the date of issuance. This date will be deemed to be the date of shipment unless the air transport document contains a specific notation of the actual date of shipment, in which case this date will be deemed to be the date of shipment.

Any other information appearing on the air transport document relative to the flight number and date will not be considered in determining the date of shipment.

iv. indicate the airport of departure and the airport of destination stipulated in the credit.

v. be the original for consignor or shipper, even if the credit stipulates a full set of originals.

vi. contain terms and conditions of carriage or make reference to another source containing the terms and conditions of carriage. Contents of terms and conditions of carriage will not be examined.

b. For the purpose of this article, transhipment means unloading from one aircraft and reloading to another aircraft during the carriage from the airport of departure to the airport of destination stipulated in the credit.

c. Even if the credit prohibits transhipment, a bank will accept an air transport document indicating that transhipment will or may take place, provided the entire carriage is covered by one and the same air transport document.

Article 24

Road, Rail or Inland Waterway Transport Documents

a. A road, rail or inland waterway transport document, however named, must appear to :

i. indicate the name of the carrier and :

- *be signed by the carrier or named agent for or on behalf of the carrier, or*
- *indicate receipt of the goods by signature, stamp or notation by the carrier or a named agent for or on behalf of the carrier.*

Any signature, stamp or notation of receipt of the goods by the carrier or agent must be identified as that of the carrier or agent.

Any signature, stamp or notation of receipt of the goods by the agent must indicate that the agent has signed or acted for or on behalf of the carrier.

If a rail transport document does not identify the carrier, any signature or stamp of the railway company will be accepted as evidence of the document being signed by the carrier.

ii. indicate the date of shipment or the date the goods have been received for shipment, dispatch, carriage or wording this effect. Unless the transport document contains a dated reception stamp, an indication of the date of receipt or a date of shipment, the date of issuance of the transport document will be deemed to be the date of shipment.

iii. indicate the place of shipment and the place of destination stipulated in the credit.

b. A road, rail or inland waterway transport document will be accepted as original whether marked as original or not. In the absence of an indication on the transport document as to the number of originals issued, the number presented will be deemed to constitute a full set.

Article 24

C.o.n.t.i.n.u.e.d

c. *A road transport document must appear to be the original for consignor or shipper or bear no marking indicating for whom the document has been prepared.*

d. *For the purpose of this article, transhipment means unloading from one means of conveyance and reloading to another means of conveyance, in different modes of transport, during the carriage from the place of shipment to the place of destination stipulated in the credit.*

e. *Even if the credit prohibits transhipment, a bank will accept a road, rail or inland waterway transport document indicating transhipment will or may take place, provided the entire carriage is covered by one and the same transport document and within the same mode of transport.*

Article 25

Courier Receipt, Post Receipt or Certificate of Posting

a. *A courier receipt, however named, evidencing receipt of goods for transport, must appear to :*

   i. *indicate the name of the courier service and be stamped, signed or otherwise authenticated by the named courier service at the place from which the credit stipulates the goods are to be shipped ; and*

   ii. *indicate a date of pick-up or of receipt or wording to this effect. This date will be deemed to be the date of shipment.*

b. *If a credit requires courier charges to be paid or prepaid, a bank will accept a transport document issued by a courier service evidencing that courier charges are for the account of a party other than the consignee.*

c. *A post receipt or certificate of posting, however named, evidencing receipt of goods for transport, must appear to be stamped, signed or otherwise authenticated and dated in the place from which the credit stipulates the goods are to be shipped. This date will be deemed to be the date of shipment.*

Article 26

"On Deck", "shipper's Load and Count", "Said by Shipper to Contain" and Charges Additional to Freight

a. A transport document must not indicate that the goods are or will be loaded on deck. A clause on a transport document stating that the goods may be loaded on deck is acceptable.

b. A transport document bearing a clause such as "shipper's load and count" and "said by shipper to contain" is acceptable.

c. A transport document may bear a reference, by stamp or otherwise, to charges additional to the freight.

Article 27

Clean Transport Document

A bank will only accept a clean transport document. A clean transport document is one bearing no clause or notation expressly declaring a defective condition of the goods or their packaging. The word "clean" need not appear on a transport document even if a credit has a requirement for that transport document to be "clean on board".

Article 28

Insurance Document and Coverage

a. An insurance document, such as an insurance policy, an insurance certificate or a declaration under an open cover, must appear to be issued and signed by an insurance company, an underwriter or their agents or proxy.

b. Where the insurance document indicates it has been issued in more than one original, all originals must be presented.

c. Cover notes will not be accepted.

d. An insurance policy is acceptable in lieu of an insurance certificate or a declaration under an open cover.

e. The date of the insurance document must be no later than the date of shipment, unless it appears from the insurance document that the cover is effective no later than the date of shipment.

f. i. The insurance document must indicate the amount of insurance coverage and be in the same currency as the credit.

ii. A requirement in the credit for insurance coverage to be for a percentage of the value of the goods, of the invoice value or similar is deemed to be the minimum amount of coverage required.

If there is no indication in the credit of the insurance coverage required, the minimum amount of insurance coverage must be 110% of the CIF or CIP value of the goods. However, when the CIF or CIP value cannot be determined from the documents, the minimum amount of insurance coverage must be 110% of the amount for which honour or negotiation is requested, or 110% of the gross value of the goods as shown on the invoice, whichever is greater.

iii. The insurance document must indicate that risks are covered at least between the place of taking in charge or shipment as stated in the credit and the place of discharge or final destination a stated in the credit.

Article 28

C.o.n.t.i.n.u.e.d

g. A credit should stipulate the insurance required and, if any, the additional risks to be covered. An insurance document will be accepted without regard to any risks that are not covered, if the credit uses imprecise terms such as "usual risks" or "customary risks".

h. Where a credit requires insurance against "all risks" and an insurance document is presented containing any "all risks" notation or clause, whether or not bearing the heading "all risks", the insurance document will be accepted without regard to any risks stated to be excluded.

i. An insurance document may contain reference to any exclusion clause.

j. An insurance document may indicate that the cover is subject to a franchise or excess(deductible).

Article 29

Extension of Expiry Date or Last Day for Presentation

a. If the expiry date of a credit or the last day for presentation falls on a day when the bank to which presentation is to be made is closed for reasons other than those referred to in article 36, the expiry date or the last day for presentation, as the case may be, will be extended to the first following banking day.

b. If presentation is made on the first following banking day, a nominated bank must provide the issuing bank or confirming bank with a statement on its covering schedule that the presentation was made within the time limits extended in accordance with sub-article 29 (a).

c. The latest date for shipment will not be extended as a result of sub-article 29 (a).

Article 30

Tolerance in Credit Amount, Quantity and Unit Prices

a. The words "about" or "approximately" used in connection with the amount of the credit or the quantity or the unit price stated in the credit are to be construed as allowing a tolerance not to exceed 10% more or 10% less than the amount, the quantity or the unit price to which they refer.

b. A tolerance not to exceed 5% more or 5% less than the quantity of the goods is allowed, provided the credit does not stipulate the quantity in terms of a stipulated number of packing units or individual items and the total amount of the drawings does not exceed the amount of the credit.

c. Even where partial shipments are not allowed, a tolerance not to exceed 5% less than the amount of the credit is allowed, provided that the quantity of the goods, if stated in the credit, is shipped in full and a unit price, if stated in the credit, is not reduced or that sub-article 30 (b) is applicable. This tolerance does not apply when the credit stipulates a specific tolerance or uses the expressions referred to in sub-article 30 (a).

Article 31

Partial Drawings or Shipments

a. Partial drawings or shipments are allowed.

b. A presentation consisting of more than one set of transport documents evidencing shipment commencing on the same means of conveyance and for the same journey, provided they indicate the same destination, will not be regarded as covering a partial shipment, even if they indicate different dates of shipment or different ports of loading, places of taking in charge or dispatch. If the presentation consists of more than one set of transport documents, the latest date of shipment as evidenced on any of the sets of transport documents will be regarded a the date of shipment.

A presentation consisting of one or more sets of transport documents evidencing shipment on more than one means of conveyance within the same mode of transport will be regarded as covering a partial shipment, even if the means of conveyance leave on the same day for the same destination.

c. A shipment made by courier or by post will not be regarded as a partial shipment if the courier receipts, post receipts or certificates of posting appear to have been stamped or signed by the same courier or postal service at the same place and date and for the same destination.

Article 32

Instalment Drawings or Shipments

If a drawing or shipment by instalments within given periods is stipulated in the credit and any instalment is not drawn or shipped within the period allowed for that instalment, the credit ceases to be available for that and any subsequent instalment.

Article 33

Hours of Presentation

A bank has no obligation to accept a presentation outside of its banking hours.

Article 34

Disclaimer on Effectiveness of Documents

A bank assumes no liability or responsibility for the form, sufficiency, accuracy, genuineness, falsification or legal effect of any document, or for the general or particular conditions stipulated in a document or superimposed thereon; nor does it assume any liability or responsibility for the description, quantity, weight, quality, condition, packing, delivery, value or existence of the goods, services or other performance represented by any document, or for the good faith or acts or omissions, solvency, performance or standing of the consignor, the carrier, the forwarder, the consignee or the insurer of the goods or any other person.

Article 35
Disclaimer on Transmission and Translation

A bank assumes no liability or responsibility for the consequences arising out of delay, loss in transit, mutilation or other errors arising in the transmission of any messages or delivery of letters or documents, when such messages, letters or documents are transmitted or sent according to the requirements stipulated in the credit, or when the bank may have taken the initiative in the choice of the delivery service in the absence of such instructions in the credit.

If a nominated bank determines that a presentation is complying and forwards the documents to the issuing bank or confirming bank, whether or not the nominated bank has honoured or negotiated bank, an issuing bank or confirming bank must honour or negotiate, or reimburse that nominated bank, even when the documents have been lost in transit between the nominated bank and the issuing bank or confirming bank, or between the confirming bank and issuing bank.

A bank assumes no liability or responsibility for errors in translation or interpretation of technical terms and may transmit credit terms without translationg them.

Article 36
Force Majeure

A bank assumes no liability or responsibility for the consequences arising out of the interruption of its business by Acts of God, riots, civil commotions, insurrections, wars, acts of terrorism, or by any strikes or lockouts or any other causes beyond its control.

A bank will not, upon resumption of its business, honour or negotiate under a credit which expired during such interruption of its business.

Article 37

Disclaimer for Acts of an Instructed Party

a. A bank utilizing the services of another bank for the purpose of giving effect to the instructions of the applicant does so for the account and at the risk of the applicant.

b. An issuing bank or advising bank assumes no liability or responsibility should the instructions it transmits to another bank not be carried out, even if it has taken the initiative in the choice of that other bank.

c. A bank instructing another bank to perform services is liable for any commissions, fees, costs or expenses ("charges") incurred by that bank in connection with its instructions.

If a credit stipulates that charges are for the account of the beneficiary and charges cannot be collected or deducted from proceeds, the issuing bank remains liable for payment of charges.

A credit or amendment should not stipulate that the advising to a beneficiary is conditional upon the receipt by the advising bank or second advising bank or second advising bank of its charges.

d. The applicant shall be bound by and liable to indemnify a bank against all obligations and responsibilities imposed by foreign laws and usages.

Article 38

Transferable Credits

a. A bank is under no obligation to transfer a credit except to the extent and in the manner expressly consented to by that bank.

b. For the purpose of this article :

Transferable credit means a credit that specifically states it is "transferable" and that may be made available in whole or in part to another beneficiary ("second beneficiary") at the request of the beneficiary ("first beneficiary").

Transferring bank means a nominated bank that transfers the credit or, in a freely available credit, a bank that is specifically authorized by the issuing bank to transfer and that transfers the credit. An issuing bank may be a transferring bank.

Transferred credit means a credit that has been made available by the transferring bank to a second beneficiary.

c. Unless otherwise agreed at the time of transfer, all charges (such as commissions, fees, costs or expenses) incurred in respect of a transfer must be paid by the first beneficiary.

d. A credit may be transferred in part to more than one second beneficiary provided partial drawings or shipments are allowed.

A transferred credit cannot be transferred at the request of a second beneficiary to any subsequent beneficiary.

e. Any request for transfer must indicate if and under what conditions amendments may be advised to the second beneficiary. The transferred credit must clearly indicate those conditions.

f. If a credit is transferred to more than one second beneficiary, rejection of an amendment by one or more second beneficiary does not invalidate the acceptance by any other second beneficiary, with respect to which the transferred credit will be amended accordingly. For any second beneficiary that rejected the amendment, the transferred credit will remain unamended.

Article 38

C.o.n.t.i.n.u.e.d – 1

g. *The transferred credit must accurately reflect the terms and conditions of the credit, including confirmation, if any, with the exception of:*

- *the amount of the credit,*
- *any unit price stated therein,*
- *the expiry date,*
- *the period for presentation, or*
- *the latest shipment date or given period for shipment,*

any or all of which may be reduced or curtailed.

The percentage for which insurance cover must be effected may be increased to provide the amount of cover stipulated in the credit or these articles.

The name of the first beneficiary may be substituted for that of the applicant in the credit, but if the name of the applicant is specifically required by the credit to appear in any document other than the invoice, such requirement must be fulfilled.

h. *The first beneficiary has the right to substitute its own invoice and draft, if any, for those of a second beneficiary for an amount not in excess of that stipulated in the credit, and upon such substitution the first beneficiary can draw under the credit for the difference, if any, between its invoice and the invoice of a second beneficiary.*

i. *If the first beneficiary is to present its own invoice and draft, if any, but fails to do so on first demand, or if the invoices presented by the first beneficiary create discrepancies that did not exist in the second beneficiary's documents and the first beneficiary fails to correct them on first demand, the transferring bank has the right to present the documents, as received from the second beneficiary to the issuing bank, without further responsibility to the first beneficiary.*

Article 38

C.o.n.t.i.n.u.e.d – 2

j. The first beneficiary may, in its request for transfer, indicate that honour or negotiation is to be effected to a second beneficiary at the place to which the credit has been transferred, up to and including the expiry date of the credit. This is without prejudice to the right of the first beneficiary in accordance with sub-article 38 (h).

k. Presentation of documents by or on behalf of a second beneficiary must be made to the transferring bank.

Article 39

Assignment of Proceeds

The fact that a credit is not stated to be transferable shall not affect the right of the beneficiary to assign any proceeds to which it may be or may become entitled under the credit, in accordance with the provisions of applicable law. This article relates only to the assignment of proceeds and not to the assignment of the right to perform under the credit.

찾아보기

ㅅ

ㅇ

이제현(李濟鉉)

- 한남대학교 경상대학 무역학과 졸업(경영학 학사)
- 서강대학교 대학원 무역학과 졸업(상학 석사)
- 서강대학교 대학원 무역학과 졸업(경영학 박사)
- 한국능률협회 상임교수(1993.1-2000.6)
- 한국능률협회 컨설팅 비상임전문위원(2000.6-현재)
- 한국사이버대학교 겸임교수(2002.9-2003.2)
- 서강대, 홍익대, 대진대, 세명대, 국민대학교 경영대학원 강사
- 현 : 한남대학교 경상대학 무역학과 교수

〈저서 및 주요논문〉

- 전자무역실무(도서출판 두남), 무역결제론(박영사), 전자무역(도서출판 두남)
- 신용장실무론(박영사)
- 한국기업의 수출위험관리와 수출보험활용에 관한 실증연구
- 신용장거래의 무역사기유형분석과 예방에 관한 연구
- 양도가능신용장거래의 물품하자담보책임에 관한 연구
- 신용장통일규칙 제48조의 해석과 적용에 관한 연구
- 전자문서교환방식의 무역업무개선효과에 관한 실증연구
- 물류전자교환방식이 국제물류업무개선효과에 미치는 영향에 관한 실증연구
- eUCP에 관한 연구
- 전자무역서류 활성화를 위한 eUCP에 관한 연구
- e-물류가 국제물류의 협력관계에 미치는 영향에 관한 실증연구
- 전자신용장거래에서 은행의 전자서류검토 의무와 책임에 관한 연구
- 한국수출기업의 무역클레임관리에 관한 실증연구
- 전자신용장 거래당사자간의 법률관계에 관한 연구
- 연지급신용장 거래당사자간의 법률관계에 관한 연구
- 선하증권의 부지문언이 송하인, 운송인, 수하인에 미치는 영향에 관한 연구

UCP 600과 eUCP Version 1.1의 조문별 해설

2007년 9월 10일 초판 인쇄
2007년 9월 15일 초판 발행

저　자 / 이제현
발행자 / 오판근
발행처 / 교우사

주　소 / 서울 동대문구 제기2동 148-19
전　화 / 925-2861, 929-4865
팩　스 / 925-2860
E-mail / kw2861 @ chollian. net
http: // www. kyowoo. co. kr
등록 / 1994. 3. 24 제6-0256호

ISBN 978-89-8172-710-9 (93320)
값 **18,000**원